U0096437

# 民國歷史與文化研究

四 編

第 **1** 冊

《四編》總目
編輯部編

從「新民」到「新青年」
——中國「人的現代化」的早期探索

帥 剛 著

花木蘭文化出版社

國家圖書館出版品預行編目資料

從「新民」到「新青年」——中國「人的現代化」的早期探索
／帥剛 著 -- 初版 -- 新北市：花木蘭文化出版社，2016
〔民 105〕
目 2+198 面；19×26 公分
（民國歷史與文化研究 四編；第 1 冊）
ISBN 978-986-404-669-0 （精裝）
1. 近代史 2. 現代史 3. 中國史
628.08                                           105012766

ISBN- 978-986-404-669-0

9 789864 046690

民國歷史與文化研究
四 編 第 一 冊                    ISBN：978-986-404-669-0

# 從「新民」到「新青年」
## ——中國「人的現代化」的早期探索

作　者　帥　剛
總 編 輯　杜潔祥
副總編輯　楊嘉樂
編　　輯　許郁翎、王筑　美術編輯　陳逸婷
出　　版　花木蘭文化出版社
社　　長　高小娟
聯絡地址　235 新北市中和區中安街七二號十三樓
　　　　　電話：02-2923-1455 ／傳真：02-2923-1452
網　　址　http://www.huamulan.tw 信箱 hml810518@gmail.com
印　　刷　普羅文化出版廣告事業
初　　版　2016 年 9 月
全書字數　184014 字
定　　價　四編 6 冊（精裝）台幣 10,000 元
版權所有·請勿翻印

# 《四編》總目

編輯部　編

# 《民國歷史與文化研究》四編　書目

# 《民國歷史與文化研究》四編
# 各書作者簡介・提要・目次

## 第一冊　從「新民」到「新青年」──中國「人的現代化」的早期探索

### 作者簡介

帥剛，男，1976 年出生，籍貫四川米易，畢業於北京師範大學哲學與社會學學院，獲博士學位，現爲中國民用航空飛行學院社會科學部講師，主要從事馬克思主義理論教學與研究工作。

### 提　要

現代化既是當前建設有中國特色社會主義的百年奮鬥目標，也是中國近現代歷史的總主題。現代化包括很多方面的內容，而人的現代化可以說是整個現代化的核心和目的。中國的現代化探索可以追溯到一個半世紀以前的洋務運動。早期的啓蒙思想家們對人的現代化問題也作出了許多有益探索。本書以「中國『人的現代化』的早期探索」爲主題，力圖從思想史的角度，對從戊戌變法前後到五四新文化運動時期人的現代化思想進行梳理。早期關於改造國民性的思想探討，深刻揭示了人的現代化的原因、內容、方式和意義，對當前中國特色社會主義條件下的現代化建設仍然具有啓發性。本書在內容上首先對釐清了人的現代化與社會現代化的辯證關係，指出任何一個民族國家的現代化都是在個人和社會兩個層面上展開和實現的；進而按照時間線索對人的現代化的早期探索的三個不同階段及其思想特點進行了梳理和考察。

從「新民」到「新青年」，從「新國」到「立人」，早期人的現代化探索經歷了看似悖論式的思想轉換，這既反映了中國人探索現代化道路艱辛與曲折，又暴露出早期探索者在思想主張上的矛盾和偏執。這些早期探索留下的啓示是：我們應當更加全面、辯證地來看待和處理人的現代化和社會現代化的關係。

## 目　次

# 第二冊　建設新國家：梁啓超現代國家建設思想論析（1911～1915）

## 作者簡介

　　岳強（1985～），男，漢族，山西晉城人，政治學博士，碩士生導師，現就職於山西師範大學經濟與管理學院，主要從事中國政治思想、行政文化研究。近年來，在《天津大學學報》、《學習與探索》、《福建論壇》等期刊公開發表學術論文十餘篇，參與多項中國政治思想史方面科研項目研究。

## 提　要

　　近代以來，中國的國家現代轉型處於劇烈變動期，尤其是辛亥革命的發生，加速了這一變革進程。不久，中華民國建立，中國進入了一個短暫的建

設時期。對於這一時代主題的變化，梁啓超當時有著清醒的認識，相繼發表一系列文章和演說，闡述自己對於新國家建設的主張和看法。特殊的人生經歷，使博聞強記的梁啓超學貫中西，對中學、東學、西學以及他國政治實踐有著獨到的理解，對新國家建設形成獨具特色的體系化認知。從政治建設方略視角來看，梁啓超現代國家建設思想主要涉及政治設施建設和政治主體建設兩個方面。在政治設施建設方面，倡導立法、行政、司法三分權力格局，主張以建設強有力政府爲核心，合理髮展政黨政治和議會政治，科學規劃國家結構，努力建成適合中國國情的現代立憲政治。在政治主體建設方面，對民國前後的國民狀況和現代國民培育進行了闡發。然民國初年及以後，梁啓超的現代國家建設思想未有得到實踐。從政治史上看，也許是一種失敗。但從中國近代政治思想演變歷程來看，其進步性則十分明顯，有著重大價值。其內在的某些合理主張和思想光輝，以及與民初政治實踐之間的複雜互動，對於今天仍然處於轉型時期的中國具有重要的啓示意義。

## 目　次

# 第三冊　成都銀行公會研究（1934～1949）

## 作者簡介

　　張強（1975.6 月生），男（漢族），河南固始人，四川農業大學馬克思主義學院（政治學院）副教授，歷史學博士。2010 年 6 月畢業於四川大學歷史文化學院中國近現代史專業，獲歷史學博士學位。現任職於四川農業大學馬克思主義學院（政治學院），主要從事大學生思想政治理論課教育教學工作，教任課程有中國近現代史綱要、馬克思主義基本原理概論、馬克思主義發展史等。在核心期刊上發表學術論文 10 餘篇，出版專著 1 本。

## 提　要

　　民國時期的成都銀行公會是新式工商同業組織，也是成都現代化進程中的開拓者和推進者之一。作為近代成都金融領域中的自治團體，它的活動內容與影響常常突破經濟範疇而滲透到社會生活中的諸多領域，從而在近代成都社會變遷過程中有著十分重要的作用和影響。論文以民國時期成都銀行公會為研究對象，對 1934 至 1949 年間成都銀行公會的產生、發展、沿革進行了初步梳理，考察其從 1934 年產生至 1949 年結束這段時間內組織機構的演變、所從事的活動和事業以及與其它工商團體的關係，從工商同業組織現代化這一角度來論述成都銀行公會為促進行業發展所發揮的重要作用，並以此為例探討近代工商同業組織在社會經濟生活中的地位。基於這一思路，論文主要從以下幾個層面來探討成都銀行公會在推動成都金融業現代化過程中所作的努力及實際效應：從成都銀行公會的內部治理機構入手，考察它的組織設置及運行機制；通過對成都銀行公會的會員概況和基本功能的剖析，揭示它在謀求同業團結，維護行業秩序，推動金融業發展等方面的努力和實際取得的效果；通過對成都銀行公會從事活動的分析，揭示它在維護行業利益和輔助政府管理方面所具有的雙重職能；通過分析成都銀行公會的對外關係，挖掘它在成都社會生活中的作用和意義。

# 目 次

# 第四冊　民國時期西康司法審判制度改革與實踐研究

## 作者簡介

　　蘇潔（1980～）：女，四川雅安人，中共黨員，法學博士，重慶交通大學副教授。2001 年 6 月畢業於重慶師範大學歷史教育專業，2004 年 6 月畢業於

重慶師範大學專門史專業，2015 年畢業於西南政法大學法律史專業，現主要從事法律史、法律文化研究。主持、主研「渝黔毗鄰地區仡佬族民族法文化與地方社會管理研究」等多項省部級科研項目，已在《現代法學》、《貴州社會科學》等學術期刊上發表論文三十餘篇，曾獲教育部德育創新成果二等獎，重慶市社會科學界學術年活動論文三等獎。

## 提　要

　　西康，古稱「前藏」，亦稱「喀木」，該地區位於四川、雲南與西藏之間，是西藏與內地聯繫的紐帶，是以藏族爲主體、多民族聚居的邊疆民族地區。1937 年，抗戰全面爆發，隨著抗戰形勢的加劇，西康作爲多民族聚居的西南邊區地域，被國民政府視爲一旦抗戰失敗的退守之地，1939 年 1 月 1 日，西康省政府在康定宣告成立。

　　抗戰時期特殊的社會形勢，使得推行西康司法改革成爲大後方建設的重要舉措之一，其司法審判制度的近代化改革具有穩定後方社會秩序的抗戰建國功能。本書以民國時期西康司法審判制度改革與實踐爲主題，重點探討 1939 年西康建省到抗日戰爭結束這一時期西康司法審判的實然狀態，並對戰時司法的社會治理功能以及國民政府推行邊疆司法的特色與價值進行評析。除緒論外，全書分爲三個部分。第一部分第一至第三章爲總論，主要論述了西康司法審判制度改革的動因、司法組織體系的建立與完善、司法審判的程序規範及其運用。作者利用大量的原始司法檔案，對抗戰時期西康的司法機構設置、人員構成、經費狀況、審判程序等進行了細緻描述，復原了當時司法組織體系的原貌；第二部分第四至第五章爲分論，從審判實踐的角度眞實再現戰時西康司法審判制度改革的過程，從民事和刑事兩方面尋找案例，通過對與戰爭和民族問題相關案件進行梳理分析，呈現西康司法審判制度改革與實踐的實然狀態，分析戰爭對司法的影響因素以及邊疆民族地區司法改革的特殊性；第三部分第六章爲經驗總結與理論提升，對西康司法審判制度改革的特點與價值進行客觀評價。

　　本書是建國後我國法學界第一部系統研究民國時期西康司法審判制度改革的專著。梳理和復原抗戰時期西康司法審判制度的改革及其實施狀況，分析和總結改革的理性與經驗以及作爲戰時司法的社會治理功能，有助於塡補有關抗日戰爭史研究和國民政府法治研究的空白。同時，西康司法審判制度改革又是國民政府推行邊疆司法的範本之一，對當時及後世邊疆民族治理產

生重要影響。本書對西康司法審判制度的研究將邊疆問題從文化和觀念層面引向了對規則與制度的考量，有利於彌補當前學界對邊疆司法研究之不足。

# 目　次

# 第五冊　國立勞動大學研究（1927～1932）

## 作者簡介

　　蔡興彤，1983 年生，黑龍江省牡丹江市人。2008 年畢業於黑龍江省哈爾濱市哈爾濱學院人文學院歷史系，獲歷史學學士學位。同年九月考入華中師範大學歷史文化學院中國近代史專業，2011 年獲歷史學碩士學位。現爲南京大學歷史學系中國近現代史專業 2011 級博士研究生，師從申曉雲教授，主要研究方向爲中華民國史，曾發表兩篇論文於《圖書情報工作》。

## 提　要

　　國立勞動大學是南京國民政府成立後，創辦的第一所國立大學。它的興辦獲得了國民黨四元老蔡元培、吳稚暉、李石曾、張靜江的鼎力支持。該校以工讀主義爲思想理論基礎，倡導通過互助的方法，奉行逐步改良的措施從

而實現共產主義爲己任。它的創辦與運作，集中體現了 20 世紀中國革命和中國國民黨中一部分人所具有的無政府主義的革命心態和革命思想。並且，又由於其創辦於四一二政變之後，深陷於國民黨高層及高級知識分子群體內部的派系鬥爭。因此，對該校的深入研究不僅有助於我們在一定程度上瞭解、認識 20 世紀的中國革命，而且可以通過個案研究的方式，以特定的角度深入觀察 1927 年至 1932 年之間，中國社會特定階層的狀況及所面對的問題，對現在中國大學發展中所面臨的各種問題之解決亦不無裨益。

# 目　次

# 革命時代中的上海大學

## 作者簡介

王小莉，1985年生，安徽省合肥市人。2007年畢業於安徽師範大學歷史教育學系，獲歷史學學士學位。2009年考入華東師範大學思勉人文高等研究院，專業中國近現代史，師從劉昶教授，主要研究方向爲江南學，2012年獲中國近現代史碩士學位。現爲上海市靜安區上海市第一中學高中歷史教師，主要從事高中歷史教學和學生德育教育。

## 提　要

上海大學存在僅五年（1922～1927年）。在這樣一個被戲稱爲「弄堂大學」的學校，卻聚集了國共兩黨的一些重要人物（邵力子、于右任、陳望道、鄧中夏、瞿秋白等等）以及社會名流（胡適、戴季陶等等），國共兩黨的領導人以及後來逐漸成名的學者，當然還有來自江浙皖川等地的近千名的青年學生。時稱「北有北大，南有上大」、「武有黃埔，文有上大」。本文從上大的建立、教授群體、課程設置、黨派爭鬥以及學生活動出發，努力描述一個眞實的「弄堂大學」。

相關的史實梳理清晰是首要部分。其次，關於上海大學的幾個問題的深入討論。一上大的教授及其改造上大的努力，知識分子是影響一個時代進程的重要因素，爲何當時諸多不同政治傾向的知識分子願意彙聚在上大？二上大內的政黨爭鬥及其對上大的影響。風雷激蕩的國民革命中，強調中共在上

大的活動同時，也不可忽略國民黨在上大的活動。三上大的經費問題。這是一個串聯上大各階段活動的重要線索。

　　幼年的中共對於馬克思主義並沒有深刻的體會，更無法結合中國的實際去靈活運用。黨派之間及各黨派內部的爭鬥不利於清晰的認識中國革命的癥結，反而因為黨派色彩過重，學生成為了激進運動的急先鋒，也為此作出了巨大的犧牲。

## 目　次

# 第六冊　杜鵑花與弓弩手：民國時期美國《國家地理》的中國西南

## 作者簡介

　　羅安平，文學人類學博士，西南民族大學副教授。主要從事文學人類學、傳媒人類學、新聞傳播學、民族文學與文化遺產研究。

## 提　要

　　在歷史長河中，不同文明間的相遇與互視，經由表述而化爲浩瀚時空中的一面面鏡像，映照出人類的過去、現在與未來。本書從美國《國家地理》在民國時期記錄的中國西南入手，梳理與辨析中西文明在衝突碰撞、理解對話與多元共生道路上的多種話語與可能願景。

　　全書分四編共十章。第一編對《國家地理》及其「中國鏡像」做總體概述。將國家地理學會及其雜誌置於 19 世紀末期的時代背景中，論述雜誌自身的發展歷程與一百多年的中國報導，揭示該雜誌建構出一幅怎樣的「中國」總圖。著作主體部份爲第二至第四編。經由從西方到中國的整體脈絡，聚焦到西南地區的「花卉王國」、「西南道路」和「多樣族群」三重主題中，透視

《國家地理》折射的西南圖景及其背後的表述實質。結論部份重申中國西南書寫的重要性並反思其局限性，由此進一步檢視與審思人類對於「探險與棲居」、「野性與文明」等觀念與行為。

　　簡而論之，杜鵑花與弓弩手，西方世界認知中國西南及其民族的最初印象，內化為炫目的地景象徵與身份符號：前者代表美麗、浪漫又神奇，後者意味力量、野蠻與神秘。美國《國家地理》雜誌對這片土地的表述，正是上述兩種意象交織叢生的代表。本書意在以一份英語世界文本中的西南表述為依託，力圖為人類歷史演變過程中的生存空間和文化空間，提供足資存照的借鑒與追尋。

# 目　次

# 從「新民」到「新青年」
## ——中國「人的現代化」的早期探索

帥剛 著

## 作者簡介

帥剛，男，1976 年出生，籍貫四川米易，畢業於北京師範大學哲學與社會學學院，獲博士學位，現爲中國民用航空飛行學院社會科學部講師，主要從事馬克思主義理論教學與研究工作。

## 提　　要

　　現代化既是當前建設有中國特色社會主義的百年奮鬥目標，也是中國近現代歷史的總主題。現代化包括很多方面的內容，而人的現代化可以說是整個現代化的核心和目的。中國的現代化探索可以追溯到一個半世紀以前的洋務運動。早期的啓蒙思想家們對人的現代化問題也作出了許多有益探索。本書以「中國『人的現代化』的早期探索」爲主題，力圖從思想史的角度，對從戊戌變法前後到五四新文化運動時期人的現代化思想進行梳理。早期關於改造國民性的思想探討，深刻揭示了人的現代化的原因、內容、方式和意義，對當前中國特色社會主義條件下的現代化建設仍然具有啓發性。本書在內容上首先對釐清了人的現代化與社會現代化的辯證關係，指出任何一個民族國家的現代化都是在個人和社會兩個層面上展開和實現的；進而按照時間線索對人的現代化的早期探索的三個不同階段及其思想特點進行了梳理和考察。從「新民」到「新青年」，從「新國」到「立人」，早期人的現代化探索經歷了看似悖論式的思想轉換，這既反映了中國人探索現代化道路艱辛與曲折，又暴露出早期探索者在思想主張上的矛盾和偏執。這些早期探索留下的啓示是：我們應當更加全面、辯證地來看待和處理人的現代化和社會現代化的關係。

# 目

# 次

# 緒　論

## 一、現代化是中國近現代歷史的總主題

　　現代化是中國近現代歷史發展的總主題，這個觀點看上去似乎沒有什麼新意，但卻能夠為我們考察中國近現代歷史和社會問題提供一個不錯的視角。我們過去常常習慣於根據不同的時代主題來對中國近現代歷史作出階段性劃分：革命史、建設史、改革史……但往往忽略了這些歷史主題之間的關聯性。近代以來，中國的知識分子們，對重大社會主題的思考常常陷入矛盾衝突，一會兒革命重要，一會啓蒙重要，一會先救人，一會先救國……種種循環論證，來回顛倒，令人疲於奔命，茫茫然不得其解。圖強與救亡、救國與救人、新國與新民、啓蒙與革命、革命與建設……這些看似矛盾對立的主題，在筆者看來，本來就是在從傳統到現代的現代化轉型中湧現出來的問題，只有放到現代化的視野下才能作出更清晰和客觀的考察。

　　當前，中國正在致力於全面建設現代化，並且在改革開放的三十多年裏取得了突飛猛進舉世矚目的巨大成就。然而事實上，現代化並非中國獨有之現象，許多國家都在致於現代化建設，並取得不同成就。「現代社會已經被當今幾乎所有的發展中國家設定為奮鬥目標，現代化已經是占全世界人口四分之三的民族的價值取向。」〔註1〕但在筆者看來，環看當今世界，沒有哪一個國家的人能像改革開放以來的中國人這樣在現代化問題上達成高度認同和共識，這大概是中國人一百多年來長期探尋現代化道路的結果。關於現代化的各種議題，頻頻出現在中國社會的各個層面，受到人們追捧和熱議。政府召

---

〔註1〕畢道村，現代化本質〔M〕，北京：人民出版社，2005：10。

開兩會，代表發言講的是中國現代化的問題；媒體聚焦民生熱點，討論的是中國現代化的問題；學者研究社會難點，思考的是中國現代化的問題；而執政黨，則更是既堅定又明確地將實現現代化作爲國家發展戰略的總目標和總方針。中國特色社會主義建設的一切方針政策的擬訂、改革開放所有工作的展開，都是緊緊圍繞著實現現代化這個中心任務而進行的。對於當代中國而言，實現現代化是一項基本國策。自從 1978 年十一屆三中全會後，中國共產黨就把工作中心轉移到社會主義現代化建設上來。而 1987 年，中國共產黨第十三次全國代表大會進一步明確了中國社會主義現代化建設的基本目標和三步走發展戰略，提出了「一個中心，兩個基本點」的基本路線，並以此來作爲黨和國家制訂方針政策的指導思想，並得到長期堅持。鄧小平甚至強調：「基本路線要管一百年，動搖不得」。〔註2〕2013 年中國共產黨第十八屆三中全會又進一步明確提出：「全面深化改革的總目標是完善和發展中國特色社會主義制度，推進國家治理體系和治理能力現代化。」由些可見，改革開放三十多年來，中國的社會主義現代化建設一直保持著長期延續性，不斷深入和向前推進。如此長時間地致力於一個工作中心，足見當代中國人致力於現代化的堅定決心和態度。我想，今天中國人之所以能夠在實現現代化這個問題上表現出如此高度認同和堅決，主要是是基於對人類社會發展規律的認識，特別是對中國近現代發展歷史的經驗教訓總結。

所謂現代化，從字面上來解釋就是從傳統到現代，它指整個國家和社會從傳統的生產生活方式向現代的生產生活方式轉變，這是社會文明形態的轉型，有學者將其概括爲從農耕文明向工商文明轉型。在內容而上，現代化指的是工業革命以來隨著科學技術在生產過程中的廣泛應用而導致的社會生產力的巨大發展以及社會結構的根本性改變。〔註3〕這一社會變革以科學技術革命爲導線，以工業化爲推動力，帶來社會經濟結構、政治結構、思想文化結構和社會生活的方方面面，都發生劇烈變化。現代化在內容上包含著工業化、市場化、城市化、世俗化、科層化、理性化等眾多方面和眾多層次，具有相當的複雜性，常常引起人們在認識上的困惑和抗拒，但又不得不順從於這個歷史潮流。

現代化是一場世界性的社會大變遷，具有不同文化特點的國家和民族在

---

〔註2〕鄧小平文選，第 2 卷〔M〕，北京：人民出版社，1994：370。
〔註3〕馬崇明，中國的現代化進程〔M〕，北京：經濟科學出版社，2003：10。

科學技術革命的衝擊下和社會生產發展的推動下，或早或晚、或快或慢地都會發生從傳統社會向現代社會的轉變。現代化，可以說是人類歷史發展的潮流和必然趨勢。現代化的轉變進程最早從兩三百年前英國的工業革命就開始，隨著 19 世紀上半葉英國工業革命的完成，現代化的浪潮便逐漸從西歐社會擴展到全世界，成為人類歷史上一場最劇烈、影響最深遠並且是不可避免的社會變革。〔註4〕一般來說，早期西方國家的現代化屬於原生態型，是由其內部的會經濟發展引起的自發的轉變過程，一般採取漸進式的演變，經歷過程漫長。而晚近亞非拉國家的現代化，則大多都屬於誘發型，是在西方現代化國家的衝擊下和現代國際環境影響下開始的社會劇變，時間短而集中，往往採取突變的方式。中國的現代化歷史進程屬於後一種類型。〔註5〕

現代化是一場劇烈的社會變革，這場社會變革會使傳統社會模式和生活方式遭到破壞。由於這個原因，在各個國家和民族當中，人們對待現代化的態度不盡相同，有人對這場變革表示熱烈歡迎，有人則表示強烈反對，傳統勢力往往對現代化採取強烈反抗的態度。人們的意見分歧進而也會影響到其政府致力於現代化的決心和程度，因此，我們也就能看到許多民族和國家在現代化進程中的不同進展和表現。但是，現代化是歷史趨勢，世界浪潮，不管人們對之採取哪種態度和立場，對任何一個國家和民族來說，現代化都是再所難免，這是不以人的意志為轉移的。正如同馬克思在《共產黨宣言》裏所指出的那樣，「資產階級……迫使一切民族──如果它們不想滅亡的話──採用資產階級的生產方式。」〔註6〕

如果我們從現代化的角度來思考和看待中國近現代歷史，我們就會發現，現代化是中國近現代社會歷史發展的總主題和總任務。自 1840 年鴉片戰爭以來一百七十多年的中國歷史，經歷了洋務運動、戊戌變法、義和團運動、辛亥革命、新民主主義革命、社會主義革命和開革開放等一系列重大歷史事件，這些歷史事件雖然各不相同，但都有一個共同的歷史主題，那就是中國將如何實現現代化，或者換句話說，中國將採取何種方式走何種道路以實現整個社會的現代化轉型。

---

〔註4〕〔美〕吉爾伯特·羅茲曼主編，中國的現代化〔M〕，南京：江蘇人民出版社，2010：3。

〔註5〕羅榮渠主編，從「西化」到現代化上冊·代序〔M〕，合肥：黃山書社，2008：1。

〔註6〕馬恩選集，第一卷〔M〕，北京：人民出版社，1995：276。

　　大勢所趨，潮流所向，中國必須要現代化，這樣的認識並不是中國人今天才產生的。從鴉片戰爭以來，中國人開眼看世界，在西風東進的過程中，有識之士逐漸認識到這場人類歷史的大變遷和大轉型，於是開始萌生出促進中國現代化轉型的念頭和主張。清政府的洋務大臣李鴻章歎言「三千年未有之大變局」，雖然其意指持續數千年的中華文明遭受了來自西方的前所未有的衝擊，但他說的「大變局」，在本質意義上就是指中國社會的現代化轉型。雖然李鴻章僅僅只是意識到，而不是清楚地從理論上認識到這一點，但在他的意識裏，中國的變革已經是不可避免的了。隨著中國現代化轉型的趨勢日益明顯，到 20 世紀 30 年代中華民國時期，中國的學者們就已經明確地認識到這種轉變了，他們曾對中國現代化問題進行過集中大討論，對什麼是現代化，如何促進中國現代化，中國現代化的的方式、道路、條件和困難等等問題進行闡釋和分析。〔註7〕從此以後，中國人對現代化這個「大變局」在認識上有了理論的自覺性。比起西方國家從五六十年代才興起的現代化理論和研究，中國學者的現代化探索應該說是先行一步的。

　　正像馬克思分析的那樣，從「亞細亞生產方式」中發展起來的古代中國文明，長期保持著穩定的社會結構，在上千年的歷史中居於世界領先地位。只是到了近代，西方社會由於新的大工業的建立、生產工具的改進，以及交通的便利，資產階級利用在生產方式方面的領先優勢，才「將一切民族都捲入到現代文明中來」。〔註8〕按照有些學者的說法，中國是一個後發外源型的現代化國家。中國是在外國資本主義侵略和刺激下開始進行現代化的，仿傚西方資本主義文明和抵制西方資本主義侵略壓迫是很長一段時間里中國人致力於現代化的的主要驅動力。〔註9〕而按照費正清的「挑戰—回應」說，中國人是為了應對西方的挑戰，被動地進行現代化。但是，當中國人自己形成現代化意識以後，致力於現代化就不再是一個被動應對的行動。從鴉片戰爭開始，在西方列強的堅船利炮和廉價商品的雙重進攻之下，中國被迫離開原來的發展軌道，開始了

---

〔註7〕1933 年 7 月，《申報月刊》為創刊週年紀念，發行特刊號，專門以「中國現代化問題」為題，向社會各界人士專題徵文，共收到當時學界名士文章 26 篇，雖然大家對現代化的理解很不一致，但對於中國要趨向於現代化的認識，卻是意見一致的。——見羅榮渠主編，從「西化」到現代化上冊〔M〕，合肥：黃山書社，2008：17。

〔註8〕馬恩選集，第一卷〔M〕，北京：人民出版社，1995：276。

〔註9〕衛忠海主編，中國現代化的理論與實踐〔M〕，成都：四川大學出版社，2008：69。

向現代社會的漫長轉型。現代化幾經曲折和反覆，通過多次思想論戰和交鋒，最終成爲中國人民的共識和和共同目標，現在更是被確立爲國家的發展戰略和奮鬥目標，成爲中華民族在 21 世紀實現偉大復興的重要基石。

　　在現代化進程中，必然存在著對現代化的思想認識。中國人對現代化的追求經歷了一個從盲目摸索到目標明確，從被動跟進到主動推進的轉變歷程。自從鴉片戰爭以來的一百多年裏，中國人民對「什麼是現代化，對如何實現代化」這樣一個中心主題，進行了長時間的艱苦探索，然而同時也被這個歷史主題長期困擾。在這期間，中國社會發生過許多重大的和有影響的歷史事件，也進行過多次思想交鋒和論戰。所有這些思想論戰，都有一個共同的議題，即如何改造中國。無論他們的認識是否清晰，各階級、各政黨和各派別致力於改造中國社會所要達到的目標是相同的，他們都想促成中國的現代化，中國實現從傳統社會向現代社會轉變。故而，當我們思考和認識中國近現代歷史，以及期間發生的種種大事件時，現代化都應該成爲一條認識主線和方法。〔註 10〕順著現代化這條主線和基本脈絡，我們可以對中國近現代歷史中發生的許多複雜問題作出比較清晰的理解。因此，這也是本書寫作的一個基本思路。其實，現代化是中國近代以來思想和社會運動的主線，這一看法並不是最近些年才有的新鮮觀念，早在 1940 年，歷史學家嵇文甫在《漫談學術中國化問題》一文中明確地提出：「縱觀近百年來的中國史，實在是一步一步的在『現代化』」。〔註 11〕

　　在中國現代化轉型的初期，可能是因爲中國的歷史包袱太過於沉重，在強大的傳統力量和保持勢力面前，具有現代意識和主張的人往往不佔優勢。也可能是因爲中國古代文明長期居於領先地位，使得中國人產生了強烈而持久的民族自豪感，同時也滋生出頑固和無知的「天朝上國」的迷夢，許多人喜歡安於現狀，反對變革。但是，現代化這個不可避免的「三千年未有之大變局」，還是讓一些有識之士從迷夢中驚醒，逐漸展開了致力於使中國實現現代化轉型的艱難探索和艱苦奮鬥。

　　最先是林則徐、魏源等開明士紳「開眼開世界」，他們主張「師夷長技以制夷」，其用意雖然還是在於繼續維護「天朝」尊嚴和傳統社會模式，但「技

〔註 10〕羅榮渠，現代化新論──世界和中國的現代化進程〔M〕，北京：商務印書館，2004：256，
〔註 11〕羅榮渠主編，從「西化」到現代化中冊〔M〕，合肥：黃山書社，2008：695。

術變革」這個極重要的現代理念畢竟還是被提出來了。從洋務運動開始，曾國藩、張之洞、李鴻章等洋務大臣提出「學西學，辦洋務，謀自強」，建立海軍，發展軍工，翻譯外國文獻，培養科技人才，中國的現代化道路終於邁出了實質性第一步。但是，洋務派「中學爲體，西學爲用」的宗旨仍然反映出他們固守傳統和反對變革的保守立場。而直到康有爲、梁啓超等維新派人士提出「興民權，設議院」，主張以變法求自新，這才在思想上對現代化變革的認識有了一個大的躍進。與維新派改良主義者幾乎同一時期，孫中山等革命黨人選擇了另一條變革的道路，他們以三民主義爲旗幟多次發動起義，試圖以激烈暴力的革命方式來改造中國社會，推動中國實現全面變革。革命的變革方式在當時並不能被多數人接受，但革命確實成爲 20 世紀上半葉推動中國現代化發展的最強勁的動力。清政府爲了挽救自己的統治，迫於內外的壓力，在 20 世紀初年也開始仿傚西方搞立憲，但是它已經無力整合具有變革意識和要求的各種社會力量，很快就在革命的浪潮中垮臺。

1911 年辛亥革命取得勝利，這是中國在現代化發展道路上實現的第一次歷史性巨變。在中國延續長達兩千多年的封建君主專制制度從此結束，中國成亞洲第一個建立資產階級共和制的現代型新國家。但是，這個具有現代化意義的歷史性變革仍然局限於政治制度方面，而沒有在社會生活各個方面展開，甚至在政治方面的變革也不夠徹底，以至於魯迅沉痛地說「城頭變幻大王旗」。孫中山曾說：「革命之目的，非僅僅在於顛覆滿洲，乃在於滿洲顛覆以後，得從事於改造中國。」〔註 12〕然而，辛亥革命以後長期的軍閥混戰和社會動蕩使孫中山的願望落空，革命仍然是一個尚未完成的任務，中國的現代化道路仍然障礙重重。

隨後興起的新文化運動和五四運動使中國人對如何改造中國社會的思考進入到一個更加深入層次和廣泛的領域。這場思想解放運動以科學和民主爲旗號，積極宣傳西方現代文化，對傳統文化特別是儒學進行了猛烈批判，進而引發了東西文化比較以及中國文化出路的激烈討論。這爲中國人民選擇資本主義現代化道路之外的新道路提供了思想契機。

五四運動以後，中國共產黨在革命實踐中將馬克思主義的基本原理同中國的具體實際相結合，致力於探索一條符合中國國情和歷史規律的社會發展

---

〔註12〕榮孟源，中國國民黨歷次代表大會及中央全會資料〔M〕，北京：光明日報出版社，1985：59。

道路，並最終提出了新民主主義革命道路和社會主義現代化發展道路。

　　中華人民共和國成立後，在新政權的領下，經濟領域進行了三大改造，社會主義基本制度確立。這是中國現代化發展道路上的第二次巨變，它為社會主義現代化建設的全面開展奠定了穩定的政治經濟基礎和社會環境。從此，建設一個富強、民主、文明的社會主義現代化國家，成為社會主義初級階段的各族人民的共同理想和奮鬥目標。

　　改革開放以後，上下齊心、團結一致為實現社會主義現代化而奮鬥，這是中國現代化發展道路上的第三次巨變。建設有中國特色社會主義新道路的提出，既是對過去歷史經驗教訓的總結，也是對改革開放的成功實踐經驗總結。三十多年來，中國的社會主義現代化建設日益走上正常軌道，現在正按照既定目標向前推進。

　　但是，中國的現代化建設在許多方面許得突出成就的同時，也還是存在很多問題，其中一個主要的就是人的現代化問題凸顯。金耀基先生認為，人類的現代化進程，大致循著從「器物技能層次的現代化」到「制度層次的現代化」，再到「思想行為層次的現代化」三個層次的變遷。〔註13〕從器物層次的現代化到思想行為層次的現代化的過渡和變遷，實際就是從物的現代化到人的現代化的轉變。當前，中國現代化建設面臨的主要問題是，人的現代化發展跟不上社會現代化建設的步伐，社會現代化建設發展很快，而人的現代化轉變卻顯得遲緩。如果兩者不能協調一致，勢必會影響到發展的可持續性。這是應該引起關注和重視的問題。現代化建設是由人來進行的，人是現代化建設的主體力量。人在推進現代化建設過程中，自身必然也會隨之轉變和發展，也就是說，一個民族國家的現代化進程中，必然伴隨著人的現代化，而人的現代化是一個國家現代化必不可少的內容。中國共產黨的第十八屆三中全會提出要「推進國家治理體系和治理能力現代化」，必然要求發揮人的作用，把人的現代化提升到重要位置。學者范文就認為「國家治理現代化歸根到底是人的現代化」，他說：「如果從人類發展史來看，可以發現一個規律，就是人的治理理念及人的現代化，往往是國家治理現代化的前導，我們從發達國家都能看到這個軌跡，我們現在講國家治理體系與治理能力現代化，但它的前提必須是人的治理理念及其人的現代化。」〔註14〕我們要推進國家治

〔註13〕金耀基：從傳統到現代〔M〕，北京：中國人民大學出版社，1999。
〔註14〕范文，國家治理現代化歸根到底是人的現代化〔EB/OL〕，http://theory.people.

理現代化，就必須要實現人的現代化，使國民完成由傳統人向現代人的轉變，使整個國民心理、思想與觀念完成現代性的轉變。不然，「再完美的現代制度和管理方式，再先進的技術工藝，也會在一群傳統人的手中變成廢紙一堆。」〔註15〕因此，思考、研究中國現代化過程中人的現代化問題，這既是一個重要的理論課題，也是當下實踐的需要。

## 二、人的現代化是現代化的核心和目的

人的現代化是現代化的核心和目的，這個觀點非筆者所獨有。2013年，有學者就在《光明日報》上撰文指出：「在現代化進程中，人既是實踐主體，也是價值主體，更是終極目的。現代化的核心在於人的現代化，沒有人的現代化就沒有真正意義上的現代化。」〔註16〕筆者認，本節標題的這個論斷具有雙重含義，它既是一個事實判斷，同時又是一個價值判斷。作為事實判斷，它指的是人的現代化是現代化的一個基本內容；作為價值判斷，它指人的現代化是人們推動民族國家現代化發展所要追求的一個價值目標。只有當我們既認識到人的現代化是現代化進程中不可或者缺的內容和要求，同時又把它當成一個價值目標來自覺追求時，就實現了的事實判斷與價值判斷的統一，這才是人在實踐中合目的性與合規律性的統一。

「人的現代化」，作為一個範疇，這個概念的使用主要是和「社會現代化」聯繫在一起的，它們既相互聯繫又有區別。「人的現代化」概念具有十分豐富的內涵和內容，如果從人的主體性角度看來看，它主要是指從「傳統人」向「現代人」的過渡和轉型，以人的素質提高、人格重塑、行為方式改變、文化模式改變等等為主要內容的現代化，主要是從個體方面來看待和研究現代化，而社會現代化，則主要是從整體的方面來看待和研究現代化。有學者指出，人的現代化不僅包括人的科學技能和文化知識水平的提高，而且包括人的價值觀念、思維方式和精神人格的變革。〔註17〕這個概念自從提出來以後，學者們已經從多個角度和學科對它作了解釋和界定。〔註18〕但是不管哪種界

---

com.cn/n/2014/0707/c148980-25249341.html，2014-07-07。

〔註15〕殷陸君編譯，人的現代化〔M〕，成都：四川人民出版社，1985：4。

〔註16〕田芝健等，現代化的核心是人的現代化〔N〕，光明日報，2013-01-28（07版）。

〔註17〕衛忠海主編，中國現代化的理論與實踐〔M〕，成都：四川大學出版社，2008：12。

〔註18〕鄭永廷，人的現代化的理論與實踐〔M〕，北京：人民出版社，2006：3～11。

定我們都必須要承認，人的現代化是現代化過程的一個基本環節和基本內容。

個人與社會，是我們認識現代化的兩個基本維度。按照馬克思主義的觀點來看，個人與社會是辯證統一的關係，一方面人的活動構成了社會並推動著社會發展，另一方面社會是個人存在和活動的前提條件，制約著個人的活動和發展。從這個理論邏輯出發，現代化就應該包括兩個基本層面，一個是社會現代化，在內容包括經濟、政治、文化等方面；另一個層面是人的現代化，內容涉及人的價值觀念、思維方式、素質能力、心理態度、行爲方式和精神狀態等。一個民族和國家的現代化過程必然是社會現代化與人的現代化相互影響、相互制約、相互作用和相互促進的過程。人——無論是從個體的意義上還是從整體的類的意義上來說——既是一個國家代化建設的主體力量，又是現代化建設的目標對象。作爲主體，只有現代化的人才能擔當起現代化建設的重任；作爲對象，只有實現人的現代化，現代化才能眞正具有價值和意義。現代化的發展不單單是社會、經濟、政治、文化各方面的變化，更爲重要的是這些變化都是通過人這一主體去實現的。從這個意義上說，人的現代化至關重要。

美國的社會心理學家阿歷克斯·英克爾斯比較早地和明確地談到人的現代化在整個國家現代化過程中的地位和意義。他通過研究發現，「一個國家可以從國外引進作爲現代化最顯著標誌的科學技術，移植先進國家卓有成效的工業管理方法、政府機構形式、教育制度以及全部課程內容。但是，如果一個國家的人民缺乏一種賦予這些制度以眞實生命力的廣泛的現代心理基礎，如果執行和運用這些現代化制度的人自身還沒有從心理、思想、態度和行爲方式上都經歷一個向現代化的轉變，那麼，失敗和畸形發展的悲劇是不可避免的。」[註19] 他還認爲，「在整個國家向現代化發展的進程中，人是一個基本的因素，一個國家，只有當它的人們是現代人，它的國民從心理和行爲上都轉變爲現代的人格，它的現代政治、經濟和文化管理機構中的工作人員都獲得了某種與現代化發展相適應的現代性，這樣的國家才可以眞正稱之爲現代化的國家……人的現代化是國家現代化必不可少的因素。它並不是現代化過程結束後的產品，而是現代化制度與經濟賴以長期發展並取得成功的先決條件。」[註20] 英克爾斯對人的現代化重要性的這一段論述，我們也可以理

---

〔註 19〕殷陸君編譯，人的現代化〔M〕 成都：四川人民出版社，1985：8。
〔註 20〕殷陸君編譯，人的現代化〔M〕，成都：四川人民出版社，1985：4。

解爲，人的現代化是出於社會現代化的需要和要求，社會現代化發展需要個人的現代化轉變並與之適應。

以上主要是從人與社會的相互關係和相互作用上來看人的現代化的必要性和重要性，而從另一個更高的價值認識層面上來思考，人的現代化是整個現代化的最根本的目的和價值追求所在。自近代以來，無論是在西方還是在東方，無論是發達國家還是發展中國家，在現代化的過程中，紛紛以都以「求強、求富」爲口號，致力於對本國本民族傳統社會的改造，努力建立和完善與現代社會化大生產相適應的經濟、政治、文化秩序，從根本上說，其實都是爲了促進人的解放和自由發展。康德曾經說過：「人是目的。」其實自文藝復興以來，人的尊嚴和人的價值就被提了出來，人本主義的價值主張一直都是世界現代化浪潮中最重要的思想基礎。而馬克思主義也始終堅持認爲，人自由全面的發展是人類社會文明進步的最高目標和最高理想。因此，我們可以認爲，人的現代化，不僅僅是促社會現代化的需要，從根本上說，它是整個現代化的目的所在。

新中國成立後的很長一段時間內，我們對於現代化的認識，主要偏重於對社會現代化方面認識和建設，而對人的現代化方面的問題則明顯關注得不夠，認識也不夠，建設舉措上面更加不夠。對此，我們可以從普通老百姓對現代化的基本認知中可以看出來。在中國，只要一說到「現代化」，大家通過會習慣性地會想到「四個現代化」，即農業、工業、國防和科學技術現代化，這是老百姓對「現代化」最通常的理解和認識，耳熟能詳，再熟悉不過了。人民大眾對現代化的這種認知，其實跟黨和國家所制定中國現代化發展戰略和方針有很大的關係。20 世紀 50 年代，我國社會主義改造基本完成以後，現代化就作爲中國社會發展的一個總體性目標被提上了政府工作的議事日程。在當時，毛澤東借鑒蘇聯的經驗，經過反覆思考，以及在和黨內外人士的廣泛討論後，比較早地明確提出了「四個現代化」的思想主張，他說：「建設社會主義，原來要求是工業現代化，農業現代化，科學文化現代化，現在要加上國防現代化」〔註21〕根據毛澤東的這一主張和提議，在 1964 年 12 月底召開的第三屆全國人民代表大會第一次會議上，周恩來總理正式宣佈了中國社會主義建設的宏偉目標，亦即實現「四個現代化」，他說：「今後發展國民經濟的主要任務，總的來說，就是要在不太長的歷史時期內，把我國建設成爲

---

〔註21〕毛澤東文集，第 8 卷〔M〕，北京：人民出版社，1999：116。

一個具有現代農業、現代工業、現代國防和現代科學技術的社會主義強國，趕上和超過世界先進水平。」〔註22〕從此，「四個現代化」的提法被固定下來，長期沿用，成為了當代中國人對現代化的最普遍和最基本的認識。從理論的角度來分析，「四個現代化」很顯明地都是屬於社會層面，特別是經濟層面的現代化。周恩來總理講話中說要實現「四個現代化」，其實也主要是將其作國民經濟發展的主要目標和任務來看待的。「四個現代化」的提出及在全社會範圍內得到廣泛認同，一個方面說明發展國民經濟是政府的中心工作和首要任務，但另一個方面也反映出長期以來我們對人的現代化問題認識和思考得很不夠，缺乏對人的現代化問題的必要關注和深入研究。

　　經濟學者秦曉就曾指出和批評過這種認識上的偏差和不足，他認為「『現代化』在中國的語境中，主要是指經濟的發展和人民福祉的改善，亦被理解為『民富國強』」。他認為在用語上，「現代性」更能概括和體現我們社會轉型過程中所要追求的價值，所以主張用「現代性」取代「現代化」來表述中國發展的目標。〔註23〕上世紀末，社會學者何清漣在《現代化的陷阱》一書中，針對中國在改革開放以後所暴露出來的經濟問題和社會問題，提出中國的經濟學要注重和引回人文關懷，申明發展應當是以人為中心的，這些主張可以視為對中國現代化認識上的反思和糾偏。可是，在問題還沒有充分暴露出來之前，有遠見的觀點常常會遭到冷落。

　　直到近一些年來，社會生活中發生的一些事件，如農民工維權問題、旅遊景區的文物保護和環境衛生問題等等，引起了人們對在中國現代化進程中人的主體性、人的尊嚴、人的價值、人的觀念、人的素質和人格等等問題的廣泛思考和探討，人的現代化問題才逐受到關注和重視，人的現代化在社會現代化發展中的重要性逐漸受到民眾和政府的認同。2002 年中國共產黨十六大召以來，黨和國家調整了發展戰略方針，提出以堅持「以人為本」的科學發展觀作為中國社會主義現代化建設的最新指導思想，人的現代化才真正成為國家意志，被確立為中國 21 世紀現代化發展的價值目標。人的需要與滿足，人的個性化發展，人與自然、社會的協調發展、人才資源開發、人的生存狀況與質量等等這些與人的現代化相關的問題日益受到社會的廣泛關注，學者

〔註22〕周恩來選集，下卷〔M〕，北京：人民出版社，1984：439。
〔註23〕秦曉，當代中國問題：現代化還是現代性〔M〕，北京：社會科學文獻出版社，2009：3。

們亦開始進行深入研究探討。「人的現代化」成為新的發展思路和發展理念，一些地方政府也開始著手進行相應的研究，並制定具體的政策措施，探索實現人的現代化的有效方式和途徑。據媒體報導，2012 年 7 月召開的南京市委第十三屆第三次全體會議（擴大），集中討論了《關於促進人的全面發展，率先基本實現人的現代化的意見》，其中就明確提出要推動「人的全面發展」，從人的角度研究謀劃一個地區和城市的科學發展和現代化進程，提出要率先走出一條具有南京特色的「人的現代化」之路。地方政府發展理念的轉變，人的現代化在發展語境中的凸顯，是中國人對現代化問題認識上的深化，必將為中國 21 世紀現代化進程注入新的活力和動力。因此，思考和研究人的現代化問題，不僅具有理論意義，而且具有很強的現實指導意義。

## 三、研究的基本思路和主要方法

要改變經濟建設和社會發展思路，突出「人的現代化」在整個國家現代化進程中的意義和作用，就必須要研究人的現代化，這是時代提出的課題和要求。什麼是人的現代化，現代人與傳統人有什麼不同的特點，人的現代化與社會現代化的關係如何，人的現代化具體表現為哪些方面的改變與發展，如何推進人的現代化——這些都是由「人的現代化」展開來的問題。更為實際和具體的，在中國現代化的進程中，中國人自己是如何看待人的現代化問題的，在觀念上發生過哪些變化，在實踐中又是如何致於推進人的現代化發展，有哪些歷史中的經驗教訓值得我們去總結。可見，關於人的現代化的很多問題都值得研究，但是本文的研究不會對上述所有問題都一一展開，而是想從中國現代化的早期來看看人們對人的現代化的思考和探索。

一般認為，現代化理論源自西方，而對人的現代化問題的研究則是在 20 世紀 50 年代以後才逐漸興起的，其中又以美國社會心理學家阿歷克斯・英克爾斯的研究及著作為主要代表。英克爾斯的代表性著作《邁向現代：六個發展中國家的個人變化》（該書 1985 年由四川人民出版社編譯出版，書名譯為《人的現代化——心理・思想・態度・行為》），被視為研究人的現代化問題的經典之作。英克爾期在書中認為人的現代化是現代化的核心內容，並認人的現代化是現代化社會穩定、持續和健康成長的基石，英克爾斯提出的現代化 10 項標準，為傳統工業社會現代化的實證研究與定量評價提供了一個新的參照系，此標準被其它國家特別是發展中國家用來評價本國的現代化發展水

平。中國在上世紀八十年代制定現代化三步走發展目標時，也借鑒了英克爾斯的標準。

英克爾期在其書中深入分析和論述了了人的現代化同社會現代化之間的關係，對促成人的現代化的各種因素與環境問題進行了統計分析。他認爲影響人的現代化的因素，從橫向來看來包括教育及其質量、工廠環境及現代化程度、現代大眾傳媒等，從縱向上來看，包括城市化生活、城市非產業性工作與生活、出生區域、家庭背景、個人現代性本能及國家現代化程度等。在書中，英克爾斯還歸納出現代人的 12 方面品質和兩大特徵，這 12 個方面的品質分別是：（1）現代人準備和樂於接受新的生活經驗、新的思想觀念和新的行爲方式；（2）現代人準備接受社會的改革和變化；（3）現代人思路廣闊，頭腦開放，尊重並願意考慮各方面的不同意見、看法；（4）現代人注重現在與未來，守時惜時；（5）現代人具有強烈的個人效能感，對人和社會的能力充滿信心，辦事講求效率；（6）計劃，現代人重視有計劃的生活和工作；計劃性與時間觀念、效能觀念關係密切。（7）知識，現代人傾向於熱心探索未知領域，現代人之間充滿尊重知識的風氣；（8）可依賴性和信任感，現代人更信賴人類的理性力量和由理性支配下的社會；（9）重視專門技術，有願意根據技術水平高低來領取不同報酬的心理基礎；（10）樂於讓自己和後代選擇離開傳統所尊敬的職業，對教育的內容和傳統智慧敢於提出挑戰；（11）相互瞭解、尊重和自尊；（12）瞭解生產及過程。英格爾斯認爲這 12 個品質是具有普遍意義的現代人素質，無論在資本主義還是在社會主義社會，這些品質的有效作用都是同等重要的。除了上述 12 個品質之外，英克爾斯還強調現代人具有另外兩個重要的特徵：（1）現代人對自己和社會生活及未來，一般持一種樂觀態度；（2）現代人具有在法律面前人人應當平等的意識，不承認地位和或有權勢的人應當超越法律之上，也不贊同爲祖護親友不惜徇私枉法的行爲。〔註 24〕總之，英克爾斯研究人的現代化的一系列觀點和方法，長期以來被世界各國特別是發展中國家借鑒和引用，影響十分廣泛。

20 世紀 80 年代以來，爲適應中國改革開放和全面面向現代化建設的需要，國內也興起了現代化研究的熱潮，形成了兩大現代化研究中心和一批現代化研究的學者。比較早的一個是「北京大學世界現代化進程研究中心」，於 1987 年成立，其前身是 1985 年由羅榮渠教授組織成立的「世界現代化研究小

〔註24〕殷陸君編譯，人的現代化〔M〕，成都：四川人民出版社，1985：22～36。

組」。該研究中心是大學性質的研究機構，研究成果的形式以專著爲主，以《世界現代化進程研究叢書》出版，到目前已經出著作二十餘種，其中以羅榮渠教授的《現代化新論》、《現代化新論續篇》爲代表。另一個比較有影響的研究中心是中國科學院於 2002 年成立的「中國現代化研究中心」，該研究中心是國家性質的，研究成果主要是研究報告，《中國現代化報告》每年出版一次，到目前已出版十餘本，另外還出版有《世界現代化概覽》和《現代化科學》等著作。另外還有一些大學性質和地方性質的研究機構，但成果和影響都不如以上兩大中心。而研究中國現代化問題的學者則有很多，研究方法在總體上來說是屬於跨學科研究。從本文掌握的資料和瞭解的情況看來，國內目前從以「世界現代化」或「中國現代化」爲主題研究著作有很多，而以「人的現代化」爲主題的著作則相對較少。像羅榮渠著《現代化新論——世界與中國的現代化進程》、許紀霖、陳達凱主編的《中國現代化史 1800～1949》、虞和平主編的《中國現代化歷史》、方克立著《現代新儒學與中國現代化》、高力克著《歷史與價值——中國現代化思想史論》、嚴立賢著《日中早期現代化研究》等等，有的進行通史性論述，有的進行分期分階段的研究，還有的進行比較性分析研究，但總體上來說這些著作都是以「現代化」爲主題，內容上主要從社會現代化的方面來探討中國的現代化問題。

本書以「中國『人的現代化』的早期探索」爲題，主要是想從思想史的角度來探討一下人的現代化的相關問題。本文認爲，在民族國家現代化轉型的大背景下，人的現代化與社會現代化是一對基本的關係。社會生活的現代化，必然會對個人提出某些適應性的要求，沒有人的現代化與之協調適應，社會現代化就缺乏必要的主體條件和推動力；然而同時，社會現代化又會對個人生活造成不同程度的影響和衝擊，如果社會現代化給個人生活帶來的是有益的東西，那個人一定會支持它，並積極地去適應現代化，相反，人們則會反對現代化。基於這種邏輯，本文想瞭解，在中國現代化轉型的開始以來，中國人是如何思考和看待自身與這場「千年變局」的關係的。社會生活的現代化轉變給個人提出了什麼樣的要求，同時又給個人帶來了哪些不同的影響，而身處其中的人們又是如何去爲自身尋找到合適的定位，從而能以積極的姿態去面對現代化。

從規範理論的角度來說，「人的現代化」範疇雖然不是中國人自己最先在理論上提出來的，但是，關於「人的現代化」的思想探索和積極主張，則在

中國的現代化進程中長期存在，甚至是在現代化運動的最初階段就已經萌生出來。個人變化與社會變化的關係，改造個人之於改造社會的意義和重要性，是最早倡導中國現代化的先進知識分子從一開始就意識到的，並且反覆強調的重要議題。100 年前康梁領導的維新運動，按其本來的意義就是一次推動中國現代化的運動。胡適在 20 世紀 30 年代曾明確指出過這一點：「30 年前，主張『維新』的人，即是當日主張現代化的人。」〔註 25〕清末民初的思想家們，在研判中國現代化問題並尋求解決之道的過程中，提出了改造國民性的思想主張，實際上就是提出了「中國人的現代化」的課題，其思想內容與後來西方提出的關於人的現代化的理論有很多是一致的。比如，羅榮渠教授就指出，梁啟超「為現代國家的國民設計的新德性，諸如自由、自治、進步、自尊、合群、尚武、進取冒險、權利思想、國家思想、義務思想等等，與當代美國社會學家英克爾斯在《人的現代化》一書中開列的現代化特徵相比較，有許多觀點是相吻合的。新民運動就是『新』化運動。」〔註 26〕而以嚴復和梁啟超代表的維新變法人士，對人的現代化在國家現代化中的地位及作有比較深入和系統的思考，比較早地提出了中國人自己的關於人的現代化的理論和思想主張，為其後展開的改造國民性運動提供了寶貴的思想前提。

以「改造國民性」為話語主題，嚴復、梁啟超、孫中山、陳獨秀、魯迅、胡適等近代思想家對實現「人的現代化」進行了多方面思考和有益探索，留下了大量寶貴的思想論述，這是我們今天研究人的現代化問題不能忽視和省略的重要思想材料。中國人歷來善於從歷史中總結經驗，汲取智慧。我們要研究當代人的現代化問題，就不能不整理和重新審視近代思想家們對「人的現代化」的早期探索。研究和整理這些思材料想，可以為當前的社會主義現代化建設提供有益的參考和借鑒。這就是本文研究的一個基本意圖。

在時間界限上，本文的研究以「『人的現代化』的早期探索」為題，旨在對清末到民初關於「人的現代化」思想作一個整理和挖掘，時間上大體是從維新派變法到五四運動時期。這個時間是一個大致的界限，因為無論是社會歷史還是人的思維運動，都是一個持續的和延續不斷的過程，要定一個確切的時間，則往往會造成不必要的切割和斷裂。在近現代史中，中國人自己提

---

〔註 25〕羅榮渠，現代化新論・序言〔M〕，北京：商務印書館，2004：3。
〔註 26〕羅榮渠主編，從「西化」到現代化上冊・代序〔M〕，合肥：黃山書社，2008：
　　　　5。

出「人的現代化」命題，最初是以「改造國民性」的話語形式來進行思考和討論的。從甲午戰爭以後的維新變法運動開始的，一直到 20 世紀 20 年代，「改造國民性」一直是中國思想家們應對中國變局的主命題。對這一命題的思考和討論，在新文化運動和五四運動中逐漸達到一個高潮。五四新文化運動對國民性問題的思考，無論在深度和廣度上，都大大地超越了前一個時期。而五四以後，隨著國民革命的再次興起，關於中國社會性質和革命對象的討論逐漸成為焦點，國民性改造的探討不再像此前那麼受重視，但實際的探索仍然沒有停止。

在研究方法上，本文總體上以現代化為理論框架，以改造國民性為基點展開研究。在研讀資料的過程中，本文發現思想家們雖然有時是使用同樣的範疇討論問題，但歷史場境不同，其思想各異，主張也大不一樣，因此本文力求論文寫作論文立足於原始文獻，堅持馬克思主義的歷史與邏輯相統一的方法，儘量回到當時的歷史場境和語境去把握思想家們關於改造國民性的思想脈絡，以及他們之間的內在關係。當然，本文不排斥參考他人的研究成果和觀點，凡有借鑒引用之處，都會予以注明。對於從他人處轉引的原作者論述，文章也會儘量查索原出處，核實求證。

在研究的具體問題上，本文力圖搞清楚以下幾個問題：一是對人的現代化概念和國民性概念作一梳理，弄清兩者的關係；二是歸納早期思想家們提出國民性改造的歷史過程和特點，以有一個輪廓性認識。二是具體考察各人思想主張的歷史環境和思想背景。根據歷史唯物主義的觀點，任何思想都不是主觀上的無中生有，有其現實性根源。思想觀念有其自身的演化邏輯，更受到現實因素制約，兩方面都必須作出考察，才能獲得真實的理解。對此，本文不準備僅僅按照觀點派別作一總體上的分析和評述，而是選取結合幾個的人物及他們的思想觀點來分析。通過比較研究，本文選取的人物主要有嚴復、梁啟超、孫中山、陳獨秀、胡適和魯迅，之所以選擇這幾個人物，是因為覺得他們的思想主張有一定代表性，並且前後有一定承接性。四是結合當代關於「人的現代化」研究理論和方法，對改造國民性思想作一點評價和總結。早期改造國性思想與當代「人的現代化」研究的一個明顯差異就是理論基礎不同，但是其研究旨趣和價值向度都在於人的現代性，這是共同的。早期的研究對於當代的研究還是能提供很多啟發。文章最後，結合上述分析和評論，提出作者對現下人的現代化問題的一點看法。

# 第 1 章 「人的現代化」概念及主要內容

　　一般來說，研究問題都需要對基本概念有所界定，這是必須要做的工作。有了基本概念，才能明確認識對象，也才能有可供討論的標準，便於展開論述。本章將對「人的現代化」這個文中最基本的概念進行梳理，討論將會涉及到相關概念。在中國的現代化歷程中，「現代化」這個概念出現得比較早，20 世紀 30 年代人們就已經圍繞「現代化」展開討論，但是對「人的現代化」卻一直認識模糊，「人的現代化」問題長期被作爲「國民性」問題來討論。直到改革開放以後，「人的現代化」才作爲與「社會現代化」相對應的範疇被提出來，在理論上才變得清晰起來。這種認識上的變化一方面跟我們過去對現代化的理解有關，另一方面是改革開放以後中國的現代化建設受到來自西方關於現代化的新理論的影響。特別是 80 年代中期，美國學者英克爾斯的著作在中國的出版，是「人的現代化」開始受到關注的一個直接原因。英克爾斯的觀點代表了對現代化的一個視角，他關注到人的現代化在整個國家現代化中的重要性，其實這樣的的思想認識，在中國的現代化進程中是早就存在的。本章首先就此展開討論，並相應的介紹對現代化的其它不同理解。除此之外，本章還會論述到與「人的現代化」相關的另外幾個概念，主要包括「現代化」〔註 1〕、「國民性」和「社會現代化」這三個概念，文中將會探討人的現代化

---

〔註 1〕要從概念上討論和說清楚「人的現代化」與「現代化」的關係，不可避免地　　　　會涉及到另一個概念，即「現代性」。當下，學者們關於「現代性」的討論比　　　　較多，在很大程度上豐富了關於現代化的理論和認識，後文的分析會就此展　　　　開。

與它們三者之間的關係。

　　本文通過分析人的現代與社會現代化的辯證關係，認爲人的現代化發展首先是適應社會現代化轉型的結果，正是由社會生活的現代化轉型對作爲社會主體和客體的個人提出了新的適應性要求，個人才開始了從「傳統人」向「現代人」的轉變。這樣我們就能夠在理論上建立起一種簡明的對應關係，即從社會的現代性特來看人的現代性，從而得出人的現代化的基本內容。結合社會現代化在政治、經濟、文化三個基本方面的轉型特點，本文認爲：人的現代化主要包括三個方面的內容：一是素質能力現代化，二是身份認同現代化，三是生活追求個人化。其實，在中國現代化發展的早期，知識分子關於「國民性」問題的探討，實際已經涵蓋了這三個方面的內容，但是在理論上沒有能夠做出很好的整理和歸納。

## 1.1 「人的現代化」概念及相關理論

　　在中文裏，「現代化」這個概念提出得比較早，20 世紀 30 年代學者們就對中國的現代化問題進行過大討論，60 年代中國政府又提出了「四個現代化」的發展目標。我們都知道，西方現代化理論研究的興起，基本是上第二次世界大戰以後的事情，特別在 20 世紀 60 年代才成爲社會研究的熱門領域。由此來看，中國學者對現代化問題的思考和探討並不比西方學者晚。但是，「人的現代化」在中國的提出，則相對要晚得多，具體說是改革開放以後的事情。

　　「人的現代化」這一概念的最初提出，跟一本書有關。1962 年，美國哈佛大學社會學家阿歷克斯‧英克爾斯（Alex Inkeles）與其同事一起開展了題爲「經濟發展的文化因素研究」的研究計劃，對處在由傳統社會向現代社會轉型中的發展中國家的個人變化──從傳統人向現代人的轉變──進行了開拓性研究。1966 年，他們在六個發展中國家完成了實證研究，於 1974 年出版《邁向現代：六個發展中國家的個人變化》（Becoming Modern: Individual Changing in Six Developing Countries）。改革開放以後，該書在我國經殷陸君等翻編譯，定名爲《人的現代化──心理‧思想‧態度‧行爲》，於 1985 年出版，影響很大，約定俗成得有此名。〔註2〕

〔註 2〕羅榮渠，現代化新論──世界與中國的現代化進程〔M〕，北京：商務印書館，
　　　　2009：17。

　　英克爾斯的研究目的，在於探討現代化歷程對個人造成的影響。他通過大量資料分析後發現，儘管生活在不同國家中，現代性強的人在生活態度、價值觀念和社會行為方式等方面具有十分相似的特徵。通過跨國家、跨文化的研究，英克爾斯最終概括出了個人現代性12各方面的特徵，包括樂於接受新事物，準備接受社會的改革與變化……在前一章已經提到過，就不再一一細述。英克爾斯提出的12個特徵，常常被用來作為評價個人是否現代化的標準。此外，英克爾斯還探討了促成個人現代性的因素，他認為「人並不是生來就是現代性的，但他們的生活經歷可以使之現代化」〔註3〕通過研究，英克爾斯發現教育、工廠工作經驗、接觸大眾傳播媒介，大規模的科層組織、城市生活經驗是影響個人現代性的重要因素，而種族或民族、宗教信仰、學校性質和工廠等的相對現代化程度對個人現代性影響不大。英克爾斯還在書中提出，現代化發展的最終要求是人在素質能力方面的改變，即從傳統人到現代人的改變。他認為一個國家只是片面強調工業化和經濟現代化是不夠的，因為如果沒有個人從心理、思想、態度和行為方式實現由傳統人向現代人的轉變，不可能成功地從落後國家跨入自身具有持續發展能力的現代化國家。英克爾斯等人的研究成果發表後，引起學界對個人的現代性與社會現代化之間的關係的關注和討論。個人現代性是社會現代化在微觀層面的反映，重視個人現代性對於促進經濟發展和社會穩定有重要意義。

　　通過上述考察，我們大致可以知道，英格爾斯並沒有給「人的現代化」下一個明確的定義，但很明顯，他關注的是在一個國家的現代化過程中個人的變化及其特點，即從個人的角度去看社會從傳統到現代的變遷及其特徵，以及促進個人現代性的社會因素。綜合，英克爾斯對個人現代性及其成因的研究和論述，我們可以對「人的現代化」概念下一個大致的定義：人的現代化就是指個人在心理、思想、態度、行為等方面與社會現代化過程的經濟、政治和文化發展相互協調和適應，從「傳統人」轉變為「現代人」。與個人現代化互為表裏的另一個概念就是「個人現代性」，英克爾斯的研究方法，主要是從社會心理學的角度來研究一個國家的現代化，從個體的方面來概括和認識現代化的特點。有學者據此認為應當將英克爾斯的書名譯為《個人現代性》而不是《人的現代化》，似乎這樣更能體現書的內容。但筆者認為，個人現代性與人的現代化並不矛盾，前者突出靜態特徵，後者突出動態過程，兩者是

──────────────
〔註3〕殷陸君編譯，人的現代化〔M〕，成都：四川人民出版社，1985：5。

統一的。改革開放之初，中國的編譯者爲什麼會將英克爾斯的著作譯成《人的現代化》，筆者分析原因可能是兩方面的：

第一，或許是由於當時國內從政府到學者，對「現代化」已經討論得很多，已經熟悉了英文的「現代化」（modernization）這個概念，而對於「現代性」（modernity）這個概念則使用較少，可能識得的人也不多。〔註4〕「現代化」，我們已經使用這個概念並爲之奮鬥了幾十年。若從新中國成立後算起，1954年周恩來在政府工作報告中就明確提出，今後的工作任務是要把我國建設成爲一個「強大的社會主義現代化國家」。1963年，周恩來又根據毛澤東的意見明確了四個現代化——農業現代化、工業現代化、國防現代化和科學技術現代化。中國領導人和學術界對現代化的這一理解，主要是受到來自蘇聯的影響。列寧曾經指出「共產主義就是蘇維埃政權加全國電氣化」，並認爲「只有當國家實現了電氣化，爲工業、農業和運輸業打下現代大工業的技術基礎的時候，我們才能得到最後的勝利。」〔註5〕當時新生的俄國蘇維埃政權面臨國內國外雙重壓力，在經濟上還是小農國家，力量弱小，所以列寧認爲要加緊追趕，盡快實現生產現代化，「或是滅亡，或是開足馬力奮勇前進。」周恩來1954年提出現代化任務時，也指出中國落後於世界先進水平，並強調中國應當趕上先進國家，而且相信中國可以趕上。可見，「現代化」作爲中國政府的工作任務被提出來，直接地就和國民經濟建設和社會生產發展聯繫在一起。所以，長期以來，人們都偏重於從社會生產和經濟建設的方面去理解現代化。

但是，我們需要知道的是，「現代化」這個概念在我國的使用可以追溯更早的年代。五四新文化時期知識界曾經發生過要不要「歐化」的激烈爭論，後來「歐化」又變成了「西化」，爭論逐漸漸演變成了文化觀上的「中西之爭」。當時胡適提出了著名的「全盤西化」的說法，還讓很多人產生誤解，爲人病詬，使得胡適等不得不思考「西化」這個概念的合理性。後來，「西化」概念逐漸地被另一概念即「現代化」所取代。根據羅榮渠先生的考訂，1927年柳克述的著作《新土耳其》一書中最早出現將「現代化」與「西方化」並提。

〔註4〕20世紀80年代，「現代性」這個概念在學術界並不常用，其流行幾乎是在20年後。雷頤曾回憶1988年他翻譯《傳統與現代性之間》一書時碰到「modernity」一詞時的困惑，不知道該如何翻譯。此事可以爲一例證。——參見秦曉，當代中國問題：現代化還是現代性〔M〕，北京：中國社會科學文獻出版社，2009：34。

〔註5〕列寧，列寧選集第4卷〔M〕，北京：人民出版社，1995：364。

1929 年，胡適在一篇文章中講到新文化運動的意義時說：「新文化運動的根本意義是承認中國舊文化不適宜於現代環境，而提倡充分接受世界的新文明。」〔註6〕同年，他在《文化的衝突》一文中談到中國人應當對現代文明採取何種態度時，指出「選擇性的現代化似乎是合乎理性的上策」，但我們惟一可行的態度是「一心一意的接受現代化」。〔註7〕胡適所主張的，並非要「全面西化」，而是全面面向現代化。由此可知，其實在西方 50 年代興起的現代化理論進入中國以前，中國人已經知道，並且在自覺地研究什麼是中國的現代化了。很遺憾的是，那個年代在中國學者寫過不少關於現代化問題的討論文章，但系統研究現代化的專著和理論卻不曾發現。理論研究與時代需要是相適應的，當時中國社會經濟落後，民族危亡，國家前途未卜，戰亂和時局的動蕩，使得學者難以對現代化作出專門的理論研究。而直到改革開放以後，中國社會進入到全面致力於現代化建設的新時期，對現代化的理論研究也才相應的熱鬧起來，但畢竟還是比西方的理論研究晚了幾十年。

第二種原因，或許是編譯者知道「個人現代性」這個概念，但為了迎合國內讀者習慣，作了「人的現代化」之譯。不管怎麼猜，我們現在已經習慣了使用「人的現代化」，這個概念也好與我們長期熟悉的「四個現代化」相呼應，以彌補過去在認識上的不足。但是，現在我們也應該並且必須要清楚，人的現代化所指向的是——亦是英克爾斯研究的旨趣所在在——個人現代性，就是現代化在個人身上的體現。這裏就涉及到了另一個概念「現代性」。「現代化」與「現代性」就像一對雙生子，經常在各種現代化理論中一同出現。所以，若想要把「人的現代化」這個概念搞得更清楚，必須要瞭解關於現代化研究的理論及形態。

其實，英克爾斯等人的研究，代表了西方學術界對於現代化的一種理解或者說是一個研究學派。該學派認為現代化主要是一種心理態度、價值觀念和生活方式的改變過程。這個派別通常被稱為現代化研究的人文學派，其研究思路往前可以追溯到馬克斯·韋伯。偉伯通過研究認為，歐洲資本主義之所以能夠興起和發展，並不僅僅存在經濟與社會結構方面的原因，資本主義精神（企業家精神）對整個資本主義制度體系，尤其是資本主義經濟制度的

---

〔註6〕 羅榮渠主編，從西化到現代化上冊·代序〔M〕，北京：商務印書館，2008：16。

〔註7〕 羅榮渠主編，從西化到現代化中冊〔M〕，北京：商務印書館，2008：376。

啓動、運行起著決定性作用，而具有資本主義精神的清教徒則是推動資本主義經濟體系運行的主要社會力量，是典型意義上的現代人。他曾這樣寫道：「歸根到底，產生資本主義的因素乃是合理的常設企業、合理的法律，但也並非僅此而已。合理的精神，一般生活的合理化及合理的經濟道德都是必要的輔助因素。」〔註8〕韋伯的這一觀點被其學生帕森斯進一步概括，形成了現代化就是「合理化」（理性化）的觀點。英克爾斯等人的研究，就是基於這一觀點基礎上發展起來的，下面介紹現代化研究派別時會再次作具體討論。

新中國成立以來，我國對「現代化」理解主要集中於「經濟現代化」，特別是在工業化方面，這主要是受到蘇聯的影響的，前面已經提及。但是從從學理上來說，這跟 20 世紀 30 年代以後唯物史觀在中國學術界的廣泛影響和建構作用是直接相關的。當時的學者不再依據社會達爾文主義理論和社會有機體理論來分析中國社會問題，而更多的是依據唯物史觀的觀點和方法進行分析，特別是在社會史和經濟學領域更是如此，而且在社會史領還取得了相當可觀的成績，郭湛波甚至說馬克思的學說代表當時世界思想的潮流。〔註9〕當時曾進行過關於中國現代化問題的大討論，焦點就是以農立國還是以工立國。而我們都知道，馬克思對現代資本主義的分析，主要集中於生產的工業化方面，基於這個理論淵源，成為後來走社會主義現代化道路的國家對現代化的一個基本認識。

如果我們不考慮古典的理論型態，西方現代化理論一般認為興起於 20 世紀 50 至 60 年代。由於對現代化的理解不同，就會採用不同的方法，確定不同的研究方向和領域，從而形成不同的現代化理論學派。

一般來說，現代化研究的基礎性理論會涉及到三方面內容：

第一，現代化的內涵闡釋。在內涵闡釋上，通常採取「傳統──現代」的二分方法和認識維度，用以表示一個國家或社會的變遷過程是從傳統到現代，而非「從現代到傳統」，兩者的關係絕不僅僅只是時間上的「過去與現在」區分，而是代表了社會變化的**趨勢**（或趨向性），也就是規律性。目前，學術界流行用「現代性」來概括和說明這種趨勢，下文中會專門談到「現代性」。從理論上講，「傳統─現代」的二分的區分方法，能夠給我們提供一個認識社

---

〔註8〕羅榮渠，現代化新論──世界與中國的現代化進程〔M〕，北京：商務印書館，2009：15。

〔註9〕郭湛波，近五十年中國思想史〔M〕，上海：上海古籍出版社，2010，134～164。

會變化的基本向度，但是如果要作科學分析之用，則顯得太過簡單和攏統，需要作更多的分區。〔註 10〕

從歷史上來看，這種二分的認識維度，在中國早期現代化及其認識過程中也是一直存在並且爭議不斷，只是當時使用的具體範疇和今天有一定差別。比如中體西用（張之洞），古今之變（康有為），野蠻之自由與文明之自由（梁啓超），提倡新文化與批判舊文化（陳獨秀），文化的東方化和西方化（梁漱溟），相關的還涉及到體與用、本與末等等，有些看上去像是共時態關係，實際是歷時態關係，例如「中學為體，西學為用」，表面看是中學與西學，體與用、本與末、主與輔的關係，地位差別，好像是並存關係，但實際上體現的是新學與舊學的關係，因為對當時的中國人而言，本土文化中本來就有的儒墨道法佛等皆為舊學，而來自西洋的技藝（科學）、群學（社會學）、天演論（進化論）等等，則是新學，說其是新學，其實對當時的西洋人也適用，因為它們都是作為西方中世紀宗教神學觀念的對立物而發展起來的，所以可視為西方文化中的新學。

另外，現代化內涵闡釋還有一個重要的二分維度，即「個人——社會」，對於一個國家或民族從傳統向現代變遷過渡，可以從總體的方面加以理解和認識，也可以從個人與社會這兩個方面分別加以認識。但是事實上，總體性的認識只是在於強調人的現代化或者社會的現代化，哪個才是更為根本的現代化，或者是說哪個更為重要。比如認為現代化就是工業化，是從社會方面認識；而認為現代化是個人生活的理性化（合理化），則是從人的方面來認識的。前一種觀點始於聖西門，後來為孔德和馬克思等所發展；而後一種觀點始於馬克斯·韋伯，後來被帕森斯等人發展。而英克爾斯等人的研究，則主要是基於後一種觀點，強調個人的現代化是更為重要的。「個人——社會」的維度，在中國早期現代化過程中表述為：君與臣，群與己，國家與國民，等等。比如梁啓超的「新民說」，以新民為第一要務，以利群

---

〔註 10〕如果從唯物辯證法的立場來看，「一分為二」與「合二為一」是人認識世界最基本的思維方法，而人之所以采取這樣的認識方法，則在於對立統一的普遍性，用毛澤東的話說，就是矛盾分析方法是根本的認識方法。關於現代化的很多理論，尤其是早期理論，都採取過這樣的分析方法，比如斯賓塞的「工業社會」和「軍事社會」的區分，迪爾凱姆的「機械團結」和「有機團結」的區分，滕尼斯的「共同體」和「社會」區分等等——參見童星，現代性的圖景〔M〕，北京：北京師範大學，2007：7～21。

為原則，論述的主要是國家與國民的關係；康有為的「以群為體，以變為
用」也是在講「群」與「己」的個關係，而魯迅主張的「立人」，則是在談
個人與國家的關係。

　　用馬克思主義的觀點來看，人在其現實性上是一切社會關係的總和，個
人與社會的辯證統一是現代化過程中的一對基本關係。現代化作為一個歷史
變遷的過程，實際就是人的發展與社會發展相互協調、相互適應和相互促進
的過程。〔註11〕

　　第二，現代化過程及其特點闡述。研究現代化的歷史過程，劃分發展階
段及特點，描述階段特點，概括總的歷史進程的特徵和趨勢。美國經濟史學
家羅斯托根據現代社會的經濟成長過程把人類歷史劃分為 6 個階段：（1）傳
統社會；（2）準備起飛階段（亦叫過渡階段）；（3）起飛階段；（4）走向成熟
階段（或持續增長階段）；（5）高額群眾消費階段；（6）追求生活質量階段。
他認為這 6 個階段不是單純的經濟增長的過程，也是整個人類歷史的階段分
期。〔註12〕布萊克把現代化的歷史進程分為4個階段：（1）現代性挑戰階段；
（2）現代化領導集團的鞏固階段；（3）社會和經濟的轉型階段；（4）社會整
合階段。〔註13〕享廷頓則根據農村城鄉權力的穩定和轉變過程，把政治現代
化的歷史進程分為6個階段：（1）傳統穩定階段；（2）現代化起飛階段；（3）
城市突破階段；（4）綠色起義階段；（5）原教旨主義反攻階段；（6）現代穩
定階段。〔註14〕金耀基則依據文化形態的結構及關係，提出「形變之鏈」，認
為中國早期現代化經歷三階段變化：（1）最外層的器物技能層次的現代化；（2）
更深一層的制度層次的變化；（3）思想行為層次的現代化，這是關於個人的，
是現代化中最深刻和最難的一環。金耀基進而認為，這三階段是人類文化變
遷的共有現象。〔註15〕享廷頓還總結現代化的特點，認為現代化有如下特徵：
（1）現代化是革命過程；（2）現代化是複雜的過程；（3）現代化是系統的過

〔註11〕劉永佶就是從個人與社會的辯證關係角度，來界定「人的現代化」：「人的現
　　　　代化是社會現代化的內在動力，也是實現社會現代化的內在條件，社會現代
　　　　化則是人的現代化的總過程。」——參見劉永佶，中國現代化導論〔M〕，保
　　　　定：河北大學出版社，1995：453。

〔註12〕黃景貴，羅斯托經濟起飛理論述評〔J〕，石油大學學報社會科學版，2000，
　　　　16（2）：29～31。

〔註13〕〔美〕布萊克，現代化的動力〔M〕，北京：三聯書店出版社，1987。

〔註14〕〔美〕享廷頓，文明時代的政治秩序〔M〕，上海：三聯出版社，1989。

〔註15〕金耀基，從傳統到現代〔M〕，北京：中國人民大學出版社，1999。

程；（4）現代化是全球的過程；（5）現代化是長期的過程；（6）現代化是有階段的過程；（7）現代化是趨同的過程；（8）現代化是不可逆的過程；（9）現代化是進步的過程。〔註16〕享廷頓對現代化特徵的概括，在一定程上揭示了現代化的本質，對於認識現代化的發展規律具有啓示意義。

三，現代性的闡釋。在關於現代化的各種理論當中，「現代化」與「現代性」兩個詞經常糾纏在一起，要分析現代化，就不能不提現代性。現代化（modernization），英文爲動態名詞，指社會變化的過程；現代性（modernity），英文爲靜態名詞，指與傳統相對立的社會特徵。「現代性」一詞使用的時間比「現代化」要更早，法國文學家波德萊爾最先使用這個術語，用以表述現代社會中人與事物所具有的某種特定的品質、性質或者狀態。「現代化」一詞出現雖然較晚，但在 20 世紀廣爲流傳，被各種新興的社會發展理論頻繁討論。〔註17〕一般來說，現代化是現代性的具體體現，現代性是現代化的本質特徵；現代化是現代性的實現過程，現代性是現代化的目的和結果。現在世界各國都認識到，現代化是一個世界性的歷史趨勢，而且大多數人也能夠接受，無論是國家還是個人，都應當現代化，甚至認爲必須現代化。〔註18〕但是，很多時候人們不清楚現代化究竟要「化」成什麼，其實歸結起來說就是「化」成現代性。到目前爲止，人們已經研究概括出了現代性的很多特徵，如童星認爲，現代性的總體特徵包括：經濟上的工業化，政治上的民主化，社會上的城市市化，文化上的世俗化，組織上的科層化，觀念上的理性化等等。另外一些學者如錢乘旦、陳意新等則概括得更多更細。〔註19〕

需要注意的是，「現代性」並不是一個與「傳統性」平等的概念，而隱含著進步、先進、上向、積極、文明等含義。因而，主張現代化的人（被稱爲現代主義者），可以視爲歷史或文化進步論者。而有的學者則認爲人類文化只

〔註16〕〔美〕西里爾・E・布萊克編，比較現代化〔M〕，上海：上海譯文出版社，1996。

〔註17〕童星，現代性的圖景〔M〕，北京：北京師範大學，2007：2。

〔註18〕對於現代化的必然性和必要性，中國人早就有認識，比如陳經序 1934 年在《全盤西化的理由》一文中這樣說：「西洋的現代文化，無論我們喜歡不喜歡，它是現世的趨勢。」而 1948 年，中國文學史專家吳世昌在《中國文化與現代化問題》一文中則說：「中國如要求生存，最迫切的是一個現代化的問題。」——參見羅榮渠主編，從西化到現代化上中冊〔M〕，北京：商務印書館，2008：403，361。

〔註19〕童星，現代性的圖景〔M〕，北京：北京師範大學，2007：85。

有形態差異，沒有先進與落後，文明與野蠻的差異，這實際是在歷史觀上持非進步論的觀點（社會進化論、唯物史觀、發展社會學等等，無不持進步論的歷史觀，只是各自的理論有差異而已）。文化是一個整體，其中作爲觀念形態的文化是與其作爲基礎的物質文化是統一的。如果我們能夠接受說，人的生產工具是在不斷改進和提高的，人的經濟和社會組織是在斷完善和趨於合理的，那麼我們就能夠說，人類文化無論從形式上還是內容上都是在進步和發展的。無論是在傳統社會，還是在現代社會，不同民族、國家和地區的文化確實有高低之分，聯合國的人類發展指數 HDI 地圖可以很直觀的反映這一點。如果我們能夠承認文化的高低之分，那就應該能接受這樣的觀念，即文化變遷的一般趨勢是從低到高，從落後到發達，從野蠻到文明，即文化是在發展的。其實在傳統社會，人們對社會和文化變遷的認識也持進步論的觀點。比如對文化的「野蠻與文明」的二元認識，在古希臘羅馬時代就存在，沒有人會認爲文化會倒過來變化，即「從文明到野蠻」，只會從野蠻轉到文明，這就意味著文化的變化有一個基本朝向。而中國傳統社會的「華夷天下」觀念，除了有「華夷之辨」（區分）的意思之外，也帶有文化轉變的朝向是由低等級向高等級靠攏或轉變的意思。

基於現代社會中暴露出的種種社會問題，一些人文學者對現代化提出質疑和批評，甚至是否定，認爲「現代化」和「現代性」不一定就比傳統好。還有人認爲「現代化」和「現代性」兩個概念的價值色彩太強烈，甚主張不使用這兩個概念來描述社會變遷的過程。〔註 20〕本文在這個問題上，持理性主義的立場。人是用理智行動的，當人能夠對社會運行的現代化趨勢作出認識和概括時，就會自覺地將其作爲自身行動的價值目標和行動準則，這是合目的性與合規律性的統一。所以，「現代化」和「現代性」作爲是事實判斷和價值判斷的統一，並有強烈價值色彩並不爲怪。本文認爲人文學者的批評對於如何更合理地追求現代化是有意義的。但是，人文學者再怎麼批評也否定不了整個世界趨向現代性這個事實，從世界範圍內來看，再怎麼頑固抵抗的傳統社會也會逐漸走向現代化和現代性。至於其現代化的進展有多快，很大程度上取決於其政府和人民致力於現代化的決心和態度。但是，也必須承認，人的理性是有限性，在從傳統向社會轉變過程中，現代化確實也給社會帶來了很多事先沒有認識到的問題和衝突——在很大程度上也不能認識到，我們

〔註20〕金耀基，從傳統到現代〔M〕，北京：中國人民大學出版社，1999：95。

不能因爲這些社會問題的出現而否定現代化，事實上也否定不了。〔註 21〕韋伯說現代化是理性化，同時又批判說這種理性是「工具理性」，造成了社會的病態。而哈貝馬斯想重建「理性」，結果卻說：「現代性是一個未完成的方案。」〔註 22〕對現代性的追求，使個人和社會都獲得了發展進步的動力。人的理性的有限與無限的矛盾，恐怕只有在改造自然和社會的實踐中得到調適和解決。如果我們認同人的理性也是發展的，那麼現代性可以不會終結。〔註 23〕

最後，結合中國的現代化建設談談「現代化」與「現代性」的關係。1987年，中國共產黨十三大政治報告中是這樣表述其基本路線的：「領導和團結全國各族人民，以經濟建設爲中心，堅持四項基本原則，堅持改革開放，自力更生，艱苦創業，爲把我國建設成爲富強、民主、文明的社會主義現代化國家而奮鬥。」〔註 24〕這段表述指明我國的奮鬥目標是實現代化，它用「富強、民主和文明」三個概念來概括和表徵中國的現代性，體現了中國的現代化是經濟、政治和文化現代化三位一體的。這是中國人對現代性的最基本的認識，但並不是最後的認識。2007 年十七大又增加了一個關於現代性的描述——「和諧」，強調中國的現代化要實現社會和諧。2012 年又增加了一個新的概括和描述——「美麗」，強調要建設美麗中國，這主要是著眼於生態保護和生態建設。過去，人們沒有注意到現代化過程中還有生態問題，而現在「生態文明」也成爲現代社會的一個重要特徵，它是一個新的現代性。這樣，中國的現代化建設方針就從過去經濟、政治和文化建設三位一體，發展爲經濟、政治、文化、社會和生態建設五位一體。指導方針的這種變化，體現出了當代中國人對現代性的認識是在不斷深化的。這也說明，現代性是在不斷生成當中的。這也印證了哈貝馬斯的話：現代性確實是一個未完成的方案。當發展中國家連最基本的現代性都沒達到時，一些發達國家的理論家已經在思考「後現代」

---

〔註 21〕 中國在改革開放過程總結出了一條經驗，叫作「用發展的辦法解決發展問題」，這是一種看問題的發展性思維方式。

〔註 22〕 童星，現代性的圖景〔M〕，北京：北京師範大學出版社，2007：155～166。

〔註 23〕 「二次現代化」、「新型工業化」、「生態現代化」等等提法，無不反映出當代人對現代性的新的認識和概括。

〔註 24〕 社會主義初級階段的基本路線，其完整表述是：領導和團結全國各族人民，以經濟建設爲中心，堅持四項基本原則，堅持改革開放，自力更生，艱苦創業，爲把我國建設成爲富強、民主、文明的社會主義現代化國家而奮鬥。——參見中央文獻研究室編，十三大以來重要文獻選編上冊〔M〕，北京：中央文獻出版社，1991：15。

問題了，這些思考使我們的現代化建設有了更多的思想材料和背景，成爲反思性現代化。〔註 25〕其實從五四時期開始，我們所追求的現代化，就一直是帶有反思性的現代化。但這種反思，顯然還不夠。另外，與西方發達國家的現代化不同，脫胎於殖民地半殖民地的民族國家，在其現代化的過程中，往往還會致力於「民族復興」這樣一個奮鬥目標。「民族復興」似乎不構成現代性，但在新興的民族國家中，這又是一個相當普遍的價值目標。就像中國，當年孫中山在檀香山成立興中會，就已經把「振興中華」確立爲中國人現代化發展的一個重要奮鬥目標了。讓古老的傳統在現代生活中復興，這對於有悠久歷史的民族國家一說，也是其現代性當中的一個重要方面。但是如果國家沒有實現民族自立、工業化、脫貧、溫飽、富裕等等問題都沒有解決，「民族復興」這樣一個宏大的目標，恐怕是難以迄及的。

「和諧」算得上是一個關於現代性的新認識和新概括。「和諧」這個現代性似乎帶有中國色彩。中國人的傳統文化一直追求文明的「秩序」，雖然禮教的本質是一種封建等級制度，但「秩序」是其主旨的所在。西方現代化理論同樣也關注到秩序問題，享廷頓在《變化社會的政治秩序》中就認爲：「政治秩序是一種目標，而非某種現實。」〔註 26〕在現代化理論的各派別，發展政治學所主張的經濟現代化是經濟快速增長和可持續性，而發展政治學所主張的是政治現代化則以「秩序化」爲其目標之一。自啓蒙時代以來，以人權、自由、平等、民主、博愛等現代性價值爲導向的現代化運動，造成的一個主要事實就是，被捲入這場運動的各民族及文化長時間的失序狀態，種族衝突、暴力、政變、革命，接連發生，這種狀態恐怕是盧梭他們沒有想到的。空想社會主義者批判資本主義，提出社會主義主張，設想一個沒有階級對抗和尖銳社會衝突的「新和諧社會」，在一定程度上也是對現代化運動造成社會失序的反思和質疑。「和諧」作爲對現代性的一個新概括，意在強調社會的秩序性，現代社會應當是有序的，並且應當是比傳統社會更爲有序的。但是，所有現代化的國家都無一例外地經歷過社會失序。因爲從傳統到現代的轉型過程

〔註25〕吉斯登就認爲反思性是現代性的重要特徵，他説：「人們常説現代性以對新事物的欲求爲標誌，但這種説法並不完全準確。現代性的特片並不是爲新事物而接受新事物，而是對整個反思性的認定，這當然也包括對反思性自身的反思。」——參見〔英〕吉斯登，現代性的後果〔M〕，南京：譯林出版社，2000：34。

〔註26〕享廷頓，變化社會中的政治秩序·前言〔M〕，北京：三聯書店，1989：1。

中，隨著原有社會秩序的解體，新的社會秩序又不能順利建立完善起來，社會失序作為社會現代性轉型的一個階段和過程是很難避免的。不過，如果現代化轉型帶來的只是失序的結果，那人們一定會反對這樣的現代化。在經歷現代化轉型帶來的社會動盪和衝突之後，人們更加渴望社會的安定和諧。後發型的現代化國家，必須要總結前人的經驗教訓，從而能夠設計出更加完善的現代性方案。

另一方面，現代化研究，會根據不同的具體對象和研究方法作出區分，從而形成不同的學術派別，概括起來說大致有五派：

（1）經濟學學派。側重於從物質層面研究，認為現代化的核心是經濟現代化即工業化；經濟持續增長是推動現代發展的關鍵因素。其理論形態主要為「發展經濟學」，代表性的人物和著作有沃爾特·羅斯托的《經濟成長的階段》、庫茲涅茨的《現代經濟增長：發現和思考》、阿瑟·劉易斯的《經濟增長理論》等。

（2）政治學學派。認為國家現代化的核心是政治現代化，而國家政治制度的現代化是現代化最顯著的特徵。其理論形態為「發展政治學」、「政治發展理論」。研究國家政治體制、民主制度的演變，還研究政治現代化的條件、政治文化的變化等。主張政治民主化、自由化、分權化、秩序化，認為「政治參與的擴大」是區分傳統政體與現代政體最重要的標誌。代表人物和著作為塞繆爾·享廷頓的《變化社會中的政治秩序》和《第三波：20 世紀後期民主化浪潮》、加布里埃爾·阿爾蒙德的《發展中的政治經濟》、鮑威爾的《比較政治學：體系過程和政策》等。

（3）社會學學派。以社會學方法研究現代社會的變遷過程，注重社會系統的結構與功能的分析，把社會看作一個系統。認為現代社會與傳統社會根本的區別在於現代社會結構的層次化與精細化，社會功能的專門化與多樣性，社會運行機制的市場化與法制化，國家制度的理性化與權威化，社會階層的流動化與平權化，政府能力的綜合化與集約化。認為現代化過程是社會有機體不斷複雜化的過程，不斷分化與整合，經過這個過程而形成經濟、政治、宗教、思想的多元化以及等級身份分層化、價值觀念多元化的現代社會。提出了社會系統——結構——功能的分析模型，分析它們之間的相互關係與作用。代表人物和著作為帕森斯的《社會行動的結構》和《現代社會體系》、列維的《現代化與社會結構》、尼爾·斯梅爾瑟的《經濟社會學》等。

（4）歷史學學派。側重現代化歷史過程的描述和探討，通過對歷史材料
眞實性的分析，研究現代化進程中的制度、文化、事實、領袖等獨特現象，
比較不同國家現代化的進程，劃分現代化歷史進程的不同階段，揭示現代化
發展模式的多樣性。歷史學派對不同歷史現象進行研究，有綜合性的研究特
點，研究角度和方法都具有跨學科性。代表人物和著作爲布萊克的《比較現
代化》和《現代化的動力：比較歷史的研究》、艾森斯塔特的《現代化：抗拒
與變遷》。

（5）人文學學派。側重於對人口素質的思考。認爲現代化的核心是人的
現代化，人的現代化是實現由傳統社會向現代社會轉變的最根本保證，並指
出人的現代化是現代化社會穩定、持續和健康發展的基石。認爲人的現代化
表現爲人的參與意識、開放意識、進取精神、創新精神、獨立性和自主性。
一個國家現代化歷史進程就是人的價值觀、心理素質、行爲特徵的轉變與培
育的過程，代表人物和著作爲英克爾斯的《人的現代化》和《社會主義與非
社會主義國家的人的現代化》、麥可勒蘭德的《選賢社會》等。〔註27〕

上述研究雖然各有側重，而且大多基本於是對發達國家現代化的歷史經
驗作出了總結，但是由於其研究視野開闊，方法也比較多樣，在一定程度上
了揭示了現代化的共性，因而對我們認識和研究現代化具有借鑒和參考意
義。馬克思曾經提醒過：「工業較發達的國家向工業較不發達國家所顯示的，
只是後者未來的景象。」〔註28〕馬克思對資本主義的研究是以英國爲原型的，
但我們絕不能做他所批判的那種聽了只是聳聳肩膀的德國工人。

綜合上述關於現代化和現代性的種種理論闡述，本文認爲，不管用什麼
樣的理論來解釋和概括，個體與群體（用帶哲學味的術語可以稱作「類」）始
終是認識現代化或現代性的兩個基本面。現代化是傳統到現代變遷的歷史過
程，是現代性生成的過程，而對現代性的概括，或者換句話說，從傳統到現
代的變遷，亦即現代性是在上述兩個基本層面上生成和展開的。

這一節的最後，還想就「現代」和「近代」這兩個概念來討論一下，作
一點概念上的澄清。在歷史學界，對中國自 1840 年鴉片戰爭以來的歷史有「近
代史」和「現代史」的劃分和提法，但標準卻並不一致，有人以 1919 年五四

---

〔註27〕衛忠海主編，中國現代化的理論與實踐〔M〕，成都：四川大學出版社，2008：
25～27。
〔註28〕馬克思恩格斯全集，第 23 卷〔M〕，北京：人民出版社，1972：8。

運動爲近代史和現代史的分界線，而還有人以 1949 年中華人民共和國的成立爲分界線。而在一些關於中國現代化的問題著作中我們也可以看到有「近代化」的講法。以 1919 年爲中國近現代史的分界限，常見於各種教科書，是比較流行的劃分方法，這種劃分方法著重強調新舊民主主義時期的區別；而以 1949 年爲中國近現代史的分界限，則著力突出革命時期與建設時期的差別。但總體上來說，在歷史學方法上都帶有革命史的劃分特點。而從現代化的角度來看，本文認爲，近代與現代的區分，更多的是體現中國現代化進程的歷史階段性，因此，作爲歷史時間劃分的「近代」和「現代」的關係，本文是可以認同和接受的，而且大家也對這種劃分比較熟悉了，在行文中說到「近代」或「現代」，人們也大體上能夠知道所指的時間。但是，對於「近代化」的講法本文卻覺得不太恰當，也不準備使用這種講法。因爲，在社會結構轉型的問題上，只存在「傳統」與「現代」的關係，而沒有「近代」與「現代」的關係。如果我們認同「近代化」的講法，那麼就有一個問題，即「近代化」的社會與「現代化」的社會是不是兩種不同類型的社會，或者存不存在根本性的不同？答案顯然是否定的。李鴻章說中國碰到了「三千年未有之大變局」，實質上就是指中國社會從傳統到現代的根本性社會轉型，這個轉型到今天仍然在持續的進行當中。我們不可能說中國社會先已經完成了一個從傳統社會到近代社會的「近代化」轉型，然後又在進行新的「現代化」轉型。而且在範疇上，我們也只見到過很多學者討論「現代化」與「現代性」的關係，沒見到有人討論「近代化」和「近代性」的關係，雖然有「近代化」的提法。

## 1.2 人的現代化與改造國民性

「國民性」是本書中會涉及到的另外一個重要概念。前面已經說明過，從戊戌維新到五四新文化運動這一段時間裏，作爲中國人對「人的現代化」的早期探索，基本上是以「改造國民性」的思想形式呈現的。當時中國的先進知識分子力圖通過推動中國社會的變革以達到救亡圖存的目的。他們經過深入思考後認識到，人的變革在社會變革中具有重要地位和作用，個人的能力、素質、國民意識和政治品格，與國家的興衰密切相關，於是他們提出了改造國民性的一系列思想主張，希望通過促進中國國民的變革和提升，來拯救民族和國家的危亡。這些要求中國人變革的思想主張，在其實質上就是要

推動中國人從「傳統人」向「現代人」轉變。或者說，人的現代化，是改造國民性命題的實質性內容。

「國民性」這個概念在中國的現代化進程中，很早就被許多人使用，但它卻是一個不那麼容易界定的概念。據根學者袁洪亮的研究總結，國內研究者對「國民性」概念的界定存在多種不同的表述，但大致可以歸結爲四種情況：第一種，認爲「國民性」就是國民的社會心理特質，認是指一個民族多數成員所普遍具有的比較穩固的心理特徵、精神狀態。它是在多數國民所具有的穩定的、反覆出現的心理特質，是一種深藏於心靈深處的潛意識，屬於低層次的社會意識，從本質上說，它是那個民族、國家中的社會心理。多數人持這種觀點。第二種，普通人的人格類型。與前一種不同，沙蓮香等研究者認爲，國民性是通過國民的行爲傾向表現出來的、由一種心理特質所組成的普遍的人格類型。第三種，有學者認爲國民性指的其實就是人的文化心理結構，其特質跟一國的文化有關。第四種情況，有學者表示反對「國民性」的說法，認爲這個概念不科學，對一直以來存在的「國民劣根性」的說法，更是表示強烈反對。這其中又分兩種意見，一種意見認爲，在一個國家民族內部，儘管有比較多的人有某種性格，但不能說成是國民性，因爲按字面來講，國民性就是全體國民都具有的本性，這是不可能的，在階級社會裏，即使同一階級的人也不一定都有一樣的思想。另一種意見認爲，所謂的國民性根本就不是中國人的本性，不是天生的遺傳性或什麼「根性」，而是在以自給自足的小農經濟爲基礎的封建社會中形成的不良習慣、陳規陋習，應叫「國民積習」，它主要有兩個方面的表現：小農經濟養成的不良習慣，如愚昧、守舊、怯懦、盲從、散漫、遲緩、安土重遷、沒有時間效率觀念；專制主義壓迫下形成的不良作風，如講親親、家長作風、重親屬關係等等。〔註 29〕最後這種認爲應當叫「國民積習」的觀點是著名哲學家張岱年先生提出來的觀點，他在《中國文化論爭》中專門討論過這個問題，在國內也比較有影響。〔註30〕

從上面介紹的情況已經可以看出，要對「國民性」這個概念下一個完整而準確的定義是多麼的困難，人們在理解上差異很大。但本文不想對「國民

〔註29〕 參見教章軍，中國近代國民性問題研究的理論視閾及其價值〔M〕，北京：中國社會科學出版社，2009：91。
〔註30〕 張岱年，陳宜山，中國文化論爭〔M〕，北京：中國民人大學出版社，2009：242。

性」下一個明確的定義，因爲這樣容易失之過簡，不利於作思想史的討論，而從近代以來「國民性」問題被提出來並被不同年代的人反覆地討論，從過去討論的內容上來看，上面前三種概念界定的內涵都涉及到，那麼說明「國民性」這個概念還是有它一定的合理性。而對於第四種反對意見，本文並不認同，爲何非要叫作「國民積習」才準確，中國有句老話叫作「積行成習，積習成性，積性成命」，「積習」不就是「性」與「命」嗎？

　　對於「國民性」這個概念，基於本文論述主題的需要，下面主要還是來看一看早期思想家們是如何認識和論述的。

　　「國民性」這個，最早由梁啓超等維新派思想家從日文中直接引入。在當時西社會民族國家理論中有「national character」（或者 national characteristic）一詞。這個專屬概念隨著 19 世紀歐洲民族主義（或種族主義）思潮的興起廣爲流傳，日本明治維新時期將其譯爲「國民性」，梁啓超等出於中國政治改革需要，直接將其引入中國學術界，並一直到五四新文化時期都佔據著思想界的話語中心。

　　一般認爲，歐洲中世紀的教權與皇權之爭，是民族主義思想興起的歷史根源。梯利在《西方哲學史》中描述過當時的情況，「這個時期開始指責舊的傳統、舊的語言和文化、舊的藝術、舊的神學體系、教會和國家舊的政治關係以及舊的專權的宗教。」〔註 31〕以反抗宗教神權爲對象的民族主義思想，後來演變成了民族國家主義理論和種族中心論，這種理論運用比較的方法對各民族文化進行研究和認識，但其出發點都是以歐洲文明爲中心的。而隨著殖民—帝國主義在世界範圍內的擴展，這種理論和認識方法被帶到了世界各地，反過來又變成了包括中國在內的殖民地半殖民地人民獲得民族國家認同，和反抗歐洲殖民—帝國主義的思想武器。

　　據查，在 1911 年《中國前途之希望與國民之責任》一文中，梁啓超首先使用了「國民性」這個詞，文中還使用了另外幾個相關的概念，如「國民之劣根性」、「國民特性」、「國民心理」。該文以友人明水與滄江爲對話者，對中國的時局進行一番言論，其中提到「國民性則亦猶夫一人之性」，「國民性之良否則國家榮悴之問題也；國民性之有無，則國家成壞之問題也。」他肯定中國無可亡之理，理由在於中國早已形成「渾融統一完全具足之國民性」。儘管這種國民性當然還存有與時相左的某些缺陷，但「專制政治」有不可推脫

〔註31〕〔美〕梯利，西方哲學史〔M〕，北京：商務印書館，1995：252。

的責任，因此，「改造政府」、「改造社會以優化國民性格，就成爲時代賦予中國國民的偉大職責任」。〔註32〕這篇文章談到了國民性的價值、功能，形成原因及其建設導向等，類似於總結性的認識。但是，此前的《論近世國民競爭之大勢及中國前途》、《中國積弱溯源論》、《新民說》等文論當中，已經使用了相關或者相近的一些概念，如「民性」、「民質」、「根性」等來分析和說明中國社會問題。特別是在《新民說》中，對「新民」之義有專門解釋，其中涉及到的主要概念有「民力」、「民智」、「民德」以及「民氣」四個，梁啓超還專門對「民氣」與前三者的關係進行了詳細論述。而這四個概念嚴復最先系統使用。嚴復在《原強》、《論世之丞變》等政論文章中，就用「民力」、「民智」、「民德」和「民氣」來說明「吾民之性」，嚴復使用的概念主要是基於對斯賓塞的《教育論》的接受，斯賓塞的《教育論》一書在對教育對發展人的德智體素質的功能和作用有系統論述。同期唐才常提出「新心」，並指出「新心」要自「尊新」始，所指是人的心理態度。其實，唐才常和梁啓超等的認識都受了譚嗣同「機心」論的啓發，譚嗣同在《仁學》中對當時民眾的心理狀況有很具體的描述，他認爲民眾的心理是不正常的表現，並使用了「機心」一詞來進行概括。譚嗣同主張專開一個「求心之學派」來研究這個問題，他還提到當時的英國學者烏特亨立的《治心免病法》。〔註 33〕經過這樣一個逆推，我們可以知道，「國民性」這個概念是逐漸發展起來的，其最初的含義是民眾的社會心理，梁啓超提出新民說，將其上陞到國家思想、國民意識和國民資格的理論高度。但是，後來魯迅比較反這樣的「新民」主張，認爲是「合群的愛國的自大」，他主要是反對改造國民性的「利群」立場和價值導向，而主張以個性解放爲基點，而並非反對對現代國民基本特徵的認識。

應該說，梁啓超對「國民性」的論述是比較多的。其實，我們按照梁啓超在《新民說》第三節「釋新民之義」的解釋來分析一下，就知道他後來所言「國民性」是什麼意思了。在《新民說》當中，「新民」的「民」指的是和「國家」相適應的一個概念「國民」。他說：「國者，積民而成。」又說：「凡一國之能立於世界，必有其國民獨具之特質。」這裏所言「國民獨具之特質」，就是「國民性」，其內涵在於一國國民區別於其它國家國民的特性。這裏的獨特性是相

---

〔註32〕梁啓超，飲冰室合集‧文集之 26，第 3 冊〔M〕，北京：中華書局，1989：1
　　～14。
〔註33〕張岱年主編，仁學──譚嗣同集〔M〕，瀋陽：遼寧人民出版社，1994：96。

對其它國家國民而言的，但是相對於本國國民而言，這個獨特性又是共性，否則它就不能代表所有國民。對於中國國民的特質，梁啓超是這樣概括的，「我同胞能數千年立國於亞洲大陸，必其所具特質有宏大、高尚、完美，鑿然界於群族者，吾人當保存之而勿失墜也。」這裏的「宏大、高尚、完美、鑿然界於群族者」，是梁啓超認爲的中國國民固有的獨特之性，而保存方法是「淬厲其所固有而新之。」而另一方面，又還需要向西方學習，「採補其所本無而新之」，這兩方面合起來，就是「新民」。〔註34〕由此可知，「新民」就是更新之意，「使民新」，也就是改造國民性。梁啓超還特別點明了要從以上兩方面「新民」的時代背景，即民族主義的盛行：「在民族主義立國之今日，民弱則國弱，民強則國強，殆影之隨形，響應之聲，有絲毫不容假借者。」〔註35〕

這樣，我們可以得到一個基本認識，即「國民性」作爲一個理論範疇的形成及在中國的應用，其實都是在以民族主義（或種族主義）和國家主義爲思想背景的發展起來的。在這種思想背景下，「國民性」是代表一種新的身份認同，在歐洲它意味著各族人民擺脫宗教神權的束縛而獲得民族獨立，即從「教民」向「國民」的轉變；在東方，無論是在日本還是在中國，借助這個範疇也是爲了獲得一種新的身份認同，但不是爲了擺脫宗教神權，而是爲了擺脫君主專制束縛，即從「臣民」向「國民」的轉變。對於這一看法，我們也可以通過梁啓超在《新民說》第三節「釋新民之義」來得到印證。他說中國人長期以來「知有朝廷而不知有國家」，「有部民而無國民」，「非不能爲也，勢使然也。」究其原因是因爲「我中國長期屹立於東方」，周圍都是小且文化不發達的國家，與他方大國並未有交通，故「我民常視其國爲天下」。人們平常接觸到的、耳濡目染的文化和知識，都是在教育人應當如何做一個人，一個家人、一個鄉人、族人，而惟獨沒有教如何做一個國民。正是因爲這樣的原因，他主張「採補所本無以新我民之道」，即學習西方的民族國家理論，以教育人民。〔註36〕梁啓超在這裏的論證邏輯雖然並不完全合理，比如他說中國未與其它大國往來交通就造成了國民自視爲天下，中國從張騫出使西域到到唐玄藏往天竺國求佛法，以及後來的鄭和下西洋，歷史上並不缺少與西域國家的交往，「國人自視爲天下」，從根本上說是由於文化上的中國文化中心

---

〔註34〕張岱年主編，新民說——梁啓超集〔M〕，瀋陽：遼寧人民出版社，1994：8。
〔註35〕張岱年主編，新民說——梁啓超集〔M〕，瀋陽：遼寧人民出版社，1994：10。
〔註36〕張岱年主編，新民說——梁啓超集〔M〕，瀋陽：遼寧人民出版社，1994：8。

主義造成的。但是，梁啓超的這翻話也向我們表明了，向西方學習以「新民」
目的是爲了獲得新的身份認同，好取得國民資格。

結合上面的分析，我們從中可知，梁啓超等所言「國民性」這個概念在
內容上是指：它是一個民族的文化心理，或者是民族精神、民族性格。在民
族國家條件下，國民的心理狀態、思想態度和價值觀念等，相比較而言，如
心理狀態和思想態度是容易變化的因素，而價值觀念則是較爲穩定的，在國
民性的構成當中具有統領的作用。

但是需要提及的是，早期以民族（種族）主義爲背景的國民性研究到 20
世紀後被文化人類學（主要是文化心理學派）拋棄。本尼迪克特、米德、林
頓等人屛棄了西方（歐洲）文化中心主義的傳統立場，採取文化相對主義的
立場和方法研究國民性問題，開啓了國民性研究的一個新時期。本尼迪克特
於 1934 年在《文化的模式》中提出文化本質就是「文化構造」的觀點，認爲
國民性就是一個民族文化的基本特徵，是民族文化通過習俗、宗教、戰爭、
經濟、政治等交往活動的傳承與行爲選擇的歷史過程。她認爲文化的發展是
一個不斷整合的過程，在這個過程中一些文化物質被選擇吸收，被制度化和
合理化，進而強化爲人的心理和行爲特徵；而另一些文化物質則被排除、揚
棄，失掉了整體的意義。正是民族成員的行爲選擇中逐漸形成了民族之間的
性格差別，也便構造了一個民族文化與文明的歷史傳承的基本脈絡。〔註 37〕
本尼迪克特的研究爲現代國民性研究起到了開創性作用，美國人類學家戈勒
認爲該書的出版標誌著國民性科學研究的誕生之年。而作爲社會心理學家的
英克爾斯，除了關注人的現代化問題之外，其實也很關注國民性問題，1997
年他曾出版《國民性：心理──社會的視角》，對其從第二次世界大戰時期就
開始的國民性研究進行了一個總結。但是，本文中涉及的中國現代化早期過
程中的「改造國民性」問題基本上不在此種心理──社會的視角和方法下展開
的，而主要是作爲改造中國社會的途徑和手段這樣一個政治議題被思考和討
論的。

通過上面的分析，我們可以得知，「人的現代化」和中國現代化早期的「改
造國民性」有切合的地方，但也有不同之處。

切合之處在於，當時的國民性改造是以「人的現代性」爲價值目標的。
無論是最初由梁啓超提出的「新民」，還是後來新文化運動時期由陳獨秀、魯

─────────────────────────

〔註37〕〔美〕尼茲・本尼迪克特，文化的模式〔M〕，北京：三聯出版社，1988。

迅等提出的「新青年」和「立人」，其基本依據都來自西方啓蒙思想當中的自由、平等、博愛、人權、科學、民主等等價值觀念。而人的現代化，即從傳統人向現代人的轉變，亦是以現代性爲結果的。這是兩個概念能夠切合的地方。強調「新民」與「舊民」的不同，不是單指兩者有著本質的差別，更主要的意義在於表達這樣一種觀點，即人和人類社會是發展進步的。

不同之處在於，「國民性改造」還有一個區別於「他者」的維度即民族性，所要追求的目標用梁啓超的話來說，應當是「中國國民之獨特性」，這就意味著國民改性改造當中存在一個現代性（世界性）和民族性的關係，用辯證法範疇來表述，就是共性與個性、普遍與特殊的關係。表面上來看，梁啓超等人所追求的是中華民族的文化個性，但實際上其主張的又是世界文化的共性。這兩都其實並不矛盾，人的現代化或者國民性改造的過程，是現代性與民族性的統一。民族性是現代性載體，沒有民族性的現代性是空洞的和抽象的。不同國家和民族在從傳統走向現代的現代化轉變過程中，又表現出某些共性，這就是現代性。現代性是民族性演變的趨向，雖然各民族文化各有差異，但在整個世界趨於現代化的過程中，各民族文化中的共同性在不斷加，也正是因爲有了這種不斷增加的共同性，各民族國家之間的交流與對話才成爲可能，而這種共同性，用一個詞來概括，就是現代性。

## 1.3 人的現代化的三個主要內容

在第一節中主要討論了「人的現代化」這個概念的由來，以及不同派別的理論對現代化和現代性的理解，而在本節中，則主要想分析一下人的現代化的主要內容究竟是什麼。人的現代化，著眼於從「傳統人」向「現代人」轉變，但現代化人究竟發生了哪幾方面轉變，與傳統人相比較，有什麼根本性的不同。

雖然不少學者在研究現代化時都提到或者論述過「人的現代化」，但對這個範疇的內涵和外延界定得並不是很清楚。前面提到，英克爾斯雖然根據他的研究和觀察，概括了現代人的十二個方面的特徵，但給人的感覺仍然不夠清晰，太多的特徵描述反而使人很難把握現代人與傳統人本質性差異，而且他也沒有能夠充分地說明，現代化人的特徵爲何能夠歸納爲十二個方面。也有中國學者認爲人的現代化主要是素質現代化，職業現代化和組織現代化，並認爲

這三者缺一不可，但並沒有說明爲何是這三方面的內容及其區分。〔註 38〕多
數人都認爲人的現代化主要是素質能力現代化，但是卻很少有人講明現代人
與傳統人在素質能力方面的差異性是什麼，而又是什麼樣的原因推動著人的
素質能力向著現代化方向轉變。所以，本文認爲有必要對這一問題進行深入
討論，以便於後面展開思想史的考察。

　　首先，需要說明一下討論方法。本文認爲，要到對人的現代化的主要內
容作出恰當的分析和歸納，在方法上有必要做到以下兩個結合：第一，就是
要將人的現代化與社會現代化結合起來討論。其實在緒論部分就已經談到
過，人們提出並使用「人的現代化」這個範疇，既是爲了與「社會現代化」
這個概念相區別，又是爲與其相統一。社會現代化，主要強調現代化過程的
整體性、社會性；而人的現代化，則主要強調現代化過程的主體性和個體性。
但是，無論是在哪個層面和哪種意義上，現代化都意味著從「傳統」到「現
代」的轉變、過渡。所以第二個結合，就是要將「現代」與「傳統」結合起
來認識。這是一個最基本的認識方法和維度。其實，將人類社會「一分爲二」
地區分爲「現代」和「前現代」（或者叫前現代），是各種現代化理論中普遍
採用的一個區分方法和認識方法。學者們在說明現代社會的特徵時，總是以
傳統社會爲參照物。比如對照傳統社會與現代社會的特點，斯賓塞概括出「軍
事社會」和「工業社會」，迪爾凱姆概括的「機械團結」和「有機團結」，滕
尼斯概括的「共同體」和「社會」等等。〔註 39〕辯證法大師黑格爾曾總結人
的思維特點，指出人總是從對立面中去認識自己，比較「現代人」與「傳統
人」的不同特點，能夠更好地歸納總結人的現代化的主要內容。

　　關於社會現代化的主要內容，學者們很早就進行過很多研究和有益的探
討，並且取得了一些共識。比如，現在我們可把社會現代化細分爲很多具體
的「化」：工業化、商品化、城市化、市場化、民主化等等。而過去我們曾經
把現代化歸納爲工業現代化、農業現代化、國防現代化和科學技術現代化這
四個，也是對社會現代化的一種理解。而且這種對社會現代化的理解，其實
也是不完備的，因爲它主要是從社會生產方面來看待現代化。一個社會，整
個兒的地從傳統向現代轉型，生產只是它最基礎的方面。有學者將這四個現

〔註38〕鄒吉君，曲衛君，現代化的內涵及人的現代化〔J〕，東嶽論叢，2000，（1）：
　　　　75～77。
〔註39〕童星，現代性的圖景〔M〕，北京：北京師範大學出版社，2007：7～21。

代化歸結爲社會的物質層面的現代化，認爲科學技術是核心和第一位的。除了物質層面的現代化，還有制度層面和觀念層面的現代化。〔註40〕這種對社會現代化具體內容的三分方法，其實是按照金耀基先生在其著作《從傳統到現代》中關於人類文化的三層結構模型來劃分的。金耀基先生認爲，任何一種文化都像一個同心圓，從裏到外可以分爲觀念層、制度層和物質層三層。他還認爲越往外的部分，卻容易受到其它文化的衝擊，而作爲文化內核的觀念層，是最爲穩定的，最不容易受到衝擊。雖然金耀基先生這個文化模型在學界有著廣泛的影響力，但是本文認爲，人類文化的同心圓結構在理論上沒有很好的闡述觀念、制度和物質三者之間的關係，略顯簡單。馬克思歷史唯物主義關於社會形態歷史演變的理論，詳細闡述了社會結構中的多重矛盾關係，比如社會存在與社會意識，物質生產與人口生產，經濟基礎與上屋建築等等，對於社會結構及其類型的轉變，應該說是更爲全面和科學的。社會從傳統到現代的轉型，雖然在性質上不是以生產關係性質的類型劃分，但仍然可以用唯物史觀的社會結構理論來加以認識和討論。

馬克思主義歷史唯物主義將複雜的社會結構區分爲社會存在（社會的物質生活條件）和社會意識（社會的精神生活條件）兩個大的方面，認爲社會存在決定社會意識，人們的存在決定人們的觀念而不是相反。馬克思主義又認爲物質資料的生產活動及其方式，是構成社會最重要的和決定性的物質基礎，與一定生活力發展相適應的生產關係的總和構成了社會的經濟基礎。在經濟結構基礎之上的，可以統稱爲上層建築，包括政治的上層建築（主要是政治制度）和觀念的上層建築兩方面。馬克思主義爲我們提供了認識社會結構及其變化的比較系統的方法，阿爾都塞認爲歷史唯物主義理論雖然不同帕森斯的結構功能主義社會理論，但在本質上，也可以視爲是「結構主義的」。馬克思主義指出，人類發展的歷史首先是生產發展的歷史，因此，我們可以認爲生產現代化是現代化首要的和基本的內容，但作爲社會整體的現代化，生產只是其中最基本的環節，生產現代化爲整個現代化創造和提供必要的物質條件。

我們按照馬克思主義歷史唯物義關於社會兩個基本矛盾的觀點，通常可以把人類社會結構劃分爲經濟結構、政治結構和文化結構〔註41〕三個層次。

---

〔註40〕郇吉君，曲衛君，現代化的內涵及人的現代化〔J〕，東嶽論叢，2000，（1）：75～77。

〔註41〕在這裏，「文化」含主要是狹義上，即作爲人的精神和意識活的產物，即觀念

因而，社會現代化作爲社會結構的整體上轉型，從傳統走向現代，其現代性的特徵可以從經濟、政治和文化結構三個方面去認識。社會的經濟結構作爲整個社會的物質基礎，主要是指與一定的生產力狀況相適應的社會生產關係的總和。社會的政治結構和文化結構都建立在其經濟結構的基礎之上的。如果從對社會結構的這個認識邏輯出發來看，那麼傳統社會向現代社會的轉型，在社會整體的現代化方面，就應該包括社會經濟結構的現代化、政治結構的現代化和文化觀念結構的現代化。

在具體內容和特徵上來說，經濟現代化，指的是傳統的小農生產向現代機器大工業生產轉變，以自給自足爲特徵的自然經濟作爲占主導地位的經濟形式讓位於以社會交換爲特徵的商業經濟或者說市場經濟（市場經濟是發達的商業經濟）。簡單歸結起來，就是從農業社會過渡到工商業社會。這裏想特別談論一下商業和市場的問題。應該說，商業經濟和市場是現代社會經濟結構的一個主要特徵，在現代社會中，工業和商業、市場存在不可分割的聯繫，它們之間是互爲條件，彼此促進的。馬克思在他的著作中對市場經濟的盲目性和無政府狀態多有批評，並且認爲共產主義社會的經濟是公有制基礎上的計劃經濟，勞動者自覺生產和消費，交換將不存在。馬克思的這個認識是對未來社會的一個設想，其理論前提是機器大工業已經建立起來，人們的政治關係也是消除了階級和國家的差別，結成爲一個人類的共同體。工業化建設和發展已經不成爲問題。但是 20 世紀走社會道路的國家普遍面臨的一個具體問題是，如何讓機器大工業在本國建立並發展起來。實踐證明，沒有市場的計劃經濟模式雖然在建立國民工業部門和工業體系方面有明顯成效，但卻不能爲工業的發展提供持久的推動力，反而會造成工業生產的效率低下。從工業發展的歷史和理論兩方面來看，商業和市場能夠爲工業生產提供持續的動力。尤其是，擴大的市場對工業生產提供巨大的需求，能夠極大的刺激和推動工業生產的發展。換句話說，工業生產和商業交換是相互促進的，在傳統社會中長期存在的小手工業，由於沒有擴大的市場刺激，發展緩慢；而現代社會中，由於國內統一市場和世界市場的形成，極大地促進了機器大工業的發展。沒有商業交換和市場需要，機器大生產發展不起來。

政治現代化，在內容上，就是以人治爲特點的專制政治讓位於以法制爲

形態的文化。作爲觀念形態的文化，其中最爲核心的內容是價值觀念，最爲重要的文化思維形式是理性。

特徵的民主政治。政治現代化絕不僅僅意味著資本主義取代封建主義，這主要是西歐國家的政治現代化特點。20 世紀以來出現的不同現代化道路的嘗試與實踐，已經不同於早期西方國家的資本主義現代化的單一模式。但是，無論是走資本主義現代化道路的國家，還是走社會主義現代化道路的國家，在政治方面的一個共同點在於，與傳統社會的君主專制政治對立，現代國家普遍實行的是民主共和的政治模式和制度。在君主專制的政治下，個人的是君主的臣民，價值導向上以忠君和順從為原則，強調君主統治者的利益至上。而在在民主共和的政治下，個人是國家的國民和社會的公民，在個人與國家的關係，強調權利和責任的對等。

文化現代化的具體內容和特點，則是指在小生產條件下形成的傳統文化讓位於在社會化大生產條件下形成的現代文化。在傳統文化中，代表君主意志和利益的專制主義文化是居於統治地位，其中代表性的在西歐社會是宗教神學，在中國社會是則是儒學倫理。而在現代文化中，符合人民大眾意願和要求的世俗文化占主導，世俗文化在作為核心的價值理念上是個人主義，在思維形式上是科學文化。

本尼‧迪克特認為任何一種類型的文化都不是由單一的文化成分構成，而是多種文化成分的複合體，不同的文化成分在一個文化體中此消彼長。這種看法其實和馬克思主義關於文化的觀點是相一致。馬克思主義認為，統治階級的思想意識和意志是那個時代意識形態，它體現在那個時代的宗教、哲學、道德、文學等意識形式中，但是它又不是唯一的。文化本身具有多元性和包容性，無論是傳統文化還是現代文化，都不是某一種確定的和唯一的文化，而是許多文化成分共同構成的複合體，但是在一定歷史發展階段上，其文化中必有一種或者幾種佔據主導地位的文化成分和文化形式。就文化形式方面而言，在西方社會遠古時代主要的文化形式是民間歌謠和神化傳說，古希臘羅馬時代則是主要是哲學佔據主導，中世紀則主要是宗教神學長期居於統治地位，哲學成為神學的婢女，而現代文化則主要是世俗的科學文化成為了主流。因此，在西歐社會中，文化現代化主要是指宗教神學讓位於世俗文化，其中，因適應現代社會化大生產需要而發展起來的科學文化逐漸取得在文化中的統治地位。但是文化現代化對中國而言，則有不同的內含。因為在中國的傳統文化中，長期佔據統治地位的，主要是儒學。因此中國的文化現代化，主要是指儒學文化讓位於現代科學。無論是東方還是西方，一個民族

和國家的文化主要是通過教育來得到傳承和延續的。我們只要從那個時代的學生們日常學習的課程內容上來看一看，就可以知道那個時代占統治地位文化是什麼了。西方社會的傳統教育主要是教會學校和宗教教育，而現代教育則逐漸變成了世俗教育，在內容上則主要是科學教育。中國社會的傳統教育雖然不是宗教教育，有著世俗文化的特點，但教育的內容則主要是四書五經等儒家經典，有人因此將中國的傳統教育稱爲「經學」教育。中國的現代教育與西方社會是一樣的，都是科學教育。所以文化現代化，在西方主要是指宗教神學讓位於現代科學，而在東方，則主要是指儒學讓位於現代科學。

從中國近現代歷史過程來看，中國經濟現代化的嘗試和轉變，可以將洋務運動興辦軍工企業視爲一個起點，但是比較全面和相對完善的工業體系的建立，是新中國成立以後的事情。而小農生產被現代大生產條件下的工商業經濟所取代，實現經濟在更大範圍內的轉型，確切地說應該是在改革開放以後才開始的，並且這個轉變還在進行當中。應該說，生產和經濟的現代化轉型是整社會現代化轉型的基礎，同時，也是最困難的型轉。上世紀五六十年中國政府提出要實現四個現代化的經濟建設任務，並把實現時間設定在 20 世紀末。改革開放以後，社會主義初級階段理論形成，意在強調中國現代化建設的長期性和任務艱巨性，所以才有了中國現代化建設的百年目標和三步走發展戰略。在中國的政治現代化方面，戊戌變法的嘗試很快失敗，沒有取得多少成績。我們可以將辛亥革命取得成功和中國華民國的建立視爲中國政治現代化的最初起點，但是中國作爲一個多民族統一國家，其現代政治秩序的建立，則應該以中華人民共和國的成立爲起點。因爲，統一的、穩定的和持久的政治秩序在中國的確立，是 1949 年以後實現的，而無論是 1912 年成立的中華民國還是 1927 年建立的南京國民政府，都沒有眞正實現這一點。法律制度的建立和完善，法治的貫徹和落實，中國的政治現代化同經濟現代化一樣，還有很長的路要走。對於中國文化的現代化轉型，很多人都將五四新文化運動視爲開端。的確，新文化運動從形式到內容方面都極大推動了中國傳統文化的現代化大轉變。但是，文化結構的現代化，不應當只看思想觀念的通過社會運動在全社會範圍內的擴展，而更主要的是看現代文化的觀念和形式被作爲體制或制度化的東西被確定來，成爲一個社會穩定的文化結構。從這個意義上來說，我們應當把 1905 年清政府設立學部，「廢科舉，興學堂」視爲中國文化現代化轉型的起點。這個轉變，標誌著現代科學取代傳統儒家

經學，開始成爲主導性的文化。

對於人的現代化的主要內容，馮躍民將其歸納爲能力素質現代化、社會關係現代化和思想觀念現代化三個方面。〔註42〕這種概括具有一定合理性，比如強調了個人的素質能力現代化，這是包括英克爾斯在內許多學者的共識。但本文認爲他的概括還是不夠清楚，因爲沒有講清楚這樣概括的依據和標準是什麼。雖然他總結了三個方面，但並沒有說明這三方面現代化的具體內容是什麼，傳統人與現代人在素質能力與現代人的根本差別在什麼地方；現代人的社會關係的基本特徵是什麼；現代人的思想觀念中，什麼思想觀念佔據了主導地位。而說社會關係現代化是人的現代化的一個主要內容，這其實是比較籠統的。因爲按照馬克思主義的觀點來看，人在其本質上是一切社會關係的總和。社會實際上就是各種社會關係構成的整體，社會現代化本身就是人們的社會關係的改變。那麼，現代人的社會關係與傳統人社會關係在特徵上究竟有什麼根本性的差別。而現代人的思想觀念在內容和形式上與傳統人在總體上又有什麼不同。或者說，怎能樣的變化才能稱得上是現代化，亦即人從傳統演進到了現代。這些問題都沒有得到清楚的詮釋。因此，在本文看來，只有堅持邏輯與歷史的統一，將對人的現代化的內容的抽象概括和歷史轉變的實際過程結合起來，才是比較恰當的。

前面已經講明，人的現代化與社會現代化是同一現代化過程的兩個方面，社會的現代化轉型，會對人的發展提出現代化要求，而人的現代化發展，反過來又會爲社會現代化提供人才動力，這兩者是相互協調適應和彼此促進的。因此，我們可以從社會的現代化轉型，來看對人的現代化發展的要求。對於社會現代化的主要內容，本文按照馬克思主義關於人類社會結構的觀點作了三方面的分析和論述。因此，與經濟、政治和文化現代化相適應，人的現代化，我們亦可以從三個方面來認識和理解。下面作一個簡潔的表格，這樣更能直觀地瞭解人的現代化與社會現代化之間的對應關係，從而能夠確定人的現代化的基本內容。〔註43〕

---

〔註42〕 馮躍民，關於人的現代化問題的幾點思考〔J〕，武警學院學報，1999，（4）：58～60。

〔註43〕 對於傳統社會與現代社會在經濟、政治和文化三方面的不同特點，下表的概括缺點是顯得簡單，但好處也是簡單。通過簡單明瞭的特徵概括，我們能看到社會現代化與人的現代化在「傳統」和「現代性」之間的某種對應關係，這樣能夠幫我們在總體上瞭解人的現代化包括哪些內容。

|  | 傳統社會的特點 | 現代社會的特點 | 中國現代化進程中的一些標誌性事件 |
|---|---|---|---|
| 經濟結構 | 農耕文明、個別小生產 | 工商文明、社會化大生產 | 1861 年安慶軍械所建立,最早的現代軍工企業<br>1872 年輪船招商局成立,最早的現代民用企業 |
| 政治結構 | 以君主專制為主、人治 | 以民主共和為主、法制 | 1911 年辛亥革命結束君主統治<br>1949 年中華人民共和國成立,建立國內和平。 |
| 文化結構 | 專制主義文化為主體 | 世俗文化為主體 | 1905 年,清政府設立學部,結束經學教育,實行科學教育。 |

根據上表的對比我們可以看到,傳統社會與現代社會具有不同特點,從而會對生活於其中的個人提出不同的適應性要求。相應地,置身於社會中的個人——即作為社會結構中的經濟人、政治人和文化人——會適應社會現代化的不同特點和要求,逐漸轉變成現代人,表現出與傳統人不同特點。〔註44〕

|  | 傳統人的特點 | 現代人的特點 |
|---|---|---|
| 經濟的個人 | 小生者,憑藉經驗知識進行生產 | 社會化生產者,任借理論(即科學)知識進行生產 |
| 政治的個人 | 臣民 | 公民 |
| 文化的個人 | 價值觀傾向是君主主義,思維形式上是形而上學為主,注重個人美德 | 價值觀傾向是個人主義,思維形式上是科學實證為主,注重個人實利 |

對比歸納上面的兩個列表,我們可以認為,人的現代化,即個人從傳統人到現代人的轉變,主要表現在與社會現代化相適應的三個方面變化:一是個人的素質能力得到提升,其最主要提升是現代人普遍地常握了現代科學技術知識,科技素質佔據了個人綜合素質的主要位置;二是個人在新的社會政治結構得到新的身份認同。三是個人主義的價值觀成為個人的主導性價值觀。

---

〔註44〕 下表中的「生產者」,是廣義上的生產者,即個人作為社會經濟關係中的基本角色,在社會再生產條件下,每一個個體都可以視為生產者;而與「臣民」相對的「公民」,則是個人在現代民主共和政治下的基本身份,在個人與國家關係上,強調權利與義務的平衡。

　　能夠掌握和運用現代科學技術知識，是人的現代化最基本的內容。個人在社會中生存和立足，直接的是通過個人的素質能力來實現的。從素質能力的產生方面看，現代人與傳統人不同的地方在於，傳統人——特別是作為社會的生產勞動者而言——主要是通過生產和生活的經驗積累來獲得個人素質能力；而現代人，則主要通過系統的學習來獲得個人素質和能力。人的這種轉變，從根本上說，是來自於社會生產方式的轉變和經濟發展的客要求。在整現代化的過程中，隨著經濟結構的現代化轉型，社會化的生產以及快速變化的社會生活，客觀上要求個人能夠掌握與現代生產生活要相適應的知識和技能，從而實現個人與社會在現代化過程中相互協調。在以小農生產和自然經濟為主的傳統社會中，生產勞動主要是簡單的、體力性勞動，對個人的科學文化素養要求並不高。因而，個人依靠自己在生產生活中積累起來的經驗知識，基本能夠適應生產需要。但是在現代社會中的情況則與傳統社會不同。在現代社會中，由於社會化的大生產，特別是科學技術的變革帶來了社會的快速變化和發展。個人僅僅靠生活中積累經驗性知識，則很難滿足社會化大生產需要和適應快速變化的社會。這樣，系統的科學技術知識教育和學習就顯得十分必要。相應地，專門的學校教育在提升個人的科技素質升方面所起的作用是不可獲缺的。因為，只有學校教育才能夠為個人提供系統的科學技術知識和理論教育，而家庭教育和社會教育在宣傳和普及科學文化方面具有一定作用，但它們不具備為個人提供系統的科學技術教育的條件。而個人也只有通過學校的系統學習，才能獲得適應現代社會生產生活的基本素質。總之，學校教育為個人適應現代社會生產生活提供必要支撐。此外，學校教育也明顯地影響著個人對社會變化的態度、價值觀念和行為。由此，可以認為，學校教育對於促進人的現代化，起著基礎性的作用。英克爾斯在其著作《從傳統人到現代人——六個發展中國家的個人變化》中通過統計調查，對學校教育的重要作用進行過專門的論證和說明。他認為，教育是決定個人現代性的水平的一個首要的和直接的因素，「一個人綜合現代性分數的一半幾乎單獨地由他的教育狀況所決定」。〔註45〕

　　人的現代化的第二個主要內容，是個人在轉變的社會政治結構和社會關係中獲得新的身份認同。這個新的身份認同，是在個人與社會的關係上的雙

---

〔註45〕英克爾斯，斯密斯，從傳統人到現代人——六個發展中國家的個人變化〔M〕，
　　　　北京：中國人民大學出版社，1992：203。

向認同,一方面,它是指來自社會──在整體上是現代國家對個人的認同;另一方面,它是個人對自己在社會中所處的地位和身份的自我確認,這種身份認同在確定的意義上是指政治認同。馬克思主義認為人在本質上是一切社會關係的總和。人的社會關係發生變化,在社會方面就是社會的組織結構改變,在個人方面就是對個人身份認同的改變。人是社會性的存在,個人總是歸屬於一定的社會組織結構。而個人則是通過對自己身在某一社會結構中所處的位置來確認自己的存在及其價值。在傳統的社會,社會對個人身份的認同以及個人的自我認同,主要是基於君主主義的價值觀觀念下的認同。在這種觀念下,只有君主是社會的主體和主人,而其它個人都只是臣屬和從屬,「臣民」是個人的基本社會身份,而且有著森嚴的等級關係。因此,傳統社會中個人與社會的關係上,實際上是個人與君主的關係。在中國的傳統社會中,士農工商是統治者劃分的四種社會身份,雖然士為四民之首,便仍然是從屬於皇帝的臣子,而其它三民則更不用說了。個人也以這種君主主義的認識和價值立場來確定自己在社會結構中的地位和歸屬。個人會把君主置於社會的高點,而視自己是君主之下整個社會的一分子。這樣,看待個人存在的意義和價值的依據,是以君主和社會整體為出發點的,人的價值只表現為個人對於而社會(君主)的意義,而不是反過來社會對於個人的的意義。梁啟超在《新民說》中論說過去中國人只知道自己是「部民」、「臣民」,而不知道自己為「國民」,個人因社會整體而不是因個人自身而存在,個人與社會的關係,實際上也被歸結為個人與君主的關係,這體現了中國傳統社會政治結構的特點。與傳統社會的「臣民」身份認同不同,現代社會的個人身份認同,主要是「公民」。〔註46〕傳統社會中個人與君主的關係,變成了現代社會中個人與

〔註46〕 「公民」這個範疇與「國民」有相同也有不同,相同在於都是與「臣民」相對立的,是基於對君主主義價值觀的「臣民」身份的否定性認同;不同在於,「國民」主要是以國家的價值尺度來看待個人,在理論上是基於國家主義的價值觀(國家至上),而「公民」從個人自身價值尺度來看待個人,在理論上是基於個人主義的價值觀(個人至上)。一般來說,與現代社會對應的個人身份是「公民」,但是由於殖民地和半殖民地國家在實現政治結構轉型,即建構現代民族國家的過程中受到來自西方國家的衝擊與挑戰,國家的價值由此被於個人之上的優先地位。因而,傳統人的現代化轉變,就首先表現為由「臣民」轉變為「國民」,強調個人服從於國家現代化的整體利益,個人對國家應當承擔的使命和責任。而「公民」則更多地強調,在現代民族國家建立的條件下,國家以法的形式確認和保護個人的權利。

國家，或者個人與社會關係。從「臣民」到「公民」，即是從傳統人到現代人的轉變。

　　人的現代化的第三個方面主要內容是個人主義的價值觀成為個人的主導性價值觀，並且是為社會所承認和接納的正當的價值觀念。個人的正當需要得到承認和滿足，個人能夠按照個人主義〔註 47〕價值觀念去追求個人喜歡的生活，個性得到解放和張揚。個人有權利去選擇自己各自不同的生活方式。有學者認為，個人主義的興起是現代性最重要的標誌之一。〔註 48〕也有人認為個人主義是現代文明的最高成就。〔註 49〕人的現代化，從傳統人到現代人的轉變，在思想觀念方面最主要的變化，就是個人主義的價值觀成為成為自己的行動準則，並且這種準則能夠被社會接納和認可。在傳統社會中，個人主義的思想和價值觀念並不是不存在，但是它不被當時的社會主流思想和意識形態所承認和接納的，個人只能作為服務於整體利益的個體而存在，也就是說，個人只能有「大我」，而不能有「小我」。但是在現代社會中，「小我」不僅被承認，而且被視為社會發展的最終目的。因而，個人有條件去獲得獨立的「自我」意識和人格，能夠坦然去追求個人的所期望的物質滿足。而國家與社會也把對個人需要的滿足當作自己的任務。在傳統社會中，國家追求富強，從根上說是為了滿足君主維持權力地位的需要，而在現代社會中，國家追求富強，從根本上說是為了滿足每一個個體的需要。歸結起來說，人的現代化體現在思想觀念方面的變化，就是個人在「大我」當中發現了「小我」。

　　對於個人主義，學者們總是希望現代社會流行是具有道德自主性的，能夠平衡權利和義務的「自我」，但看到的卻經常是只知私利，不問公義的「自我」。在本文看來，不論哪種「自我」，都是以自我為價值尺度，都是個人主義價值觀的體現，這是對傳統社會的整體主義、集體主義（其實是表面上的集體主義，實質上的君主主義）的超越。「拔一毛利天下而不為」的楊朱式的個人主義，常常遭到人們批評。個人主義既是現代社會的成就，但同時也是

---

〔註 47〕 這裏，個人主義表示的是與君主主義和國家主義相對立的價值觀和原則。在君主主義之下，「臣民」的個人價值是不被承認和尊重的。而在國家主義之下，個人價值也必服從於國家和民族的整體益。

〔註 48〕 許紀霖，大我的消解——現代中國個人主義思潮的變遷，中國社會科學輯刊〔M〕，上海：復旦大學出版社，2009。

〔註 49〕 〔加〕查爾斯‧泰勒著，程煉譯，現代性之隱憂〔M〕，北京：中央編譯出版社，2001：2。

現代社會的問題。人們在現代社會中發現和實現了「自我」，但常常不能很好的平衡個人與社會的關係，而陷入一種極端的和狹隘的個人主義，因此，這可以說是「現代之弊」，也是現代社會常常為後現代主義者所病詬的地方。加拿大學者查爾斯·泰勒在《現代性之隱憂》中談到的對現代社會的三個憂慮，第一個就是個人主義，他認為個人主義的黑暗面在於以自我為中心，過度的自我專注使生活變得狹隘化和平庸化。但在文章的這一部分，本文主要想討論人的現代化在思想觀念方面最主要的變化和內容是什麼，而對作為價值觀念的個人主義所存在的問題進行，則是另外一個主題，本文會有所涉及，但不打算展開來作詳盡的討論。

總之，人的現代化的三個方面內容，在總體上是與社會現代化的三個方面是大體是相適應的。社會正是在個人現代化與社會現代化的互動中逐漸從傳統走向現代。

## 1.4 小結

本章主要從理論上闡述了「人的現代化」及其相關的幾個主要概念的內涵及其關係。本文通過詞源考察和內涵分析，指出「人的現代化」是與「社會現代化」相對應的一個概念。這個概念的出現比「現代化」要晚得多，它代表了對現代化一種認識視角和研究方法，按照西方現代化理論的五派的劃分，它是屬於人文學派的現代化理論，該理論強調人的現代化在國家現代化中居於核心地位，主張在國家現代化的過程中要更多地關注和促進人的現代化發展。進而，通過分析「人的現代化」與「國民性」兩概念的區別與聯繫，本文認為中國現代化早期的改造國民性運動在實質上是面向現代化的。在中國現代化早期的緩慢進程中，先進的知識分子比較敏銳地意識到，人的變革在社會變革中具有重要地位和作用，個人的能力、素質、國民意識和政治品格，與國家的興衰密切相關，於是提出了改造國民性的一系列思想主張。他們希望通過促進中國國民的變革和提升，以達到救亡圖存的目的。這些要求中國人變革的思想主張，在其實質上就是要推動中國人從「傳統人」向「現代人」轉變。

通過分析人的現代化與社會現代化的相互關係，本文在「傳統」與「現代性」之前為前兩者建立了一種對應，進而歸納出人的現代化包含著三個方

面的主要內容：一是素質能力現代化，二是個人身份認同現代化，三是生活追求個人化。在中國現代化發展的早期，知識分子們關於「國民性」問題的探討，實際已經涵蓋了這三個方面的內容，但是在理論上沒有能夠做出很好的整理和歸納。本文後面幾章的論述，主要就是按照時間的線索和邏輯的線索來對人的現代化三個方面的相關問題展開分析和討論。

# 第2章　早期「人的現代化」思想的曲折演進

　　在中國現代化的道路上，對人的現代化的探索，最初是以「改造國民性」的思想形式出現的。應當說，中國人在邁向現代化過程中，很早就意識到人的因素和人的轉變問題在這社會變革過程中的重要性，於是產生了獨特的改造國民性思想。從甲午戰爭到五四運動這段時間，改造國民性一直是解決中國當時社會問題的一個基本思路和方案，受到思想家們的長期關注和探討。從內容上來看，對在本文前一章中指出的人的現代化三個方面的內容和主題，改造國民性思想基本上都涉及到了，並且進行了比較深入的探討，有些觀點和見解直到今仍然有借鑒和啓發意義。本章內容主要是對早期「人的現代化」思想的歷史演進過程進行梳理。

　　一般認爲，中國的現代化運動開始於洋務運動。洋務派爲了達到「禦辱自強」的目的，興建新式海軍，興辦軍事和民用工業，培養科技人才，切切實實邁地出了中國現代化的第一步。而改造國民性思想，則是在西風東進的過程中逐漸萌生的。在中國現代化的早期，一些先進的知識分子爲中國的困境感到憂慮，他們首先想到了從「民心」、「民氣」方面尋求解決的突破口，從而萌生出了改造國民性的思想念頭。但是，改造國民性命題的明確提出，則是在戊戌維新變法時期。由維新派開啓的改造國民性運動，與眾多思想家們「救亡圖存」和「國富民強」的理想交織在一起，從19世末一直延續到20世紀，在五四運動時期達到一個高潮。對於這個思想認識

過程，本文認為，只有將其置於中國現代化探索的總體視野中加以考察，才能有更好的理解。

羅榮渠提出「一元多線」的理論化理論，認為中國早期現代化思想從 1840 年鴉片戰爭到 20 世紀 40 年代歷經百年，顯現出階段性特點。大體上來說，可以分為以下四個階段：第一個階段是從鴉片戰爭到辛亥革命，這是現代化意識的萌芽階段，表現為「中體西用」的提出；第二個階段是辛亥革命後到 20 年代，這是現代化思想的明確顯示階段，表現為從「中體西用」到「西化」、「中西互補」；第三個階段是從 20 世紀 20 年代到 30 年代，是中國現代化思想初步形成階段，表現為「現代化」概念的正式的提出和展開對中國現代化道路的討論；第四個階段是 30 年代到 40 年代，是現代化思想的深化階段，表現為對中國工農業發展及其關係的討論。40 年代以後對現代化的討論沒有能繼續深入下去，理論鬥爭的焦點隨著戰爭形勢逐漸轉移到如何完成新民主主義革命這個新問題上去了。〔註1〕對於中國早期現代化思想的「螺旋式的上陞過程」，他還專門作了一個圖示：〔註2〕

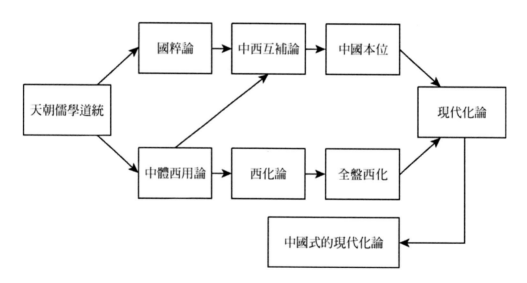

根據羅榮渠先生的上述劃分和圖示，我們大體上能夠把握中國早期現代化思想的發展脈絡。但是，思想的複雜性和多樣化，只有回到歷史的場境中加以分析，才能有更為具體的認識。人的現代化思想雖然是中國早期現代化

〔註 1〕羅榮渠，現代化新論〔M〕，北京：商務印書館，2004：362～403。
〔註 2〕羅榮渠，現代化新論〔M〕，北京：商務印書館，2004：403。

思想中的一個重要內容，但是它的產生和發展，並不是和現代化思想的每一個發展階段都能契同，而是具有其自身的思想脈絡和發展軌跡。

近代知識分子對人的現代化問題所作的早期探索，在內容上主要是以「改造國民性」的問題形式來展來的，在過程上則經歷了一個迂迴曲折的思想演進過程。大體上，可以將這一過程劃分為三個時間階段。第一個階段是從鴉片戰爭到到甲午戰爭，這是改造國民性思想的萌芽期。隨著國門被侵略者打開，在中西文化的交流與碰撞中，在強與弱、優與劣的對比中，一些先進的思想家們逐漸萌生了對國民的理性認識，民風、民氣是其認識的直接對象；第二個階段是從甲午戰爭到到辛亥革命，這是改造國民性思想的展開期，在民族危亡加劇的背景下，資產階級維新派和革命派都把改造國民性做為改造中國社會的一個重要環節和主要途徑，「新民」是這個時期最集中最突出的主張，知識分子們對西學的大力譯介傳播，啓迪了國民意識；第三個時期是從辛亥革命到五四新文化運動，這個時期是改造國民性思想的深化期。共和初立，人們歡心鼓舞，然而時局依然艱難，問題出在哪裏？當初的理念沒什麼沒有能實現。國家名為共和，實為專制；國人身為國民，行似臣民，矛盾的社會現實迫使知識分子對國民性問題作出再思考。新文化運動以科學和民主為旗幟，批判舊文化提倡新文化，大膽進行文學革命，力圖通過文化革命和思想啓蒙塑造「新青年」，從而把改造國民性運動推向一個高潮。「新青年」繼承了「新民」的思想邏輯，但有一個重要的突破是，改造國民性不再只是實現國家政治目的的工具和手段，個人的需要和價值受到尊重和關注，幸福生活成為個人追求，「立人」是這個時期最突出的主張。五四新文化運動後期發生了分化，文化觀問題取代了國民性問題，成為思想界爭論的新熱點。但是，「立人」的思想脈絡又使得國民性改造運動不能再只是專注於的文化革命和思想啓蒙，必須從現實的方面為「立人」尋根。而要從社會現實的方面為「立人」尋根，不可避免地會將注意力轉向生產經濟關係。可是，人們發現，在動盪和混亂的大時代下，「立人」是極困難的，中國人連立足生存都還是大問題，改造社會的呼聲逐漸高漲起來，改造國民性的高潮漸漸回落。隨著國民革命的興起和失敗，對中國社會性質及革命對象、道路的討論又成為思想鬥爭的焦點。中國人對現代化的探索雖然還在繼續，但重點已經不再是國民性問題，而是轉向了生產、經濟、工業這些社會現代化方面上的問題。

## 2.1 收民心，振民氣：人的現代化思想的萌芽

鴉片戰爭前後，中國已經在外部世界的帶動下發生了現代化轉變，而隨後發生的洋務運動，則是中國人主動致力於現代化的第一個步伐。人的現代化問題就是在這個歷史的變遷過程中產生出來的，但是人們對它的認識卻經歷了一個比較長的時間過程。以嚴復、梁啓超爲代表的維新派之所以能夠關注到中國社會現代化轉型過程中人的現代化問題，他們明確提出改造國民性的思想主張，並將其視爲中國救亡之道的前提性和基礎性工作。這種認識並非偶然形成，而是在中國現代化轉型過程中，知識分子對人的現代化問題認識日益深化的結果。除了他們對世紀之交的時局研判之外，還因爲其在思想文化層面有兩個歷史淵源：其一是地主階級和儒家知識分子「重民」和「整肅人心風俗」的文化傳統；其二是洋務運動期間，一些對西方文化瞭解較多的洋務派和早期維新人士已經開始萌生了對國民性問題的理性思考。

中國封建社會長期保持著結構的整定性，歷經千年終於盛極而衰，到1840鴉片戰爭前後，已經呈現出禿勢，暴露出很多社會問題，這讓一些心懷天下的儒家知識分子感到憂慮。龔自珍就痛感整個國家「日薄西山，氣息奄奄」，更令人歎息的是世風日下，人心衰壞人才匱乏。而鴉片戰爭中國的慘敗，更讓魏源、林則徐等比較開明的地主階級知識分子感到有必要尋求救治良方。他們「幾乎是本能而且嫻熟地拿起『整肅人心風俗』的傳家法寶」，[註3]比較嚴厲地批評國人在「人心風俗」方面的種種陋習，像「閉目塞聽，妄自尊大」、「粉飾作僞」等等。比如魏源就批評當時的兩個主要的社會風氣問題，即「人心之寐患」與「人材之虛患」。他說清朝表面上「太康」，實際上有「大荒」的跡象，「去草昧愈遠，人心愈溺，其朝野上下莫不玩細娛而苟近安」，「以持祿養驕爲鎮靜，以深慮遠計爲狂愚，以繁文縟節爲足黼太平，以科條律例爲足剔奸蠹，甚至圓熟爲才，圓執爲才，模棱爲德，畫餅爲文，養癰爲武」。[註4]他指出，如果社會民心風俗出了問題，「使人不暇顧廉恥，則國必衰；使人不暇顧家業，則國必亡。」[註5]民心風俗是維繫天下治亂的根本，「飄風大和，冷風小和」。要挽回清朝的禿勢，就要整肅民心風俗，從正人心開始，

---

〔註3〕教章軍，中國近代國民性研究的理論視閾及其價值〔M〕，北京：中國社會科
　　　　學出版社，2009：37。
〔註4〕張岱年主編，魏源集〔M〕，瀋陽：遼寧人民出版社，1994：75。
〔註5〕張岱年主編，魏源集〔M〕，瀋陽：遼寧人民出版社，1994：83。

「先平人心之積患」。

之所以采取這樣的思路，是因為傳統的儒家知識分子在看待社會問題時，往往從主觀唯心主義的立場出發，把精神因素作為解釋歷史、解釋人類社會現象的終極原因。因而，一旦社會出了問題，就要從人的思想道德上去尋找根源和解決辦法。比如魏源就認為「神氣化形體，形體化衣食，衣食化語言，語言化酬酢，酬酢化尊卑，尊卑化宮室……甲兵化水火，水火復化神氣」，「聖王之治，以功事銷禍亂，以道德銷功事」。〔註 6〕魏源在當時也算是比較開明和有見識的儒家知識分子了，亦難跳出這個思想路數。而以倭仁為代表的清流派更是恪守理學傳統，認為「立國之道，尚禮義不尚權謀；根本之圖，在人心不在技藝」，根本不認同「師夷長技以制夷」的主張，對洋務派興辦洋務的事宜更持蔑視和否定態度，認為向西方學習「非聖人之法」，是「以夷變夏」，而主張向西方學習的人是「名教罪人，士林敗類」。在變革的過程中遭到保守派的反對，這是難免的事情，但是被上陞到「夷夏之變」這樣一個認識高度，只有在中國的現代化進程中才會發生。

重視和強調人的思想因素在社會變遷中的作用，甚至認為是決定性作用，這是儒家思想文化的一個傳統，這個思想傳統對社會變革具有雙重效應。主張社會變革的知識分子由於這個思想傳統會重視到人及其思想意識在改造社會過程中的重要性；而反對社會變革的保守知識分子，往往會由此回到老路上去，一味地強調正人心以使社會歸本位。事實上，對於中國社會的大變局，立場對立的雙方往往都能看到和承認，差別在於變革者認為這是歷史趨勢，是常態，要順應這種變化；保守者認為這是歷史倒退，不是常態，要扭轉。

為表示對倭仁等對頑固派的抗議，馮桂芬在《校邠廬抗議》中回應，「世變代嬗，質趨文，拙趨巧，其勢然也。」「勢」的看法，包含著對歷史必然性的認識。在馮桂芬看來，「質趨文，拙趨巧」，向先進者、文明者學習，是很自然的事情，沒什麼不可。他諷刺頑固派，「時憲之曆，鐘錶槍炮之器，皆西法也。居今日而據六曆以頒朔，修刻漏以稽時，挾弩矢以臨戎，曰吾不用夷禮也，可乎?」〔註 7〕中國早就在採用西法了，而處今日之變局，恪守成法，

〔註 6〕張岱年主編，魏源集〔M〕，瀋陽：遼寧人民出版社，1994：82。
〔註 7〕張岱年主編，採西學議──馮桂芬馬建忠集〔M〕，瀋陽：遼寧人民出版社，1994：78。

因循守舊，實際上是不可能的。所以，他主張「鑒諸國」「採西學」「製洋器」，向西方學習。而要學習西方，先要找差距。在他的看來，中國有「五不如夷」：「船堅炮利不如夷，人無棄才不如夷，地無遺利不如夷，君民不隔不如夷，名實必符不如夷」。〔註8〕並且他強調「夫所謂不如，實不如也，忌嫉之無益，文飾之不能，勉強之無庸」，必須以誠實的態度對待，不要妄自尊大。「五不如夷」的認識，拋棄了傳統知識分子清高自大的心態，以一種客觀理性的觀念來看待中西方的的差距，承認中國的的不足，這在當時是少有的。馮桂芬能在 19 世紀 50、60 年代就對中國問題作出如此深刻和全面的概括，是很了不起的。馮桂芬提出「以中國綱常名教爲原本，輔以諸國富強之術」的主張，反映出他對歷史發展的現代化之「勢」在認識上還很有限。不過，理性的認識一旦萌生，但不會停止前進的腳步。

相對來說，當時對西方社會和文化有比較多的接觸和瞭解的人，往往對中國的問題和差距有比較深醒的認識。中國近代第一位留美歸國學生容宏，由於經歷過中美兩國不同文化生活，對中國國民的「閉目塞聽」的缺點有比較客觀和清醒的認識。西方殖民主義侵略戰爭屢屢令中國人蒙受恥辱，在容閎看來，主要的原因在於國人的無知和自大。他在《西學東漸記》（原名爲 My Life In China And America）這樣寫道：「國人夜郎自大，頑固成性，致有今日受人侮辱之結果」。〔註9〕太平天國戰爭期間，他曾親赴南京考察探訪。在談到對太平軍的觀感時，他這樣認爲：「中國之所謂革命，類不過一姓之廢興，於國體及政治上，無重大改革之效果。以故中國二千年歷史，如其文化，常陳陳相因，乏新疑趣味。亦無英雄豪傑，創立不世偉業，以增歷史精神。」顯然，在容宏的看來，中國的文化傳統缺乏創新精神，並非像洋務派所認爲的那樣，「文武制度，事事遠出於西人之上」。他還認爲「太平軍戰爭之起」，與此前的農民戰爭雖然有不同的特異之處，但「非謂彼果英雄豪傑，以含有宗教性質耳。」〔註10〕太平軍將士並非有遠見卓識，而能「以此粗笨之農具，而能所向無敵，逐北追奔，如疾風之掃秋葉，皆有宗教上所得勇敢之精神爲之。」〔註11〕容宏並不認同太平軍的理念，但他認爲太平軍戰爭的有一個良

〔註 8〕張岱年主編，採西學議──馮桂芬馬建忠集〔M〕，瀋陽：遼寧人民出版社，1994：75。
〔註 9〕容宏，西學東漸記〔M〕，長沙：湖南人民出版社，1981：39。
〔註10〕容宏，西學東漸記〔M〕，長沙：湖南人民出版社，1981：58。
〔註11〕容宏，西學東漸記〔M〕，長沙：湖南人民出版社，1981：60。

好結果，是「天假此役，以破中國頑固之積習，使全國人民皆由夢中覺醒，而有新國家之思想。」〔註12〕

　　郭嵩燾是中國近代以來第一任駐英公使。在英國的經歷使他對歐洲國家政治制度與思想文化有比較多的瞭解。他多次指出：「西洋立國，有本有末，其本在朝廷政教，其末在商賈，造船、製器，相輔以益其強，又末中之一節也。」〔註13〕因而他提出「本末並重」的主張，「以政教爲本」就是要改革政治制度，「以通商爲本」就是要發展資本主義商品經濟。但是，他也不忘人心風俗的重要性，強調要完成以上兩項工作，必須要從整肅人心風俗做起。他通過對中國與英國、土耳其及日本等的比較，得出「西洋風教遠勝中國」的看法。他通過親身經歷看到，一邊是這些近代強國積極進取、國富民強的社會風貌，而另一方面，中國晚清社會經濟凋敝、政治腐敗、道德淪喪、民風日衰的狀況。這種強烈反差的對比，這他深深感到，如果不從人心風俗抓起，使人人奮發向上，中國要自強是十分困難的。〔註14〕爲此，他不但積極提倡，還身體力行，用實際行動來推動。比如他多次上奏摺要求朝廷禁煙，並在民間發起成立「禁煙公社」。1880年，他在「禁煙公社」的集會上力言「強而無道德，富而無風俗，猶將不免於危亂」，「只求於人心風俗挽回一二，庶幾漸次推廣，以幸免於危亂。此實今日立社之旨也。」〔註15〕將挽救人心風俗置於維繫國家安危的高度來加以認識。解職回鄉以後，他又全力投入當地教育事業，參與草擬興學計劃，親自擔任學校主講等。郭嵩燾言論和行動雖然收效並不大，但在一定程度上還是讓世人看到了國家富強與國民的心理意識、生活習慣的關係。

　　洋務運動期間另一個重要的思想家王韜，對中國國民的民風民氣有比較深刻的認識。王韜曾因獻策太平軍而被清政府追捕，被迫長期流亡海外，這反而令他對歐洲各國的政教風俗有比較深入的親身體驗和認識。他認識到民風、民氣、民心對一個國家富強至關重要重要，於是結合傳統文化當中的「重民」的思想，專門作《重民》上中下三篇，來分析究竟該如何「用民」和「治民」。他在文中說中國民眾多，西方國家民眾少，然而「泰西之民，內則禦侮，

〔註12〕容宏，西學東漸記〔M〕，長沙：湖南人民出版社，1981：62。
〔註13〕張岱年主編，使西紀程——郭嵩燾集〔M〕，瀋陽：遼寧人民出版社，1994：95。
〔註14〕王興國，郭嵩燾評傳〔M〕，南京：南京大學出版社，1999：509。
〔註15〕王興國，郭嵩燾評傳〔M〕，南京：南京大學出版社，1999：507。

外則宣威，越數萬里而至中國，率意逞臆，莫敢誰知何。與華民一有齟齬，則問罪者至」。何以至此？「蓋在不善自用其民也」。他指出「富國強兵之本繫於民」，「善用其民者，首有以作民之氣，次有以結民之心」，「其氣可靜不可動」，「其心可存不可亡」。那中國的具體情況當如何。「顧就中國之民而論之，其剛柔強弱亦復不同，北方風氣多剛勁，南方民情多脆弱。蓋大川廣谷異性，民生其間者異俗。惟有教訓而漸摩之，自無不可用也。」「上有以信乎民，下有以愛夫上，上下之交既無隔閡，則君民之情自相浹洽」。王韜認為「用民」必須要「教民」，運用適當的方法以「作民氣」「結民心」，他還是按照傳統的君民關係來談的來談民氣民心，但是很明顯，改造國民性的思想已呼之欲出。他提出，要使國民「各操其業，各盡其分」，士農工商各食其食，因為「人勞則善心生，逸則淫心起」；要「開礦築路，行輪車，設機器，均與民共其利而代為之經營」，國家要經營這些事業並讓國民共享便利；要「使天下各邑各鎮各鄉，均為民兵而行團練，守望相助」，要使「民平日間與兵相習，則兵自衛民而不敢欺」。王韜認為「治民之大者，上下之交不至於隔閡」，「首有以厚其生，次有以恒其業」，「夫能與民共其利者，民必與上同其害；與民共其樂者，民必與上共其憂。」而要做到一點，君主要施行「民政」，這就需要改革政治制度，實行「君民共和」。他是近代史上最早提倡廢除君主專制，改行君主立憲制度的。在近代史上，歸納起來說，王韜對「治民」之道的論述，就是要「振民氣」「收民心」和「行民政」。我們其實可以看出，後來的一些思想主張，像提振國民精神，軍民結合實行軍國民教育，以及實行君主立憲等等，都已經在王韜這裏萌生。

思想的演變是一步一步向前推進的，理性的思考從來不乏追隨者。當甲午戰爭中國慘敗於日本，被迫簽下莫大辱侮的馬關條約時，變革的要求就再容不得等待了。

## 2.2 開民智，新國民：人的現代化命題的提出

大體上來說，中國的資產階級維新派和革命派都是在甲午戰爭的刺激下登上中國變革的政治舞臺的。〔註16〕改造國民性命題，最初是由資產階級維

---

〔註16〕1894 年 11 月 24 日，孫中山在檀香山成立革命團體興中會，祭起革命的大旗，這時甲午戰爭還沒有結束，比康梁維新派發動「公車上書」還早了幾個月，

新派明確提出來的，但是資產階級革命派同樣重視這一問題。民眾與國家的關係，是中國現代化過程中的一個基本關係，並不是只有哪一人哪一派才能看到，只是各派各人認識的側重點不同，見解和主張亦有不同。兩派在對中國社會問題的認識上，有許多相同之處，但也有明顯的差別。作為變革者，他們共同的願望都是改造中國社會，使中國能有一個大的變革，從而使中華民族擺脫危亡的困局，救亡是他們的奮鬥主題，啓蒙是他們的思想任務，國家富強是他們的美好願望。兩者主要的差別在於前者走了改良維新的道路，而後者走了激進革命的道路。從甲午戰敗直到辛亥革命勝利，改造國民性都被確立為實行政治變革的一項重要任務。無論是維新派還是革命派的思想家，都認識到國民性問題的重要性，他們批判傳統國民劣根性，為國民尋求新的精神面孔。在破舊立新的過程中，西方資產階級的的民族國家學說和社會進化論思想是他們的理論依據，自由、民主、平等、人權是他們的價值主張。英國哲學家和教育理論家斯賓塞的社會有機體思想在這一時期給他們提供了強大的理論支持。有機體思想的基本觀點是：社會是一個有機體，個體是構成整體的細胞，個體的性質決定整體。根據這一思想，中國的思想家們認識到，欲變革中國社會，必須獲得民國的廣泛支持；欲動員國民參與救國事業，改須對國民進行思想啓蒙，促使國民實現自我覺悟。這樣，從維新派的嚴復和梁啓超開始，到革命派的章太炎、鄒容和孫中山等，再到新文化運動和五四運動中的陳獨秀、魯迅等，批判國性劣根性和改造國民性經過一輪又一輪的思想發展，起到了廣泛的思想啓蒙作用，同時也加深了國人對這一問題的認識。

首先來談談資產階級維新派的認識。甲午戰敗等於宣告了洋務運動的失敗，單純地效法西方物質文明成果以期實現富國強兵的道路走不通了，必須另尋他途。洋務運動期間王韜等人的理性思考，已經在一定程度上觸及到改造國民性問題，這對後來的維新派是一個思想啓發。唐才常當時總結洋務運動的失敗的原因，指出「中國之創新政求新法也，費五十年之時日，擲萬億兆之金錢，購恒河沙數槍械，然而北脅於俄，南挫於法，東困於日，何也？新其政不新其民，新其法不新其學。欲新民必新學，欲新學必新心。」〔註17〕他毫不客氣地

---

後者是 1895 年 4 月 22 日。

〔註17〕 張岱年主編，砭舊危言——唐才常宋恕集〔M〕，瀋陽：遼寧人民出版社，1994：17。

指判統治集團內的洋務派和清流派，認為洋務派「徒粉飾彌縫以邀厚糈，於製造學術茫無頭緒」，而清流派「惟痛詆西學，目為異類，以自護其時文試帖之短」〔註18〕他認為要挽回中國之危局，只有維新變法一途，而且「天下之民之心，久病思起，久鬱思嚏，新機勃然」，民心思變，維新變法的時機已經到來，要順勢而為。要維新，就要「新心」，「沖決荀李網羅為第一要義」，「尊新」是第一步。「欲開二千年來之民智，必自尊新始；欲新智學以存於鷹瞵虎視之秋，必自隔中西隔膜之見始」。〔註19〕解放思想，打破固有的觀念和中西隔閡的成見，尊重新知識、新人才，這才是走出重要的第一步。

唐才常所說的「新心」，跟來自儒家傳統思想中的「心力」說有關，特別是陽明心學。不管是康有為、梁啟超等維新派知識分子，還是更早的開明派魏源林等人，都重視「心力」的作用，強調人的思想觀念、精神意志、民族氣節等對社會具有巨大作用，尤其是當國家民族處於危難中時，更需要有精神意志力量來支持。對於這一點，唐才常和梁啟超等人一樣，都受到譚嗣同的啟發和影響。

譚嗣同認為中國「大劫行至」，徵兆為時下國民「人心多機械」，「體貌多劫象」，於是提出「以心挽劫運」的主張，「緣劫運既由心造，自可以心解之。」〔註20〕譚嗣同對國民的心理狀況和身體面貌作了比較深刻和犀利的分析。他對比中西方，「西人以在外之機械製造貨物；中國人以在內之機械製造劫運。」時下國人「莫不尚機心」，把精力和心思都用在疑忌、嫉妒、算計人、整人這些方面去了，「乍見一人，其目灼灼然，其口緘默，其口舌矯矯欲鼓……而其胑股將欲翱翔而攫博，伺人之瑕隙而踏焉……談人之惡則大樂，聞人之善則厭而怒。以謾罵為高節，為奇士，其始漸失其好惡，終則胥天下而無是非……京朝官益以攻擊為事，初尚分君子小人之黨，旋並君之小人兩攻之。黨之中又有黨，黨之中又自相攻……」。他認為，國民的心理有如此表現，國家能不遭劫運，這叫「機心」製造劫運。而在身體狀況方面，「試以擬諸西人，則見其委靡，見其猥鄙，見其粗俗，見其野悍。或瘠而黃，或肥而弛，或萎而傴僂，其光明秀偉有威儀者，千萬不得一二。」他認為，中國人愁困勞苦，不

〔註18〕張岱年主編，砭舊危言——唐才常宋恕集·編序〔M〕，瀋陽：遼寧人民出版社，1994：3。
〔註19〕張岱年主編，砭舊危言——唐才常宋恕集〔M〕，瀋陽：遼寧人民出版社，1994：18。
〔註20〕張岱年主編，仁學——譚嗣同集〔M〕，瀋陽：遼寧人民出版社，1994：95。

講究衛生，易生暗疾是身體狀況差的一方面原因，便更因爲國人的「機心」加重了這種病態。所以，「無術以救之，亦惟以心解之」。〔註21〕他提議「心力不能驟增，則莫若開一講求心之學派，專治佛家所謂願力。」〔註22〕譚嗣同對中國社會危機解救之道，無疑是誇大了「心力」的作用，屬於主觀唯心主義和唯意志論，但是他對國民心理狀態的分析，也還是有價值的。半個多世紀以後，美國社會學家英克爾斯說：「國家落後也是國民的一種心理狀態。」〔註23〕眞可謂一語中的。

譚嗣同無疑是支持維新變法的，但他和康梁等人不同，他不僅僅滿足於借助他人的思想，通過託古改制和借助西學來宣傳變法，而是「沖決網羅」，來一個思想體系上的大創造，從宇宙本體論的高度來論證變法之理，這就是他的「仁」的本體論學說。對此，他在《仁學·自序》有說明：「網羅重重，與虛空而無極，初當沖決利祿之網羅，次沖決俗學若考據、若詞章之網羅，次沖決全球群學之網羅，次沖決君主之網羅，次沖決倫常之網羅，次沖決天之網羅，次沖決全球群教之網羅，終將沖決佛法之網羅。」〔註24〕

「仁」是儒家思想的一個基本概念，講的都是人的「仁」，譚嗣同繼承了孔孟學說，但是他又融合佛教思想、西方資產階級自由平等博愛觀念和當時的自然科學思想等，把「仁」上陞到一個本體論的高度。他從文字訓解入手，認爲「言仁者不可不知元，而其功用可極於無」，「學者第一義當明以太之體與用，始可與言仁」，意即學者言仁須有本體論認識作爲基礎。他對「仁」進行了27個界說，主要是「仁以通爲第一義」，「仁爲天地萬物之源」，「智慧生於仁」，「仁者寂然不動，感而遂通天下之故」，「寂然不動，仁之體」。而通有四義：中外通；上下通；男女內外通；人我通。「平等者，致一之謂也。一則通，通則仁矣」。他認爲以太與仁同體，宇宙存於以太，以太顯於用，就是仁。儒家所說的仁、性，墨家所說的兼愛，佛家所說的慈悲，基督都說所的靈魂，科學家教所說的吸力等，都是以太的顯和用，「法界由是生，虛空由是立，眾

---

〔註21〕張岱年主編，仁學——譚嗣同集〔M〕，瀋陽：遼寧人民出版社，1994：96。
〔註22〕張岱年主編，仁學——譚嗣同集〔M〕，瀋陽：遼寧人民出版社，1994：95。
〔註23〕殷陸君編譯，人的現代化〔M〕，成都：四川人民出版社，1985：3。
〔註24〕郭湛波高度評價譚的《仁學》，說其是中國思想史上的一大革命，其「沖決網羅」，打破一切傳統的思想及束縛，體現了資本社會自由思想的特色。——參見郭湛波，五十年來中國思想之演變〔M〕，上海：上海古籍出版社，2010：13。

生由出」。〔註25〕「日新烏乎本？以太之動機而已矣」,「以太之動機,以成乎日新之變化,夫固未有能遏之者。」〔註26〕這樣,維新變法就不僅僅是儒生們懷「不忍人之心」,以「心力」為之,而是宇宙本體的顯和用,變法是不可避免和不能阻擋的。譚嗣同的仁學體系,看似一個古今中外思想的大雜燴,但實際上是他「沖決網羅」,對古今學術價值的一次重新估定,且不言其學術成就如何,他古為今用、洋為中用的學術態度和敢於打破思想束縛的膽識魄力,對國民就是一次巨大的思想啟蒙。梁啟超等人就深受他的影響,稱讚他為「晚清思想界的彗星」。在民族危亡,變革困難重重的年代,譚嗣同言行一致,甘為變法死,確實是一代國民的人格典範。

　　基於「心力」說唯意志論哲學的國民性改造,在這一時期,還得到進化論思想和社會有機體理論的大力支持。對此,嚴復的譯著貢獻最大。郭湛波說,近代思想家沒有一個不受外來思想影響,而介紹西洋思想最早,影響最大的就是嚴復。〔註27〕嚴復翻譯的著作很多,學界有「嚴譯八大名著」之說,分別是亞當·斯密的《原富》、斯賓塞的《群學肄言》、約翰·穆勒的《群己權界論》和《名學》、甄克斯的《社會通詮》、孟德斯鳩的《法意》、耶芳斯的《名學淺說》,以及赫胥黎的《天演論》。通過翻譯這些著作,嚴復在近代第一個比較系統的把西方政治學、古典經濟學、社會學、邏輯學和哲學理論介紹到中國,教育和啟蒙了一代中國人。其中,嚴復最早翻的是《天演論》,影響最大的也是這本書,該書的出版使嚴復名聲大震,就連一向比較傲慢的康有為也不得不承認嚴復為「西學第一人」。《天演論》並非直譯,而是嚴復有選擇地翻譯了是赫胥黎《進化論與倫理學》(Evolution and Ethics and other Essays) 一書導言和前半部,加上他個人的評論和發揮,實際上有很強的政論性。進化論認為,「物競天擇」是演化的基本規律,物競就是生存競爭,優勝劣汰,強勝弱;天擇就是自然選擇,適者生存,不適者滅亡。而嚴復在書中介紹生物進化論的同時,加了很多按語,他在按語中指出植物、動物中都不乏生存競爭、適者生存、不適者淘汰的例子,人類亦然,其實就是在告誡國人,再不振作自強就會亡國滅種。從這些論點來看,嚴復實際上是在介紹和運用

〔註25〕張岱年主編,仁學——譚嗣同集〔M〕,瀋陽:遼寧人民出版社,1994:4～11。
〔註26〕張岱年主編,仁學——譚嗣同集〔M〕,瀋陽:遼寧人民出版社,1994:45。
〔註27〕郭湛波,五十年來中國思想之演變〔M〕,上海:上海古籍出版社,2010:235。

斯賓塞的觀點看待中國問題。他提出的「三強為本」的教育救國論，是對斯賓塞的社會學和教育學理論比較完整的接受。因此，實際上斯賓塞對中國人的影響更大。斯賓塞將生物進化論法則應用到社會學，認為進化是普遍的法則和規律，社會的進化是必然的。他還認為社會是一個有機體，國民是社會有機體的組成要素，只有個體強，社會整體才能強。改造國民性的主張很大程度上是建立在這種社會有機體理論的邏輯之上。

　　嚴復從甲午戰爭時開始，一邊翻譯介紹西方學術著作，一邊在報刊上發表政論性文章，探討救國之道，主要的文章有《論世變之亟》、《原強》、《闢韓》、《原強續篇》、《救亡決論》。嚴復從總結甲午戰敗的原因入手，深刻挖掘中國積弱不振的根源，並提出應對之策，逐漸形成了他的救亡圖強的主張。嚴復指出，當今西方列強爭霸世界，經常議論要瓜分中國，中華民族面臨生死存亡的巨大危機。他根據斯賓塞的理論提出，中國要生存，免於被瓜分的危險，就必須要自強，不然就要被淘汰。國強的根本在於民強，而民要強，就必須鼓民力，開民智和新民德，「此三者，自強之本也。」國民素質的高低，直接關係著國家民族的興衰。而中國國民現實問題在於「愚、貧、弱」，國民素質太差，必須要「愈愚、療貧、起弱」。只有通過變法和改革教育，才能培養和造國民的「血氣體力之強」、「聰明智慮之強」、「德行仁義之強」。嚴復認為以上三者中，最重要的是「開民智」。所謂開民智，就是要推行科學教育，提高國民的科學文化素質。戊戌變法失敗以後，嚴復曾說結說，如果民智不開，國民「於新理過於蒙昧」，「則守舊維新兩無一可。」〔註28〕他在《原富》的按語中也強調，「國之強弱，必以庶富為量。而欲國之富，非民智之開，理財之善，必無由也。」〔註29〕嚴復認為，要開民智，就要「教民知學」，「欲自存於列強之中，當以教民知學為第一義。」〔註30〕他還就如何進行教學的各階段課程設置、教學原則及方法等作了比較細緻的設計。嚴復的救亡主張和教育理念，無不包含著人的現代化的思想光輝，這是探索人的現代化走出的非常重要的第一步。

　　梁啟超是早期探索人的現代化另一個重要人物。梁啟超「開民智」的基礎上提出了「新民說」，強調「新民為今日中國第一急務」，從理論上深化和

〔註28〕王栻主編，嚴復集第 3 冊〔M〕，上海：中華書局，1986：525。
〔註29〕王栻主編，嚴復集第 4 冊〔M〕，上海：中華書局，1986：896。
〔註30〕王栻主編，嚴復集第 4 冊〔M〕，上海：中華書局，1986：900。

發展了嚴復對國民素質問題的認識。戊戌變法失敗以後，梁啓超流亡日本。他一方面認真反思總結變法失敗的原因，一方面積極吸收盧梭等人的社會政治學說，逐漸形成了新的國家觀和國民觀。他創辦《清議報》，先後發表《論近世國民競爭之大勢及中國前途》、《呵旁觀者文》、《中國積弱溯源論》、《十種德性相反相成義》、《過渡時代論》等文章，對中國人在長期的封建專制下形成的種種劣根性如奴性、旁觀利己、虛偽、無公德心等等，進行深入批判。隨後他又在《新民叢報》上連接發表二十篇政論文章，呼籲國人不要做皇帝的臣民，而要做現代國家的國民，並詳細論述了現代國民所應有的品德和準則。這些政論文章後來結集成冊，定名爲《新民說》。「新民說」以「利群」爲原則，以建設新德道──公德爲目標，指出一個現代國民要有國家思想、權利思想，要有自由思想，能夠自治，要有進取冒險精神。「新民說」是第一個比較系統的人的現代化理論，改造國民性的理論依據、目標模式和路徑選擇做了比較完整的闡述，讓人們看到了一個比較清晰的現代國民應有的面孔。從此，改造國民性成爲維新派和革命派的共識，大量有關國民性問題的文章見諸報端雜誌，改造國民性運動蓬勃發展起來，討論一直持續到五四時期。

總之，戊戌維新時期，先進知識分子積極傳播西方現代科學文化和民主思想，大力弘揚科學追求真理的精神品質，對民主、自由、平等、獨立的等現代價值觀念進行廣泛宣傳，在中國的現代化早期起到了具有重要的思想啓蒙作用。維新派思想家比較早地意識到人的現代化在國家現代化中的重要性，由此提出「新民」的思想主張，開啓了改造國民性運動。從嚴復提出「三強爲本」的教育理念，主張「鼓民力」、「開民智」、「新民德」，到梁啓超提出「新民」學說，都認爲變革和提高國民素質是推動國家發展，由弱變強的根本出路。

緊隨維新派，資產階級革命派也在積極地宣傳革命思想，啓迪民智，以期喚起民眾覺悟，振奮國民精神，爲振興中華努力奮鬥。

作爲一個革命者，章太炎積極宣傳革命主張，他認爲革命是「啓迪民智，除舊布新」的良藥。在《駁康有爲論革命書中》，他以大量事實論證革命能明公理，去舊俗，他說「事理之未明，即以革命明之；舊俗之俱在，即以革命去之」。一切阻撓中國邁向現代國家的精神障礙，如國民性的怯懦、詐偽、畏死、浮華等，都必須堅決去除，只有這樣，國人才能真正形成獨立自由的國

民意識。〔註31〕章太炎是近代中國比較早地關注到，並且積極提倡個性價值的思想家。無論是康有爲、梁啓超，還是嚴復和譚嗣同，在群與己的關係上，都認同以國家爲代表的群的價值高於個體價值。但是章太炎不同，他根據佛教唯識宗的「自性」思想認爲，國家等以普遍性名義出現的東西，都是「無自性」，只有個人才是「自性」，眞正的主體，「國家之爲主體，徒有名言，初無實際」，「單純之個體，對於組合之團體，則爲近眞」。〔註32〕他認同進化論「以群爲體」的進化論學說，但是又不接受以「進化」的原則來確定人類的價值，他認爲自然有進化的規律，但人亦有「人道」，這是社會的價值原則，「循乎自然規則，則人道將窮……以自然規則本無與於人道，順之非功，逆之非罪云耳」〔註33〕他還舉例說，人會死，人也會生病，這些都是自然規律，但人並不從之，而要求治病求暫緩死，所以人有不同於自然規律的價值向度。在進化論受到廣泛推崇的時代，章太炎能提出異議，是難能可貴的理性聲音。此外，作爲革命者，章太炎並沒有一味地否定和拋棄舊時代的東西，他以實事求是的批判精神編定《訄書》，對古代文化遺產進行系統發掘和清理，對推進傳統文化的現代轉型起到了積極作用。

另外一些革命者如陳天華、鄒容在積極宣傳革命的過程中，亦不乏理性的思考，對於喚起民眾的國民意識，起到了重要的啓迪作用。「革命軍馬前卒」鄒容作《革命軍》一書，力陳革命的本質及其價值。他認爲革命能「去腐敗存善良」，「由野蠻進文明」，「除奴隸而爲主人」，「除禍害而求幸福」。〔註34〕革命最爲根本的作用，在於能使人由臣民奴隸變成爲獨立自由的現代國民，也就是說，革命本質上就是國民革命。他認爲革命有文明革命和野蠻革命之區別，野蠻之革命有破壞無建設，爲國民增禍亂；文明的革命，有破壞亦有建設，爲建設而破壞，文明的革命「爲國民購自由平等獨立自主之一切權利，爲國民增幸福」。他認爲，欲行文明之革命，需行革命之教育，使革命者形成健全的人格和國民意識，革命之教育的要達到的目標主要有以下幾條：「一當知中國，中國人之中國；二人人當知自由平等之大義；三當有政治法律觀念；四養成上天下地惟我自尊獨立不羈之精神；五養成冒險進取

〔註31〕湯志鈞編，章太炎政論選集〔M〕，上海：中華書局，1977：394～400。
〔註32〕胡建，現代性價值的近代追索〔M〕，上海：上海人民出版社，2008：183。
〔註33〕王中江，進化主義在中國〔M〕，北京：首都師範大學出版社，2011：223。
〔註34〕張岱年主編，猛回頭——陳天華鄒容集〔M〕，瀋陽：遼寧人民出版社，1994：182。

赴湯蹈火樂死不避之氣概；六養成相親相愛愛群敬己盡瘁義務之公德；七養成個人自治團體自治以進人格之人群。」〔註35〕他認為，革命是國民的天職，而國民是與奴隸相對立的，國民強，奴隸亡，國民獨立，奴隸服從。因此，革命必先去奴隸之根性。他說：「國民者，有自治之才力，有獨立之性質，有參政之公權，有自由之幸福，無論所執何業而皆得為完美無缺之人。」〔註36〕鄒容對國民的界定是比較理想主義的，但是他還是比較準確地概括了現代國民的基本特質，使人們能夠對什麼才是現代國家的國民有一個比較準確的認識。比起梁啟超的新民說詳盡論證，鄒容的國民觀言簡意賅，更容易讓大眾接受，《革命軍》廣為傳播的重要原因就在於此，而不僅僅是因為它的革命煽動性言論。

　　較之章太炎的個性、陳天華鄒容的激情高昂，孫中山在改造國民性問題上的思想要顯得更為深謀遠慮。除了基於革命共和的政治考慮之外，孫中山主要是從民族復興的角度來看待國民性問題。與維新派猛烈批判中國人劣根性有所不同的是，孫中山一開始就比較多地看到中國民眾的國民潛質，而且始終充滿信心。他在《倫敦被難記》中說「華人之被桎梏縱極酷烈，而其天生之性，深沉之智力，終不可磨滅。」〔註37〕在與宮崎寅藏、平周山的談話中，他再次強調：「共和者，我國治世之神髓，先哲之遺業也。我國民之論古者，莫不傾幕三代之治，不知三代之治實能得共和之神髓而行之者也。勿謂我國民無理想之資，勿謂我國民無進取之氣……苟有豪傑之士起而倒清虜之政府，代敷善政，約法三章，慰其饑渴，庶愛國之志可以奮興，進取之氣可以振起也。」〔註38〕他認為中國民眾具有成為共和國民的潛質，只要推翻清政府，消除專制觀念，就可以振奮民眾的愛國意識和國家精神，但是他也提出，為避免走上改朝換代老路，需以憲法約束。在《民報》發刊詞上，孫中山明確表達他的堅定信念，中華民族「聰明強力，超絕等倫」，只要「有少數最有良心之心理能策其群而進之，使最宜之治法適應於吾群，吾群之進步適應於世界」，「此先知先覺之天職，而吾『民報』所作為也」，「其理想輸灌於

〔註35〕 張岱年主編，猛回頭——陳天華鄒容集〔M〕，瀋陽：遼寧人民出版社，1994：202～205。

〔註36〕 張岱年主編，猛回頭——陳天華鄒容集〔M〕，瀋陽：遼寧人民出版社，1994：211。

〔註37〕 孫中山全集 1 卷〔M〕，上海：中華書局，1982：51。

〔註38〕 孫中山全集 1 卷〔M〕，上海：中華書局，1982：172。

人心而化爲常識，則其去實行也近。」〔註39〕1906 年，孫中山與章太炎等人在日本制定綱領性文件《中國同盟會革命方略》，其中也談到了保障民權和塑造國民的問題。他強調革命的性質與前以不同，「前代爲英雄革命，今日爲國民革命」，「於驅除韃虜、恢復中華外，國體民生尙當與民變革，雖緯經萬端，要其一貫之精神，則爲自由、平等、博愛。」〔註 40〕革命四綱領爲「驅除韃虜、恢復中華、建立民國，平均地權」。孫中山特別強調國民革命以實現國民權利爲目標，「今者平民革命以建國民政府，凡爲國民皆平等以有參政權……制定中華民國憲法，人人共守。敢有以帝制自爲者，天下共擊之」，「文明福祉，國民以平等享之。當改良社會經濟組織，核定天下地價……敢有壟斷以制國民之生命者，與眾棄之。」凡妨害國民的「政治之害，如政府之壓制、官吏之貪婪、差役之勒索、刑罰之殘酷、抽捐之橫暴、辮髮之屈辱，與滿洲勢力同時斬絕」，「風俗之害，如奴婢之畜養，纏足之殘忍，鴉片之流毒，風水之陰害，亦一切禁止」。〔註41〕革命措施分三期按照軍政、訓政和憲政實施，「俾我國民循序以進，養成自由平等之資格，中華民國之根本胥於是乎在焉。」〔註 42〕因此，塑造現代國民是國民革命的本質要求和價值所向，也是中華民族振興的重要基石，任重而道遠，必須分階段有步驟地進行。這些對現代國民的認識和主張，在辛亥革命勝利以後，也基本上被寫入了《中華民國臨時約法》。然而，理想與現實總是有距離的，孫中山雖然有遠見卓識，但從後來的歷史發展來看，他顯然沒有充分認識到塑造現代國民這一革命任務的複雜性和艱巨性。這也就有了他後來反思總結革命經驗教訓，把心理建設放在《建國方略》的第一部分來討論。

在改造國民性的第一個階段，宣傳由西方引入的現代國家和國民思想是重點。開啓民智，激發民眾的國民意識，以推動政治變革，是維新派和革命派相同目的。在這個過程中，報刊發揮了重要作用。無論是維新派還是革命派，都很重視運用報刊這個現代新媒體來進行輿論造勢。

嚴復最初就是因爲在天津《直報》發表文章表達政見，很快聲名鵲起，產生廣泛影響。他翻譯的《天演論》發表在《國聞報》副刊《國聞彙編》上，

〔註39〕孫中山全集 1 卷〔M〕，上海：中華書局，1982：289。
〔註40〕孫中山全集 1 卷〔M〕，上海：中華書局，1982：296。
〔註41〕孫中山全集 1 卷〔M〕，上海：中華書局，1982：297。
〔註42〕孫中山全集 1 卷〔M〕，上海：中華書局，1982：299。

影響了一代人。維新派主辦過許多報刊,主要有《萬國公報》、《中外紀聞》(由於前者與上海一報刊同名,故改名而得)、《強學報》、《時務報》、《清議報》、《新民叢報》、《知校報》、《國聞報》、《湘學新報》、《湘學報》、《湘報》等。其中以梁啓超任主編的三份報刊《時務報》、《清議報》、《新民叢報》影響最大。梁啓超還專門作《論報館有益於國是》一文論證報刊的意義和作用。他提出「去塞求通」的觀點,認為報館有耳目喉舌的作用,能夠啓迪民眾的心智。梁啓超創辦的《清議報》就明確提出以「主持清議,開發民智」為宗旨,而《新民叢報》發刊告白更指出:「中國所積不振,由於國民公德缺乏,智慧不開,故本報專對此病而治之,務來中西道德以為德育之方針,廣羅政學理論以為智育之本原」。

較之維新派的宣傳,革命派創辦的報刊則更多。據統計,革命派在國內外共創辦了大約 120 種報刊,在國內影響比較大的有《中國日報》、《蘇報》、《童子世界》、《國民日報》、《女子世界》、《警鐘日報》、《國粹學報》、《中國女報》、《神州日報》、《南報》、《民呼日報》、《民吁日報》、《民立報》、《大江報》、《國民報》等;在國外的主要是《國民報》、《民報》、《夏聲》、《湖北學生潮》、《浙江潮》、《江蘇》、《光華日報》、《晨報》、《大漢日報》等。雖然革命派的側重點在於利用報刊宣傳反清革命思想和言論,但也沒有忽略讀報與人的現代性關係密切,認為通過報刊可以向人民大眾普及「世界之知識,世界之事業,世界之學理」,這樣就可以「輔助吾國民進立於世界之眼光」。1904年,《20 世紀》創刊,以「改革惡俗,開通民智,提供民族主義,喚起國家思想」為目的。《20 世紀之支那》在陳述「發刊之趣意」時說:「以正確可行之論,輸入國民之腦,使其有獨立自強之性,而一去其舊染之污,與世界最文明之國民,有同一程度,因得以建設新國家。」著名女革命家秋瑾在《中國女報》發刊詞中說:「使我女子生機活潑,精神奮飛,絕塵而奔,以速進於大光明世界;為醒獅之前驅,為文明之先導,為迷津筏,為暗室,使我中國女界中放一光明燦爛之異彩……」燕斌在《中國新女界雜誌》發刊詞中提出「改良積俗,造就國民」,強調要改造舊女界,建設新女界,倡導婦女解放。這些報刊不斷揭發國民生活中的各種惡風惡習,愚昧落後和保守的思想觀念,還把批判的矛頭直接投向封建專制,極大的啓迪了民眾的思想解放和個性解放。

資產階級革命派和維新派經常在報刊上展開論戰,表達各自不同的政見。其實,變臣民為國民,在改造國民性以促進人的現代化這一主張上,兩

派並沒有本質的差別，無論是維新派還是革命派都是以資產階級民族國家法權理論爲根據的，改造國民性的目的就是要培養塑造現代國民。兩者主要差別只是在於對當時中國人的「國民程度」的評價不同，從而導致了政治主張上的差別。資產階級維新派認爲中國民眾歷來只有「天下」觀念，而沒國家觀念，雖然近代以來受西方國定的影響民眾正在形成國民意識，但國民意識的程度還非常低，國民素養也不夠，還沒有達到實行民主共和的程度，因而主張實行君主立憲制度，他們把改造國民性當成直接任務，強調通過改革、道德、教育等來逐漸培養國民意識。而資產階級革命派則認爲中國民眾是有民主共和的潛質的，國民意識並不是程度低，而只是由於在專制制度下受遭了壓制，因此，只有通過進行國民革命，把民眾的國民意識激發出來，以實現民主共和。

## 2.3　新文化，立新人：人的現代化思想的深化

從辛亥革命到五四新文化運動，是改造國民性思想的深化階段，在一定程度上也是反思階段。這個時期的一個突出特點就是，個性解放和個人價值開始受到比較多的受到關注。特別是魯迅明確地提出「立人」，使國民性改造在國家和個人的關係上，發生了一個大的價值轉換。「立人」的提出，使以「利群」爲價值導向而發展起來的國民性改造運動獲得了一個新的價值航標。

辛亥革命的勝利，使自由平等獨立的人權觀念和民主共和的國家觀念深入人心。從此，「敢有以帝制自爲者，天下共擊之」。中國第一部資產階級憲法《臨時約法》的頒佈，使中國人的國民權利第一次有了法律和制度上的保障。「專制主義的惟一原則，即輕視人，蔑視人，使其不成爲人」。而南京臨時政府遵照「自由、平等、博愛」的原則，制訂法律，明令禁止各種「政治之害」和「風俗之害」，如頒佈了勸禁纏足、剪辮、禁止賭博的法令；明令廢除舊時代長期存在的蛋戶、惰戶、丐戶、優倡等賤民身份，許其享有同等國民權利；明令禁止使用奴隸、買賣人口，明令禁止豬仔出口貿易等等。民國初年大張旗鼓的移風易俗變革，解除了長期束縛在國人身上的各種封建陋俗，使國人能夠開始大膽地從「人」的角度來重新認識自己，個人的地位提高了，個人的尊嚴恢復了，中國人傳統的內向、保守、膽怯等社會心態被打開了缺口，開放、樂觀、富於進取等現代意識開始滲透到個人心裏，國民開

始對集會、結社、選舉、出版等表現出極大興趣。然而，從實際效果來看，

始對集會、結社、選舉、出版等表現出極大興趣。然而，從實際效果來看，這些影響和變化僅僅及於沿海大城市及周邊地區，對內地區別是廣大農村，影響極小。新政府頒佈的各項法令多流於空文，「倡導改革者，如主張節約，獎勵優生及改革婚喪諸類，社會上屢見不鮮，然而卻多未有實效者。」〔註43〕

而當臨時政府的變革步伐開始觸及封建禮俗背後的精神支柱——孔孟之道時，巨大的反彈隨之而來，這就是復辟風潮和尊孔復古運動。南京臨時政府用行政命令的方式，規定學校廢止祀孔讀經，各地學校隨後採取了這一措施，地方上的孔廟也相繼被改為習藝所或者學校，停止祀孔典禮。這令康有為大歎辛亥革命後全國「禮崩樂壞」，他表示強烈不滿，不斷發表尊孔文章，聲稱中國的一切文明皆與孔教相關，若棄孔教，則一切文明隨之而滅，四萬萬之同胞將淪為「無教之禽獸」。他一再上書當局，請求定孔教為國教，「欲救人心，美風俗，惟有亟定國教而已」，「欲定國教，惟有尊孔而已」，還說要「冒萬死以保舊俗」。他甚至提出：不應禁娼妓；不應破神道；不應廢舊曆；不應禁納妾；不應拆毀貞節牌坊。〔註44〕康有為的這些言論和觀點在當時具有一定代表性，反映出以他為代表的碩學大儒在幾千年孔學浸潤下形成的頑固社會心理，不是通過一次革命和幾個政令就可以改變的。北洋軍閥黎元洪、馮國璋等更說長此以往，人類不是滅亡，就是「相率而為禽獸」。面對民初的混亂，令一些人開始對民國感到失望，復古之風興起，各地紛紛成立孔教會、孔道會、宗聖會，他們相信，只有尊孔中國才能得救。袁世凱取得政權後，於1914年明令各地舉行祀孔典禮，為復辟做思想文化準備。第二年他又下令將《孟子》列為初等小學教育的必修科目，將《論語》列為高等小學教育的必修科目。1915年底袁世凱終於復辟帝制，但沒過幾個月就在全國人民的強烈反對聲中草草收場。1916年袁世凱死後，北洋軍閥群龍無首，陷入混戰。政治上的繼續封建專制和文化上的尊孔復古逆流，令人感到窒息。

社會中發生的種種現象令人感到困惑、迷茫，一方面新生的共和國喚起了人們對美好生活的嚮往，另一方面，社會的黑暗如舊，政治腐敗如舊、時局混亂如舊。所有的一切，都與曾經的革命願望相違背。魯迅沉重感歎道：「我覺得革命以前，我是做奴隸；革命以後不多久，就受了奴隸的騙，變成他們

〔註43〕趙剛印，辛亥革命時期移風易俗變革與人的現代化〔J〕，貴州社會科學，1999（2）：101。

〔註44〕湯志鈞編，康有為政論集〔M〕，上海：中華書局，1981：842。

的奴隸了。」〔註45〕孫中山在《建國方略自序》中回顧這段過往歷史，也不無深痛地說：「去一滿洲之專制，轉生出無數強盜之專制，其爲毒之烈，較前成甚。於是而民愈不聊生矣！」〔註46〕中華民國是亞洲第一個建立共和制的國家，然而生在共和之下，卻仍倍受專制之苦。問題究竟出在什麼地方，種種社會怪象不能不令人深思和麼省。

輪翻交替上演的政治事件令人痛心，喚起了有覺悟的中國人來重新認眞思考中國現代化的未來之路。陳獨秀、魯迅、胡適、李大釗等一大批思想家逐漸意識到，單純的政治革命不足以從根本上改變中國，國民性痼疾依然突出，許多人到了共和制下還想著按舊時代的方式生活。因此，改造國民性的重要性就顯得更加突出。正如魯迅所總結的那樣：「最要緊的是改革國民性，否則，無論是專制，是共和，是什麼什麼，招牌雖換，貨色照舊，全不行的。」〔註47〕要改變社會，從根本上說是改變人。只有作爲現代國民的意識提高，共和國家才有希望，「民力既厚，權自歸焉，不勞爾輩先覺君子，拔劍擊柱，爲吾民爭權於今日。不此之圖，縱百喙以誇功於吾民之前，吾民不爾感也。」〔註48〕一個人如果只想著當奴隸，那麼即使有人把權利賦予他，他也還是想當奴隸。沒有思想上的自我覺醒和解放，別人再爲他努力也無濟於事。因而，五四時期的思想家們，一方面承續了梁啓超等開啓的國民性改造的思路，而另一方面又對以前國民性改造的價值理念和方法進行了重新思考，提出了與前輩們不一樣的見解。這一階段，對國民性問題思考的深度和廣度，遠遠超過了前一時期。

梁啓超等前一個階段的思想家們在批判中國國民劣根性時，無不把矛頭投向封建專制政治，他們並不質疑中國的傳統思想文化有什麼太大的問題，而對於批判兩千來年封建時代中國人的精神家園——孔孟之道，很多人更是連想都不敢想。但辛亥革命革命以後的現實狀況和種種亂象，不能不令人思考。於是，五四新文化時期的思想家們開始重新思考造成中國國民劣根性的根源所在。這一次，陳獨秀、胡適和魯迅等人把矛和匕首投向了封建專制的政治及思想文化，特別是長期以來國人的精神家園——孔孟之道。吳虞等更

---

〔註45〕魯迅，魯迅全集第 1 卷〔M〕，烏魯木齊：新疆人民出版社，1995：560。
〔註46〕張岱年主編，建國方略——孫中山〔M〕，瀋陽：遼寧人民出版社，1994：2。
〔註47〕魯迅，魯迅全集第 1 卷〔M〕，烏魯木齊：新疆人民出版社，1995：560
〔註48〕李大釗，李大釗全集第 1 卷〔M〕，石家莊：河北教育出版社，1999：597。

是明確地提出「打倒孔家店」。他們的舉動，與尼采在西方文化環境下說「上帝死了」，其實並無二致。他們發現文化才是造成國民性的真正根源所在，人在一定意義上是文化的產物，有什麼樣的文化，就會造就出什麼樣的人來。所有舊時代下形成的國民劣根性，都與舊時代的文化分不開。因此，要改造國民性，造就出真正的「新民」，就必須批判舊文化，接受來自西洋的新文化──科學與民主，除此之外，別無他法。從清末以來，對西方文明的認識和評價，從器物層次，上陞到制度層次，現在又從制度層次上陞到精神領域，不能不說是一個大進步。〔註49〕

陳獨秀在分析中國國人抵抗力薄弱的原因時就明確的地指出「吾國社會惡潮流勢力之偉大，與夫個人抵抗此惡潮流勢力之薄弱，相習成風，廉恥道喪，正義消亡，乃以鑄成今日卑劣無恥退葸苟安詭易圓滑之國民性！」他說國人抵抗薄弱原因有三：一學說之為害；二專制君主之流毒；三統一之為害。其中第一個學說之為害最為根本，「老尚雌退，儒崇禮讓，佛說空無。義俠偉人，稱以大盜；貞直之士，謂為粗橫。充塞吾民精神界者，無一強梁敢進之思。惟抵抗之力，從根斷矣。」〔註50〕顯然，陳獨秀是贊成個性解放的，舊文化從根上阻斷了人的個性發展之可能，以有今日之國民性，因此他對舊文化持堅決的批判態度。他認為新文化與舊文化是兩種不同性質的文化，故旗幟鮮明地主張接受近代西洋文明。他是這樣來論證的：「歐洲輸入之文化與吾華固有之文化，其根本性極極端相反」，「吾人倘以新輸入之歐化為是，則不得不以舊有之孔教為非；倘以舊有之孔教為非，則不得不以新輸入之歐化為是，新舊之間絕無調和兩存之餘地」。〔註51〕陳獨秀這裏所說「歐化」，就是人們後來所謂的「西化」，更是胡適後來明確概括的「現代化」。〔註52〕因

〔註49〕羅榮渠主編，從「西化」到現代化上冊・代序〔M〕，合肥：黃山書社，2008：7。

〔註50〕任建樹等編，陳獨秀著作選，第1卷〔M〕，上海：上海人民出版社，1993：153～154。

〔註51〕任建樹等編，陳獨秀著作選，第1卷〔M〕，上海：上海人民出版社，1993：181。

〔註52〕由陳獨秀批判舊文化而主張「歐化」所引起的一系列中西文化之爭，在本質上是新舊之爭，當時就有人指出，如1926年常燕生在《東西文化問題質問胡適之先生》中說：「我對於世界文化問題的意見，向來主張世界上並沒有東西文化之區別，現今一般所謂東西文化之異點，實即是古今文化之異點，所以拿東西文化來作對稱的研究，實在根本不成理由。」──參見羅榮渠主編，從「西化」到現代化上冊〔M〕，合肥：黃山書社，2008：161。

為陳獨秀的「歐化」西方文成果是有選擇的，他堅持以科學和民主為旗幟，在實質上並不是讓中國文明全面向歐洲文明轉型，而是主張中國文明要實現現代化，向現代文明轉型。陳獨秀把歐洲近代文明的本質概括為科學和民主，可謂抓住了現代文明的精髓，一語中的。之所以要以科學和民主為價值導向，陳獨秀是這麼看的：「西洋人因為擁護德賽兩先生，鬧出多少事，流了多少血，德賽兩先生才漸漸從黑暗中把他們救出，引到光明界。我們現在認定，只有這兩位先生，可以救中國政治上、道德上、學術上思想上一切的黑暗。」〔註 53〕歐洲近代文明從中世紀的宗教黑暗中走出來，走向現代，的確是靠著科學精神與民主精神的推動。

　　陳獨秀的認識是從思想文化層面來看待科學、民主與現代社會的關係。胡適則從生活環境的角度，來說明歐洲民族為什麼要以科學和民主作為其現代文明的導向。胡適說，「至於今日歐洲文化的特色，科學與德漠克拉西，事事都可用歷史事實來說明」，「歐洲民族在這三百年中，受了環境的逼迫，趕上了幾步，在征服環境方面的成績比較基本各民族確實是大的多」。〔註 54〕胡適的這個說法，帶有點「科學就是生產力」的味道。而且他認為中國邁向現代化的歷史趨勢是確定無疑的，「現代全世界大同了，當初鞭策歐洲人的環境和問題現在又來鞭策我們了。將來中國和印度的科學化與民治化，是無可疑的。」〔註 55〕胡適所說的「世界大同」，顯然不是康有為說的「大同」，而是指各民族各自歷史發展朝向世界一體化的趨勢，或者如馬克思所說「資產階級……迫使一切民族——如果它們不想滅亡的話——採用資產階級的生產方式」。〔註 56〕胡適後來在《我們對西洋近代文明的態度》一文中，對文明和文化概念作了學理上的界定，論述了物質文明和精神文明的相互關係，他還回顧總結了西方近代文明的發展演化的歷史過程，並認為東方文明最大的特點是知足，西方文明最大的特點是不知足，「神聖的知不足是一切革新一切進化的動力。」〔註 57〕因此，他提出「如何還想把這個國家整頓起來，如果還希望這個民族在世界上佔了一個位置——只有一條生路，就是自己要認錯，我

〔註 53〕 任建樹等編，陳獨秀著作選，第 1 卷〔M〕，上海：上海人民出版社，1993：443。
〔註 54〕 歐陽哲生編，胡適文集，第 3 卷〔M〕，北京：北京大學出版社，1998：196。
〔註 55〕 歐陽哲生編，胡適文集，第 3 卷〔M〕，北京：北京大學出版社，1998：196。
〔註 56〕 馬恩選集，第 1 卷〔M〕，北京：人民出版社，1995：276。
〔註 57〕 歐陽哲生編，胡適文集，第 3 卷〔M〕，北京：北京大學出版社，1998：196。

們必須承認，自己百事不如人，不但物質器械上不如人，不但政治制度上不如人，並且道德不如人，文學不如人，音樂不如人，藝術不如人，身體不如人。」〔註58〕意即要丟掉自大狂，以「百事不如人」的態度向西洋文明學習。1929 年胡適在《文化衝突》一文中，再次強調要有這種學習的態度，「中國之所以未能在這個現代化世界中實現自我調整，主要是因為她的領袖們未能對現代文明採取唯一可行的態度，即一心一意接受的態度。」〔註 59〕說胡適是「全盤西化派」並沒什麼大問題，但也必須認識到他所說的「西化」，在實質內容上和陳獨秀一樣，是指科學化和民主化，即現代化。

　　五四新文化時期，魯迅對國民性的批判是最犀利的。他在《狂人日記》、《文化偏至論》等大量文章中無不深刻地剖析和揭露了中國國民性的傳統痼疾，對長期以來封建專制文化和制度壓迫下的國民劣根性的種種表現進行了生動而準確的描述，如貪婪、自私、守舊、迷信、麻木、要面子、自欺欺人、糊塗等。更為重要的是，魯迅還對國民性改造的基本方向確立了一個新的價值原則，即「立人」——尊重生命，主張個性解放。在這一點上，他的認識是比較早的。1907 年他在《文化偏至論》中就明確指出歐美國之所以強盛，因為其「根柢在人」，「是故將生存兩間，角逐列國是務，其首在立人，人立而凡事舉。」詐一看，感覺魯迅的主張和梁啟超的「新民」並無二致，但「新民」首先強調「公德心」，以「利群」為原則。而魯迅並不認同這一原則，他特別反感「合群的愛國的自大」，認為「立人」之道，「必尊個性而張精神」，如「個人之性，剝奪無餘」，「而中國之沉淪遂以益速矣。」〔註 60〕本著這一原則，魯迅以文學為主要武器，展開了他的「立人」行動，把改造國民性的「革命」進行到底。他對「不長進的民族」，開出的療救方法是：「我希望也有一種七百零七的藥，可以醫治思想上的病。這藥原來也已發明，就是『科學』一味……祖先的勢力雖強大，但如從現代起，立意改變：掃除昏亂的心思，和助成昏亂的物事（儒道兩派的文書），再用了對症的藥，即使不能立刻奏效，也可把那病毒略略屢淡。如此幾代之後待我們成了祖先的時候，就可能分得昏亂祖先的若干勢力，那時便有了轉機，LE BON〔註61〕所說的事，也

〔註58〕羅榮渠主編，從「西化」到現代化中冊〔M〕，合肥：黃山書社，2008：397。
〔註59〕羅榮渠主編，從「西化」到現代化中冊〔M〕，合肥：黃山書社，2008：376。
〔註60〕魯迅全集卷1〔M〕，北京：人民文學出版社，2005：58。
〔註61〕LE BON，勒朋，法國醫生和社會心理學家，魯迅在此文中引他《民族進化的心理》裏一段話：「我們的一舉一動，雖似自主，其實多受死鬼的牽制。將我

不足怕了。」〔註62〕從清末到五四運動，一直有人主張「保存國粹」，魯迅贊成陳獨秀的觀點，認爲「保存我們」才是第一義，「只要問他有無保存我們的力量，不管他是否國粹。」尊重生命，重注個性價值，這是是魯迅提出的「立人」，這也是五四新文化時期改造國民性的一個基本立場。這一立場被當時的絕大多數人認同。陳獨秀說：「要問我們應當不應當愛國，先要問國家是什麼……我們愛的國家是爲人謀幸福的國家，不是人民爲國家做犧牲的國家。」〔註63〕李大釗說：「我們應該承認愛人的運動比愛國的運動更重要。」〔註64〕胡適也有明確的表達，「現在有人對你們說：『犧牲你們個人的自由，去救國家的自由』！我對你們說：『爭你們個人的自由，便是爲國家爭自由！爭你們自由的人格，便是爲國家爭人格！』」〔註65〕追求自由和個性的解放，以及對美好生活的嚮往，這樣的人生價值觀都帶有資產階級個人主義色彩，和傳統社會中士大夫階層一貫主張的「以平天下爲己任」的人生觀相比較，是巨大的轉變。

新文化運動以科學和民主爲旗幟，提倡新的價值觀和倫理觀。在批判迷信提倡科學，批判專制提倡民主，批判舊文化提倡新文化，批判國民劣根性提倡個性解放的過程中，文學擔當了重要角色，這較之前一階段以報刊和政論性文章爲主明顯不同，而這種不同恰恰也體現出新文化運動的「立人」導向。新文化運動破舊立新，從破舊處下手，以立新爲目的，不但有對舊文化舊道德的批判，更有對新文化和新道德的主張，這種新主張是從文學革命開始的。錢玄同受到陳獨秀「倫理覺悟是吾人最後覺悟之最後覺悟」的啓發，在《中國今後之文字問題》中提出言詞激烈的觀點：「欲使中國民族爲二十世紀文明之民族，必以廢孔學、滅道教爲根本之解決；而廢記載孔門學說及道教妖言之漢文，成爲根本根本之解決。」〔註66〕陳獨秀著《文學革命論》批

　　們一代的人，和先前幾百代的鬼比較起來，數目上就萬不能亂了。」就當時中國的改革，有一種自大的愛國論「中國便是野蠻的好」，魯迅認爲這是一種昏亂的思想病，故引勒朋的觀點進行批判。

〔註62〕魯迅，論中國人的國民性〔M〕，武漢：長江文藝出版社，2005：7。
〔註63〕任建樹等編，陳獨秀著作選，第 2 卷〔M〕，上海：上海人民出版社，1993：22。
〔註64〕李大釗，李大釗全集，第 3 卷〔M〕，石家莊：河北教育出版社，1999：22。
〔註65〕歐陽哲生編，胡適文集，第 5 卷〔M〕，北京：北京大學出版社，1998：510。
〔註66〕見周建超，近代中國人的現代化思想研究〔M〕，北京：社會科學文獻出版社，2010：87。

判兩千年來的官方語言文言文的三大「罪狀」，發出文學革命的號召，提出要
建設「平易的抒情的國民文學，新鮮的立成的寫實文學，明瞭的通俗的社會
文學」。胡適更是在《文學改良芻議》中詳列文言文的八大罪狀，提出用白話
文代替文言文，用活的文字代替死的文字。在內容上，新文學以個性解放為
宗旨，反對封建文學對個性的束縛和壓制，特別強調描寫人民的真實生活，
真實情感，真實願望，鼓勵和倡導人民追求新生活。在這種思想主張的倡導
之下，新文化運動催生了一大批新的文學作品、文學理論和文學社團。胡適
的《嘗試集》、郭沫若的《女神》、魯迅的《狂人日記》等代表了中國現代文
學第一批成就。而各種「革新」活動也相繼展開，如「整理國故運動」、新的
學術和社會團體成紛紛成立，如「少年中國學會」、「新民學會」等。

對於五四新文化運動，孫中山沒有參加，但他熱情讚揚五四新文化運動，
他對國民性問題也一直在思考。1918 年底他寫作完成了《建國方略》，把「國
民心理建設」（亦稱孫文學說）放在書的第一部分，以示對這個問題的重視。
辛亥革命之前，孫中山充分相信民眾的國民潛質，認為只要通過革命推翻專
制統治以後，還權於民，共和國的國民是能夠承擔起自己的職責的。但是辛
亥革命以後，狀況卻與初衷相違背，這才使他認真地思考國民心理的問題。
經過思考，他認識到心力作用的強大，「夫心者，萬事之本源也，滿清之顛覆，
此心之成也；民國之建設，此心之敗也。」〔註 67〕他從認識論角度提出「知
難行易」的觀點，強調行對知的基礎作用，以及知對行的崇高價值。

隨著第一次世界大戰的不斷升級，西方國家暴露出各種社會問題，引起
了西方文明的信仰危機，西方社會思潮發生了很大的變化，對資本主義文明
質疑的、批判的、反思的和重新估價的聲音加劇了，而俄國十月革命的勝利
又開啟了一種有別於資本主義的新文明之路，國際社會的這些變化無一不影
響著國內的思想狀況。五四新文化運動發展到後期出現了分化和轉折。陳獨
秀轉向了俄國社會主義新文明，胡適繼續全盤西化。1920 年，梁啟超從歐洲
回來後對西方文明幻滅，思想發生大轉變，在《歐遊心影錄》中提出一個新
觀點，他號召青年以中國文明拯救去西方文明，引得一批保守主義者的應聲
呼應，如梁漱溟等。原來梁啟超提出「新民說」，是想通過學習西方來拯救中
國，現在自己的現代化還沒實現，就變成了要去拯救西方，好像中國的危機
已經消除了。我認為，這無異於在現代化問題上開倒車。他的反思意識和救

---

〔註67〕孫中山全集，第 6 卷〔M〕，上海：中華書局，1985：157。

世情懷值得欣賞，但認識是糊塗的。

　　1921 年梁漱溟響應梁啓超的號召，發表《東西文化及其哲學》一書，提出「中西互補」論，即「拿西洋文明來擴充我的文明，又拿我的文明去補充西洋文明，叫他化合起來成爲一種新文明。」〔註 68〕他在書中比較了中印西三種文化，引發思想界對中西文化的大範圍討論。對於梁漱溟書中觀點的評論，我同意胡適的觀點，「要說明文化何以不能裝入簡單整齊劃一的公式裏去。」〔註 69〕另外，常燕生的批評也比較切中要害，「現今一般所謂東西文化之異點，實即是古今文化之異點，的以拿東西文化來作對稱研究，實在根本不成理由。」〔註 70〕對東西文化比較的討論，實際上已經偏離了新文化運動的主題和旨趣。新文化運動原本以改造國民性爲思想出發點，以追求新文化爲面向，到後來演變成了中西文化比較的討論，甚至引出反現代化的保守主義思潮。雖然這些討論從總體上有利於學者們從「西化」中挖出「現代化」這個目標來，但國民性問題卻逐漸離開大家的視線焦點。20 年代中後期，隨著國民革命的興起和失敗，對中國社會性質及革命對象、革命道路的討論又成爲思想鬥爭的焦點。雖然對現代化的探索還在繼續，但重點已經不再是國民性問題，轉向了生產、經濟、工業化這些社會現代化層面上的問題。

　　五四新文化運動是中國現代化過程中一次獨特的思想啓蒙，它第一次確立了以個性解放爲目的的國民性改造原則，它對中國的傳統文化及由其造成的國民劣根性進行了深刻而全面的檢討，提倡個性解放，在當時對於深受封建專制主義的統治和禁錮的中國人來說，無疑「是最新鮮又最需要的一針注射」，起到了「最大的興奮作用和解放作用」；〔註 71〕它引起思想界空前的大變動，形而一個各種新思潮百家爭鳴的局面，通過思想爭論，中國人逐漸認清了現代化這一中國社會變革的大方向。〔註 72〕最後，白話文的流行、新文學的流行、新學術範疇的廣泛使用，個性價值的確立，無一不表明，五四新文化運動本身就是一次思想文化的現代化轉型，爲中國以後的現代化發展提供了思想條件。

〔註 68〕羅榮渠主編，從「西化」到現代化上冊〔M〕，合肥：黃山書社，2008：8。
〔註 69〕羅榮渠主編，從「西化」到現代化上冊〔M〕，合肥：黃山書社，2008：94。
〔註 70〕羅榮渠主編，從「西化」到現代化上冊〔M〕，合肥：黃山書社，2008：162。
〔註 71〕歐陽哲生編，胡適文集，第 5 卷〔M〕，北京：北京大學出版社，1998：510。
〔註 72〕羅榮渠主編，從「西化」到現代化上冊・代序〔M〕，合肥：黃山書社，2008：8。

## 2.4 小結

　　本章主要從歷史的方面，對「人的現代化」的早期思想作了梳理，對其提出的時代背景進行了考察。對人的現代化問題所作的早期探索，主要是以「改造國民性」的問題形式來展來的，經歷了一個曲折的思想演進過程，大體上可分為三階段：第一階段是從鴉片戰爭到到甲午戰爭，這是人的現代化思想的萌芽期。隨著國門打開，中西交往日益頻繁，一些思想家逐漸萌生了變革中國人的思想，民風、民氣等是討論的焦點。第二階段是從甲午戰爭到到辛亥革命，這是人的現代化的思想展開期。在民族危亡加劇的背景下，資產階級維新派和革命派都把改造國民性視為救國的一個重要途徑，「新民」是這個時期最集中最突出的主張。第三個階段是從辛亥革命到五四新文化運動，這個時期是改造國民性思想的反思深化期。五四新文化運動以科學和民主為旗幟進行思想文化革命，意圖在於用新文化塑造「新青年」。「新青年」堅持「立人」的基本原則，強調以個人為本位，把改造國民性運動推向高潮。但「立人」的思想發展，必然使國民性改造不能僅僅局限於單純的文化革命和思想啟蒙，而要從物質生產和經濟生產方面為「立人」尋根。五四之後，知識分子開始轉而關注社會現實，漸漸地改造社會的呼聲高漲起來。

　　關於人的現代化的早期探索及其主張，明顯地具有思想啟蒙的性質，這些思想的提出，為中國的現代化進程注入了活力和動力。但是，我們也應當瞭解，這些早期思想對人的現代化問題的認識從理論上來說是很有限的，甚至是片面的。因而，我們也就能看到其呈現出的迂迴曲折的演進歷程。後面的幾章，將按照人的現代化三方面的主題分別選擇代表性人物及觀點，來對這些思想提出的社會歷史背景，理論來源，以及在思想認識上的缺陷進行更為詳細的分析和評述。

# 第3章 興學堂：為人的素質能力現代化奠基

　　影響人的現代化的因素有很多，比如工廠經歷、教育、家庭生活水平、居住城市環境、大眾傳播媒介的接觸、工作場所的現代性等等。其中教育對人的現代化具有奠基性的作用。「在決定個人現代性之中，教育本身是一個非常強有力的直接的和獨立的因素。」〔註1〕這是英克爾斯的研究通過一系列測試得出的結論。「教育水平與現代性直接相關。」〔註2〕

　　前面第一章中已經論述了人的現代化三個方面的的主要內容，其中最基本的一個內容就是人的素質能力現代化。掌握現代科學技術知識並能夠將其運用於現代生產和經濟活中，這可能是現代人不同於傳統人的最突出的能力素質。而塑造人的這種現代素質能力的社會因素，主要是通過教育來實現，其中學校教育起了很大的作用。學校教育在素質培養、價值觀引導和個人人格塑造方面，有著其它社會組織不可替代的重要作中，學校教育為個人融入社會作了必要準備。馬克思說，人創造環境，但同時環境也創造人。人在一定意義上來說，是教育的結果和產物，不同的教育會塑造出不同的人格。現代型人格的形成，必然離不開現代化的教育。因此，教育人要促進人的現代化，其本身首先要實現現代化轉變。

　　中國自有就有重視教育的傳統。「以文教化，以文化成」是流傳已久的治

---

〔註1〕英克爾斯，斯密斯，從傳統人到現代人——六個發展中國家的個人變化〔M〕，北京：中國人民大學出版社，1992：199。

〔註2〕殷陸君編譯，人的現代化〔M〕，成都：四川人民出版社，1985：97。

世名言，體現了中國古人對教育重要性的認識。自古以來，中國的有識之士無不重視「教化」之道，把教化當作「正風俗、治國家」的重要國策。但是在中國傳統社會中，以科舉考試爲軸心的教育制度和模式，雖然保證了古老文化的傳承和延續，但是卻日益變成了社會隋性力量，僵化的傳統教育制度阻礙了新觀念的產生和新知識的創造，把學生都培養成爲在忠誠於君主意志的臣民。舊的私熟學堂不會給學生提供生產性的知識，也不注重學生這方面素質能力的培養，學生在舊式學堂裏獲得的主要是政治和倫理道德方面的知識。這樣，在中國的現代化進程中，傳統教育就與實際生活需要起來越脫節，它不能促進個人發展起與社會需要相符合的素質能力。只有通過教育的現代化變革，在教育理念、教育方法和教育內容等方面，乃至於整個教育體系都能夠所有更新和提升，才能爲人的素質能力現代化奠定基礎。

在中國的現代化進程中，人的素質能力現代化問題，最初是以人才問題的形式被意識到和提出來的。從字面上來說，「才」通「材」，其實，人才問題實質上就是人的素質能力問題。在現代社會理論尤其是經濟理論當中，人才問題轉換成了爲人力資本問題或人力資源問題，但其實本質上都一樣，落腳點都在於人的素質能力。鴉片戰爭以後，隨著中西方交往活動日益擴大和頻繁，傳統教育制度和人才選拔制度造成人才缺乏的困境，讓越來越多的人感到改革傳統教育的必要性和緊迫性。龔自珍、馮桂芬、王韜等早期的維新思想家們在一定程度上看到了傳統教育的弊端，並提出了一些教育改革的主張，但總全上來說都是查漏補缺，作一些修補的工作，他們並不認爲傳統教育有必要作全面的和根本性的改變。洋務派出於跟洋人打交道和興辦洋務的實際需要，做了一些教育改革的嘗試，比如開同文館，辦新式學堂開展西學教育等等，但在思想主張上並沒突破「中國爲體，西學爲用」的總體框架，他們也不打算對中國的傳統教育制度和模式作根本性的變革。推行教育改革，促進中國傳統教育的現代化變革，需要有比較完備的現代教育理論和社會理論，在這一點上，早期的維新思想家和洋務派的官吏們在認識上都是不具備的，他們對源自西方的現代社會理論和教育理論的，仍然比較有限。而眞正對現代教育及其與現代社會有比較全面和深刻認識的知識分子，應該說是始於戊戌變法前後，其中又以嚴復的教育思想最具有代表性。因此，在下文中，筆者將主要根據嚴復的教育救國論思想，來討論教育現代化與人的現代化的關係。

　　從影響上來說，我們可以將甲午戰爭視為中國現代化進程中的一個轉折點，這個轉折點，既是歷史意義上的，又是思想意義上的。在歷史的意義上，西方列強於甲午戰爭之後仿傚日本，掀起了瓜分中國的狂潮，中國日漸陷入危亡。在思想的意義上，甲午戰爭大大刺激了中國的知識分子，求新求變成為思想的主流，大家開始認真地思考如何使中國全面面向現代化的方式和道路等一系列問題。嚴復（1859～1924）作為清末傑出的翻譯家和教育家，也正是受到甲午戰爭中國戰敗的強烈震動，從救國的立場切入，借助西方資產階級教育理論，比較系統地提出了中國教育改革的設想，為推動晚清教育改革和中國教育現代化起到了重要作用。

　　從甲午戰爭到辛亥革命爆發這段時期，中國社會處於急劇的動蕩和大變革轉型中，嚴復大量翻譯西方學術著作，率先引進介紹西方的資產階級自由主義思想，比較系統地翻譯和宣傳西方學術理論，成為開一代風氣之先的啟蒙思想家。嚴復長期從事教育工作，先後在福州船政學堂、北洋水師學堂、京師大學堂、上海復旦公學、安徽師範學堂等任職，在長期的教育工作中積累起豐富的實際教育及管理經驗，從而能夠比較系統的提出促進教育現代化的變革主張。嚴復也比較早地看到教育在改造中國國民性，促進中國人的現代化方面的基礎性作用。

## 3.1　教育現代化的救亡邏輯

　　「治世以才」這是封建專制時代對人才的一個基本看法。但是科舉考試制度造成的人才困境讓越來越多的人認識到改革的必要性。甲午戰爭之前，龔自珍、馮桂芬和王韜等就已經對科舉制的弊病作出比較嚴厲的批評，特別是王韜提出培養人才需要改變中國的傳統教育思想，注意「用於世」，要以「以今為先」。

　　洋務派應辦洋務之需，開始嘗試興辦新式學堂。1862 年，「總理各國事務衙門」決定在京師設立「同文館」，招收滿族學生學習英法俄等國文字，後洋務派又奏請在同文館裏另設一館，「延聘西人」授課，並且要求正途出身的五品以下滿漢官員，均需由西人教習天文、算學。由於這個請奏涉及到大清的人才選拔和任用制度改革，遭到大學士倭仁、山東道臨察御史張盛藻等人的強烈反對。洋務派的請奏，實際是本著「禦辱自強」的目的，所以當時請奏

還是得到同治皇帝的支持。但後來頑固守舊派不斷攻擊，1875 年更在奏摺中點名攻擊李鴻章、丁日昌，說其搞洋務是在搞「用夷變夏」，違背了古聖先賢「以夏變夷」的傳統，認爲其結果是「天下皆將謂國家以禮義廉恥爲無用，以洋學爲難能，而人心因之解體，其從而習之者必皆無恥之人，洋器雖精，誰與國家共緩急哉」？〔註3〕此議得到當時很多頑固人士的附和，給洋務運動造成不小阻力，科舉考試制度的改革遲遲不能推行。洋務派屬行洋務的態度和決心是堅定的。他們借鑒西方現代化的經驗，提出「富國相因」、「寓富於強」的主張，先是以「求強」爲目的興建海軍和軍工企業，後來爲了解決資金問題，又以「求富」爲目的督辦一批民用企業。但是甲午一戰，耗費數十年時間和精力建起來新式的海軍幾近全部覆沒，不僅洋務派的願望落了空，中華民族的危機也進一步加深了。一邊是西方國家隨著自身實力的增強，紛紛加入帝國主義的行列，對外侵略擴張的步伐不斷加劇，而另一邊，中國情形前途無望，民族危機日益嚴重。馬關條約的簽訂對中國人是一個心理上的巨大打擊，如果說以前中國是敗給了西方人，那是因爲我們「技不如人」，但我們還能保持在文化上的優越感；可現在是敗給了一個在文化上同出一源並且上千年裏都在向中國學習的鄰國日本，優越感沒有了，恥辱感更甚。

　　嚴復的一系列主張，就是在民族危機加劇，救亡成爲民族的頭等要事的社會背景下提出來的。他立足於解救民族危亡要求，批評總結前人的救亡之道，獨闢蹊徑提出了「教育救國」的主張。雖然他的論證當中有一些說法有誇大之嫌，但總體上來說，還是很有啓迪性的。

　　1895 年 4 月 17 日，《馬頭條約》在日本簽訂。消息很快傳來，國人上下震動。嚴復隨即在天津《直報》上發表《救亡決論》，大聲疾呼：「天下理之最明，而勢所必主者，如今中國不變法則必亡是已。」〔註4〕嚴復認爲，不變法則滅亡，這是形勢所趨，再明白不過道理。但是變法該如何變，從哪裏開始。嚴復主張從教育開始，「然則變將何先？曰：莫於廢八股。夫八股非自能害國也，害在使天下無人才。」〔註5〕在他看來，廢除八股取士，設立新學，培養新式人才，這是救亡的首要工作。嚴復的觀點，是在分析和總結甲午一

〔註3〕中國史學會編，中國近代史資料叢刊・洋務運動，第 1 冊〔M〕，上海：上海書店出版社會，2000：121。
〔註4〕張岱主編，嚴復集〔M〕，瀋陽：遼寧人民出版社，1994：55。
〔註5〕張岱主編，嚴復集〔M〕，瀋陽：遼寧人民出版社，1994：55。

戰中國戰敗原因基礎上逐漸形成的。

嚴復在《原強》、《救亡決論》等文章中分析了戰爭失敗的原因。他認爲，甲午戰敗表明，中國的積弱不振是不言自明的，雖是「深恥大辱」，國人不能避而不談，相反要總結教訓，以圖自強。他說，「日本以寥寥數艦之舟師，區區數萬人之眾，一戰而奪我最親之藩屬，再戰而陪京戒嚴，三戰而奪我最堅之海口，四戰而覆我海軍。而畿輔且有旦暮之警矣。」日本艦少士兵少，但在戰爭中節節取勝，直逼北京，中國爲何如此慘敗？在他看來，「則是民不知兵而將帥乏才也。」〔註6〕「今夫中國，非無兵也，患在無將帥。中國將帥，皆奴才也，患在不學而無術。」〔註7〕人才缺乏，有兵無將。嚴復特別提到，戰爭期間因爲將帥無能，一敗再敗，皇帝也曾赫然震怒，想要調換，可是朝廷內外，找不到一個合適的人選，「內之則殿閣宰相以至六部九卿，外之至全國二十二行省督撫將軍，乃無一人足以勝任禦侮之重任。」〔註8〕他進而指出，皇帝想調用的人才都是「有位之人」，而這些「有位之人」都是通過八股取士的方式產生，根本不可能勝任現代戰爭，歸結起來說，就是科舉考試制度害才而不能產生人才。要救亡中國，當下最急需要的能夠有通曉外國事務的人才，而這樣的人才只有通過教育改革，設立新學來培養。如果繼續過去八股取士的辦法，那麼國家根本得不到眞正需要的人才，形勢只會越來越差。而今「四鄰眈眈」，步步緊逼，中國卻找不到可以應付的人才，最終難逃印度、波蘭亡國的命運。

他在《救亡決論》中細數八股使天下無才的三大害：（1）錮智慧。他認爲開啓人的智慧應當由淺入升，循序漸進，「由粗以入精，由顯以至奧，層累階級，腳踏實地，而後能機慮通達，審辨是非。」〔註9〕但八股之學「顚倒支離」，兒童剛一入學，「未知菽粟之分」，就先教《四書》，「講之既不能通，誦之乃徒強記……謬種流傳，羌無一是」學生不懂就只能裝樣子，從小到大都是這樣學，結果養成裝腔作勢的習性，功名越高，自視愈大，自以爲「無不能做之題，無不能做之事」，實際沒有眞本事。「朝廷鬼神皆以我爲儒，是吾眞爲儒，且眞爲通天地人之儒。從此天下事來，吾以半部《論語》治之足矣。」

---

〔註6〕張岱主編，嚴復集〔M〕，瀋陽：遼寧人民出版社，1994：10。
〔註7〕張岱主編，嚴復集〔M〕，瀋陽：遼寧人民出版社，1994：55。
〔註8〕張岱主編，嚴復集〔M〕，瀋陽：遼寧人民出版社，1994：10。
〔註9〕張岱主編，嚴復集〔M〕，瀋陽：遼寧人民出版社，1994：55。

（2）壞心術。八股考試，本意是為了將「忠信廉恥」的思想傳播天下，然而結果適得其反，考試作弊病，「如關節、頂替、借槍、聯號，諸寡廉鮮恥之尤」，而「未嘗稍以為愧也」。嚴復諷刺說，「今日八股之士，乃眞『無所不知』。夫『無所不知』，非人之所能也。」他批評科舉取士的危害遠不止錮智慧、壞心術，「其勢使國憲王章漸同糞土，而不知其害」。嚴復對八股取士危害的揭露是很生動的，但最後把它上陞到「國憲王章」的高度，還是有所誇大。（3）滋遊手。他對比說，西方國家與日本等國普及基礎教育，「四民之眾，降而至於婦女走卒」人人識字，而且「四民並重，從未嘗以士獨尊」，唯獨中國例外，士以「知書自異耳」。西方國家選士「必務精，最忌廣」，因為「廣則無所事事，而為遊手之民」，而中國的情況則相反。他提到教育的宗旨問題，說科舉的目的是「為國求才，勸人學」，但結果卻是既不能為國家求得人才，也不能引導人正確學習。歸結起來說，八股取士，「使天下消磨歲月於無用之地，隨壞心節於宴昧之中，長人虛驕，昏人神智，上不足以輔國家，下不足以資事畜。破壞人才，國隨貧弱。」他認為八股取士的教育制度達不到教育的目的，對國家和社會都是不利的，如此不廢除，「徒補苴罅漏，張皇幽渺，無益也」。〔註10〕從當下的形勢來說，「不獨破壞人才之八股宜除，與凡宋學漢學，詞章小道，皆宜且束高閣也。即富強二言，且在所後，法當先求何道可以救亡。」〔註11〕嚴復主張將詞章小道束高閣並非拋棄這些東西，而是因為救亡是當務之急，然後才是謀求富強，因此要辦急需要的教育。那麼急需要的教育是什麼呢？

「蓋欲救中國之亡，則雖堯、舜、周、孔生今，捨班孟堅所謂通知外國事者，其道莫由。而欲通知外國事，則捨西學洋文不可，捨格致亦不可。」〔註12〕嚴復闡明了他的教育主張，要解除中國的危機，必須要通曉外國事務的人才，而要通曉外國事務的人才，則必學西學洋文、格致之學。因此教育就應當以此為內容。

對於有人批評嚴復的主張為「迂途」。他反駁說，如果認為廢科舉辦西學是迂途，那麼什麼是捷徑？嚴復列舉了當時的幾種觀點：練新軍；充實國家財政；造船炮開礦產；通商；發展農業；開民智正人心。認為所有這些都跟

---

〔註10〕張岱年主編，嚴復集〔M〕，瀋陽：遼寧人民出版社，1994：59。
〔註11〕張岱年主編，嚴復集〔M〕，瀋陽：遼寧人民出版社，1994：61。
〔註12〕張岱年主編，嚴復集〔M〕，瀋陽：遼寧人民出版社，1994：63。

西學格致有關，「非西學格致不可」。他分別對諸事作了分析，後概括道：「西洋今日，業無論兵、農、工、商，治無論家國天下，蔑一事焉不資於學。」〔註13〕嚴復的概括並沒有錯，生產生活的科技化，確實是西方社會當時的一大趨勢。當時西方正在經歷第二次科技革命，科學技術的影響已經滲透到社會生活的方方面面。他特別引用斯賓塞《教育論》中的話來作論證：「繼今以往，將皆視物理之明昧，爲人事之廢。」〔註14〕他還說「各國知此理，故民不讀書，罪其父母」，對科學教育非常看重。嚴復的這個認識，應該說是很深刻而且很有遠見的。當時一般人能夠看到科學技術在中國造成的影響，但對科學技術在西方社會造成的影響並沒有多少瞭解。據此來看，嚴復的教育救亡論主張，應概括爲科技救國論更爲貼切，因爲他所主張的教育，實際上就是科學教育。

嚴復教育救亡論的主張，主要是得益於對斯賓塞思想的深刻理解，甚至可以說，他是斯賓塞哲學及教育理論的忠實追隨者。我們若要真正理解嚴復的教育主張，必須要從斯賓塞處深入。

斯賓塞（1820～1903），是英國著名哲學家、社會學家和教育改革家。斯賓塞的哲學觀是社會進化論。他從生物進化的基本原則出發，認爲社會是一個有機體。19 世紀英國生物學家達爾文提出進化論學說打破了宗教神學論的生命觀念，推動了生物學科學的發展。隨著生物進化論影響的擴大，進化論觀念及方法被直接用於解釋人類社會現象，資產階級學者用它來以論證資本主義制度的必然性和合理性。斯賓塞就認爲人類的社會歷史與自然界一樣，都受到進化法則的支配，社會歷史同樣遵循「優勝劣汰，適者生存」的自然法則。他的這種歷史觀後來被稱爲社會達爾文主義。斯賓塞根據生命現象的特點，又提出「社會有機體」學說，認爲由社會是一個由各種組織構成的有機體，社會組織跟生物體的組織和器官一樣，具有同不的功能，它們之間通過適當的分工和協作，構成並維持了社會有機體的正常運轉。斯賓塞認爲，在社會有機體中，必須存在擔負不同職能的各種階級：工人階級和農民相當於人體的雙手，承擔提供社會營養的職能；工商業階級擔負社會物資、財富分配、調節與交換的職能；資產階級統治者是社會的大腦和神經系統，對整個社會有機體運行起支配作用。斯賓塞認爲，就像各個器官統一於一個生命

〔註13〕王栻主編，嚴復集〔M〕，北京：中華書局，1986：48。
〔註14〕張岱年主編，嚴復集〔M〕，瀋陽：遼寧人民出版社，1994：66。

整體一樣，各個社會階級之間相互配合的關係，這樣社會才能達到均衡和保持運轉。故而，斯賓塞主張階級合作，他不贊成無產階級反對資產階級的革命鬥爭，認為任何革命鬥爭都將會破壞社會有機體的均衡和正常運轉。在階級關係問題上，斯賓塞的觀點具有鮮明的資產階級立場。

斯賓塞以他獨特的哲學觀和社會歷史觀為理論依據，在《教育論》中集中闡述了他的教育觀。《教育論》一書，包括了四篇教育論文：《什麼知識最有價值》、《智育》、《德育》、和《體育》。其中以第一篇最為重要。在這篇論文當中，斯賓塞詳細論述了教育的目的與任務。繼承英國資產階級重視個人主義與功利主義的傳統，批評了舊教育專門注重用以虛飾身份、點綴生活的空疏性質，指出真正的教育目的與任務應該放在實際需要的基礎上，使教育為人的完滿生活做準備。斯賓塞主張教育應當以社會實際需要為導向，這個思想道出了現代社會教育發展的趨勢。

斯賓塞生活的年代正值英國工業革命。19 世紀上半葉，科學技術的進步極大地推動英國的工業化發展，英國率先完成了工業革命，成為世界上第一個實現工業化的國家，社會經濟空前繁榮。社會經濟的繁榮的過來又進一步推動了科學發展。自然科學蓬勃發展，對社會生活的影響越來越大，這個影響首先表現在教育領域。在工業革命之前，英國保守的傳統將科學特別是自然科學被排斥在課堂之外，重文輕理現象十分普遍。為了順應社會生產需要和歷史潮流，英國的學校教育嘗試改革，一方面希望努力掙脫傳統教育的束縛，另一方面積極引入科學教育的內容。斯賓塞的教育思想反映了英國社會的這種變化，並適應了社會發展要求，因而產生很大影響，促進了英國的教育現代化發展。

斯賓塞說：「什麼知識最有價值？一致的答案就是科學。」〔註15〕他認為，人類社會已經發展到了科學的時代，資本主義社會生產已完全依靠科學知識。社會生產的每一個進步，都離不開科學知識，如果沒有科學知識，社會就難以持續發展。而生產的科學化，帶來的影響是社會生活也逐漸科學化，科學漸漸滲透到社會生活的各個方面。他認為正是由於將科學知識的廣泛應用於社會生活的各個方面，人們的生活質量才得以普遍提高，連最普遍的勞動工人也能享受到充裕的物質生活。因此，斯賓塞認為，教育的根本任務就是向青年人提供最有用的科學知識。斯賓塞認為科學知識的重要價值在於，

---

〔註15〕〔英〕斯賓塞，教育論〔M〕，北京：人民教育出版社，1962：43。

它能夠指導人們保全自己和維持健康，能夠幫助人謀生、能夠幫助人正確履行爲人父母的職責，能夠指導公民合理地調節個人行爲，能夠提高工商業活動、藝術創造和宗教訓練的效率。他說：「在目前和在遙遠的未來，人們去瞭解身體、心智、社會方面生活的科學，對調節他們的行爲肯定地具有無法計算的價值。而他們應該瞭解一切其它科學作爲生活的科學的入門。」〔註16〕科學是最有價值的知識，在傳統教育中卻「算不了一個明顯的因素」，甚至「在教壇中受鄙視」。〔註17〕斯賓塞主張在教育中增加科學教育，他第一次明確提出智育、德育和體育相統一的教育方針，強調要將智、德、體三種教育作爲一個完整的教育體系建立起來。他在《智育》、《德育》和《體育》篇中分別詳細論述了三種教育的內容、原則和方法。

嚴復翻譯過斯賓塞的《社會學研究》（嚴譯爲《群學肄言》）。他在介紹斯賓塞的《教育論》時說：「斯賓塞爾全書而外，雜著無慮數十篇，而《明民論》、《勸學篇》二者爲最著。《明民論》者，言教人之術也……其教人也，以瀹智慧，練體力，屬德性三者爲之綱。」〔註18〕嚴復非常贊同這一觀點，並據此闡發了他的「三強爲本」的教育思想。

## 3.2 「三強爲本」的教育理論

嚴復雖然沒有直接參與維新變法，便他卻是積極地倡導維新變法。他根據救育救國的理論邏輯，把改革教育視爲維新變法運動的首要任務。嚴復認爲維新改革有兩類：一類治標，即經武、理財、擇交、善鄰等；另一類治本，即立政、養才、風俗、人心等。他主張人才教育是國家自強的根本。改革教育，培養適應時代需要的人才，國家的強盛才有保障。嚴復進而指出，「三強爲本」是改革教育的基本原則。

嚴復根據「優勝劣汰」的進化法則認爲，處世界各國競爭的時代，任何一個國家和民族要想免於被淘汰，最重要舉措就是通過教育來不斷提高國民身心素質。嚴復說：「生民之大要者三，而強弱存亡莫不視此：一曰血氣體力之強，二曰聰明智慮之強，三曰德行仁義之強」。〔註19〕嚴復國家的富強之道

〔註16〕〔英〕斯賓塞，教育論〔M〕，北京：人民教育出版社，1962：43。
〔註17〕〔英〕斯賓塞，教育論〔M〕，北京：人民教育出版社，1962：44。
〔註18〕張岱年主編，嚴復集〔M〕，瀋陽：遼寧人民出版社，1994：23。
〔註19〕張岱年主編，嚴復集〔M〕，瀋陽：遼寧人民出版社，1994：23。

在於「生民」，國家的強弱存亡從根本上說取決於國民有沒有生機，就是看國民有沒有「三強」，國民生機勃勃，國家才能有生命力，才不會被淘汰。嚴復指出在國民素質普遍不高的情況下，僅僅通過開議院和練新兵等舉措是不可能真正實現國家富強的，「苟民力已薾，民智已卑，民德已薄，雖有富強之政，莫之能行。」〔註20〕嚴復比喻說：「政如草木焉，置之其地而發生滋大者，必其地之肥磽燥濕寒暑與其種性最宜者而後可。」各國富國強兵的政策舉措好比是樹木，而國民好比是土壤，樹木只有根植於肥沃的土壤之上，才有可能發芽、開花，結出豐碩的果實；否則，空有良策也難以實現。但中國的情況是令人擔憂的，由於缺乏充滿生機的國民作爲土壤，一跟日本打起仗來，文臣武將惶惶不知所措，找不到人才出來擔當大任，結果戰場上一敗塗地，以至於割地賠款，委曲求全，舉國悲憤。所以，嚴復認爲中國必須從戰敗的事實中深刻反省和汲取教訓，中國要想成世界富強之國，能夠與各國爭勝而不被淘汰，就必須從「生民」入手，不斷提高全體國民的身心素質。而要做到「生民」，而國民身體強健、聰明睿智和有德性，最根本途徑就是要大力改革和發展教育，通過教育來「鼓民力、開民智、新民德」。

嚴復提出「三強爲本」的教育理念，在內容上實際就是強調體育、智育、德育在教育中的有機統一。

「鼓民力」：就是要提倡和實行體育。國家除了要對國民都身體訓練和健康教育之外，還要禁止吸鴉片和女子纏足等陋習等，使國民有強健的身體。嚴復認爲體育和智育是相輔相成的，「形神相資，志氣相動，有最勝之精神而後有最勝之智略」。人的身體健康與精神強盛是相互資助、相互補充的，要使國家富強，必須以國民的身體健康爲基礎，「今者論一國富強之效，而以其民之手足體力之基。」國家要注重提提高國民的身體素質，加強衛生和保健教育，要對國民進行體力訓練。除了強調通發展體育教育以促進國民進行身體鍛鍊之外，嚴復指出中國的傳統禮俗當中，有很多損害人身心健康的惡習和陋行，認爲國家有必要通過變法來禁止，他說：「中國禮俗，其貽害民力，而坐令其種日偷者，由法制學問之大，以至於飲食居處之微，幾於指不勝指。而沿習至深，害效最著者，莫若吸食鴉片、女子纏足二事。……是鴉片纏足二事，不早爲之所，則變法者，皆空言而已矣。」〔註21〕

〔註20〕張岱年主編，嚴復集〔M〕，瀋陽：遼寧人民出版社，1994：35。
〔註21〕張岱年主編，嚴復集〔M〕，瀋陽：遼寧人民出版社，1994：37。

　　中國的傳統教育是科舉取士，應試教育，長期以來形成重文輕武的特點，讀書人不重視身體鍛鍊，體質普遍比較差，以至於被洋人譏笑為「東亞病夫」。嚴復早年在福州船政學堂求學期間，便發現「忽視體育」的現象在學生當中十分普遍，學生都不喜歡體力勞動，因為害怕弄髒了手指，而即使上船艦實習，也不願認真操演。船政學堂的學生心智雖高，但個個都是虛弱孱小的角色，一點精神或雄心也沒有，上課念書個個都很用功，但下了課，只會四處走走發呆，不運動，也不懂得娛樂，更不願意參加體育運動。所以後來他主掌北洋水師學堂後，專門設立習藝場，要求學生學習和操練足球、單槓、跳遠、擊劍等各種體育項目，以達到強身健體。嚴復重視體育，並認為必須要糾正中國人長期忽視身體健康的重要性的錯誤觀念。嚴復重視體育教育的思想和和實踐，對後來中國體育教育的發展，產生了很大的影響。近代教育家天津南開大學校長張伯苓主張「強我華夏，體育為先」，直接就是受到其師嚴復的影響。

　　「開民智」，就是要全面開發人民的智力，提高人民的科學文化水平。在實際的舉措方面，牽涉到對傳統教育體制、教育內容、學風和教學方法進行改革，其核心主要是改革科舉制度，廢除八股取士和訓詁詞章之學，講求西學。

　　嚴復所主張的西學教育，與其它人有所不同。在那個時代，一般人講西學，是對來自西方的各種知識和理論的一個籠統稱呼，但嚴復所主張的西學，從內容上來說就是科學。他通過將中學與西學對比，看出兩者的不同之處在於西學是「近世之學」，是「先物理而後文詞，重達用而薄藻飾」，即重視即物求理，學以致用，因此西學是「實學」，而中學是重義理不重致用，是「虛學」。另外，西方教育尊重兒童的智識力發展規律，讓學生的學習和認識從生動具體的地方開始，然後逐漸上陞到抽象的內容。西學教育鼓勵學生自學，強調通過自己的觀察和思考獲得認識。而中國科舉制度下的教育和學習必求古訓，成天背誦詞章、訓詁、注疏，專攻經義八股，六七歲的兒童，智力還沒有發展起來，就讓他們學習深奧無用的所謂微言大義文字，學生不懂只好強記，不懂裝懂，應付了事。嚴復認為這樣的教育是無益於兒童的智力發展的，甚至起了很大的阻礙作用。

　　嚴復認為「西學格致」，其本質是堅持以科學的精神和方法追求真理，他說「一理之明，一法之立，必驗之物物事事而皆然，而後定之為不易。其所

驗也貴多，故博大；其收效也必恒，故悠久；其究極也，必道通為一，左右逢源，故高明。方其治之也，成見必不可居，飾詞必不可用，不敢絲毫主張，不得稍行武斷，必勤必耐，必公必虛，而後有以造其至精之域，踐其至實之途。」〔註22〕這就是說科學以尋求真理為目的，以實驗為依據，通過實踐來檢驗認識正確與否。所以，科學的精神和方法就是實事求是。在嚴復看來，西方各國所以能夠富強，根本的原因在於這些國家用人辦事都能堅持科學的精神和態度，「其為事也，又一一皆本之學術；其為學術也，又一一求之實事實理，層累階級，以造於至大至精之域，蓋寡一事焉可坐論而不可起行者。」〔註23〕西方國家「求才為學二者，皆必以有用為宗。而有用之效，徵之富強；富強之基，本諸格致（科學）」。

「新民德」，主要是指要改變傳統德育內容，用西方資產階級的民主自由平等取代封建的倫理道德，並對人民進行愛國主義教育，讓人民懂得忠愛自己的祖國。嚴復在《原強》談到了東西方政治和倫理道德的不同特點，「西之教平等，故以公治眾，而尚自由，自由故貴信果；東之教立綱，故以孝治天下，而首尊親，尊親故薄信果。然其流弊之極，至於懷詐相欺，上下相遁，則忠孝之所有，轉不若貴信果者之多也。」「新民德」要從改變人民的奴役地位開始，如「設議院於京師，而令天下郡縣各公舉其守宰」。但是因為「新民德」要改變傳統的倫理道德觀念，特別是涉及到國家的意識形態即「三綱五常」，也就是要改革中國政治，因而嚴復認「新民德」是十分困難的，「尤為三者之最難」。他曾在《論世變之亟》一文比較中西方在價值導向方面的差異性時，說：「中國最重三綱，而西人首明平等；中國親親，而西人尚賢；中國尊主，而西人隆民；中國多忌諱，而西人眾譏評。其於財用也，中國重節流，而西人重開源；中國追淳樸，而西人求歡虞。其於接物也，中國美謙屈，而西人務發抒。其於學識也，中國誇多識，而西人尊新知。其於禍災也，中國委天數，而西人恃人力。」〔註24〕幾千年積累形成的傳統倫理道德觀念在人民頭腦中根深蒂固，要改變必然要遭到巨大的阻力，所以「新民德」最為困難。

嚴復在《論世變之亟》一文中還指出，西方各國所以能夠富強繁榮，不是他們精明會算，技術先進，而是因為他們「於學術則黜偽而崇真，於刑政

〔註22〕王栻主編，嚴復集〔M〕，北京：中華書局，1986：11。
〔註23〕張岱年主編，嚴復集〔M〕，瀋陽：遼寧人民出版社，1994：16。
〔註24〕張岱年主編，嚴復集〔M〕，瀋陽：遼寧人民出版社，1994：3。

則屈私以為公」。在他看來，物質技術的先進性不是西方國家強大的根本原因，只有「崇真」的科學精神和「為公」的民主精神才是其強大的根本原因。「斯二者，與中國理道初無異也」，東西方最初並無多大差異，但西方國家能夠堅持和流行，而中國不能的原因，原因在於西方人崇尚自由，以自由為政教之本，行民主之政。所以，嚴復主張中國的政治改革，也應當向西方國家學習，堅持「自由為體，民主為用」。只有變革政治，才能真正的「新民德」。

教育要堅持德智體相統一的主張，是由嚴復第一個提出來的。這個主張克服了中國傳統教育中德育為主，智育和體育缺乏的局限性，為教育改革和面向現代化指明了方向。

## 3.3 現代教育體系的初步設想

嚴復由於具有豐富的教育及管理工作經驗，以及對斯賓塞教育理論的系統接受，他對中國現代教育體系的設想，應該說是比較全面和完整的。其具體主張主要包括以下幾個方面：

（1）教育的目標：在「民生」，意即造就生機勃勃的國民。

嚴復接受是斯賓塞的社會有機體理論。根據這一理論，認為國民是國家機體的基本細胞和構成要素。個體有生機，國家整體上才會有生機，才能夠強大。生機勃勃的個體表現為「血氣體力之強」、「聰明智慮之強」、「德行仁義之強」。把促進人的德智體全面發展作為教育的目標和方針，這在中國現代教育史上，最早就是始於嚴復。

（2）教育制度和教育形式：廢除科舉制，建立全面的國民教育體系。

這是教育改革的中心舉措。由於科舉考試制度是將國家人才選拔制度和科舉考試制度合為一體的，結果造成傳統的科舉考試教育有許多弊端，嚴復認為主要是「錮智慧」、「壞心術」、「滋遊手」，即教育不但沒有發展人民的智力，反而禁錮了人民的智慧，使人道德敗壞，培養出來的都是些嚴重脫離實際、遊手好閒的無用之人。這樣的教育導致國家無人才，學術無創新，知識無發展，國家也因此變得貧弱不堪。因此國家必須廢除傳統的科舉考試制度，將官員人事選拔和教育分開，改變教育的導向。教育導向應該從面向政府轉為面向社會，教育要擔負起更大的社會功能，為社會的生產生活培養多種人才，而不是僅僅以為國家培養和選拔官吏為目的，國家要推行義務制教育，

實行全民教育。國家實行全民教育，目的在於提高國家的整體素質，爲人才選拔奠定堅實的基礎。

教育要堅持以學校教育爲主，輔之以家庭教育、婦女教育和留學教育等等多種教育形式。嚴復還從物競天擇、存種保國理論出發，特別重視家庭的蒙養教育，他是幼兒家庭教育的極力提倡者。他認爲，一國一種的強弱在於民，而民之優劣取決於童幼時期蒙養教育的好壞。

嚴復借鑒西方做法，將學校教育劃分爲三個相互銜接的階段，即小學堂，中學堂和高等學堂。每個學校階段都要設置相應程度的教學內容，使各階段能夠相互銜接。小學堂主要吸收 16 歲以前的兒童入學，教學目的是使兒童能夠初步讀懂經史書籍，能寫出條理通順的文章。因此教學內容以「中學」爲主，加上一些最簡單的「西學」常識。中學堂：吸收 16～20 歲有小堂基礎的「文理既通，中學有根底」的青年進行教育。教學內容以西學爲主，其中七成爲「西學」，三成爲「中學」。中學堂的教師要聘用能通曉「西學」，能使用洋文授課的留學生。而高等學堂則分設預科和專科。學生從中學堂升入高等學堂，必須先進預科學習三四年，然後再進入專門的學堂分科分專業學習。高等學堂教學內容主要是「西學」，至於「中學」，則採取自學方式，「有考校，無功課，有書籍無講席，聽黨者以餘力自治之」。高等學堂的教師必須聘請洋人，對人數較多的班集可聘用中國教師擔任助教。

（3）教學內容：堅持中西結合，以科學教育爲主。

嚴復認爲，近代中國落後挨打的一個重要原因，就是由於中國人缺乏科學知識和科學精神。因此改革舊式教育，在教學內容方面主要就是必須改變過去「經學」內容爲主的教育，而變爲以科學內容爲主。嚴復進一步認爲，科學教育要以自然科學爲主，兼以教授一定的社會科學知識。他提出學生學習要分四個階段進行，漸次完成對各種自然和社會科學知識的學習。四個階段的學習內容依次是：一玄學，按照現代的學科劃分，嚴復所講的玄學主要指邏輯學和數學；二玄著學，主要是指物理學和化學；三著學，涵蓋內容廣泛，包括天文學、地理學、動物植物學，以及農學、軍事學、醫藥學和礦物學等；四群學，主要是指人文社會科學，包括政治學、法學、經濟學和史學等。﹝註25﹞嚴復認爲，這四個方面的科學理論，在內容上雖各不相同但又堅密相聯，知識內容是由淺入深，由易到難，循序漸進，且又層次分明，總體

---

﹝註25﹞王栻主編，嚴復集，第 1 冊﹝M﹞，上海：中華書局，1986：95。

上構成爲一個完整的科學教育內容體系。嚴復認爲學生還要學習關於人的科學知識，主要是生理學和心理學。

　　嚴復除了強調科學知識教育之外，還特別注意和強調對學生進行科學方法論的教育引導。他根據英國哲學家培根的認識論思想，提出了「內籀之術」和「外籀之術」的思想，比較早地對科學思維的兩種基本方法——即歸納法和演繹法——進行深入研究和比較。嚴復認爲，學校教育不僅要注重給學生傳播科學知識，還要注重對學生進行科學思維方法的訓練，只有這樣才能促進理論創新，推動中國的科學發展。

　　（4）教學方法：嚴復主張學習致用，認爲理論教育與社會實踐必須結合起來，一方面學生學習科學技術知識目的是要爲社會生產生活服務；另一方面，學生又要在生產實踐中來提高知識的學習和科學認識。他指出「學幾何、三角者，必日事於測高仞深，學理、化、動植物者，必成業於冶鑄樹畜也」，並強學生要學會「讀無字之書」，「讀大地原本書」。

## 3.4　小結

　　教育現代化是人的現代化之奠基。嚴復教育救國論的思想主張，主要闡明了教育對於促進人的現代化具有重要的奠基作用。但教育作社會結構中一個重要的環節，要眞正對人的現代化起到促進作用，其本身從內容到形式上，都要進行現代化變革。經由他提出的德智體相統一的教育目標，對於中國現代教育體系的建構，起到了開創性的指導作用。嚴復雖然沒有直接參與戊戌變法，但他的思想主張給戊戌變法提供了重要的參照。戊戌變法中關於教育改革的嘗試僅有京師大學堂一項被保留下來，沒有取得多少實際的成就。但是晚清政府不久也認識到到，教育的現代化改革是勢在必行的，於是終於在1905 年採取「廢科舉，興學堂，改學制」的舉措，科舉取士與學校教育分離，中國教育從此步入現代階段。中國的文化教育從以經學教育爲主走向了以科學教育爲主的時代，這是一個巨大的教育變革。嚴復畢生致力於傳播以「崇眞」和「爲公」爲精神實質的西學理論，堅持教育救國的理論和實踐，對後世者起到了思想啓蒙的作用，故而被譽爲中國近現代歷史上「眞正立身嚴正並用理智思考問題的第一人」。他的教育理念直到今天仍然很有啓發意義。

　　但是，嚴復認爲教育救國，把發展現代教育作爲拯救國家危亡的第一要

急務,卻又是誇大了教育的社會功能,而且是主次顛倒。嚴復從西方國家身上看到了教育的重要價值和作用,現代教育培養適合現代社會需要的人才,而普及的國民教育可以培養和提高國民素質,教育是一個國家興旺發達的基礎,對教育的這個社會功能,嚴復的認識並沒有錯,我們今天也說「科教興國」。但救國,則又不一樣。拯救國家危亡,從根本上說是一個帶有總體性的政治問題而不是單單通過發展教育事業就能夠解決的。而且,教育要實現其培養人才,為社會奠基的作用,前提是教育本身要能夠實現並且得到維持。中國的傳統社會是是一個地域廣大,人口眾多、民族眾多且政治結構鬆散的社會,在沒有西方列強入侵之前,清政府還能基本維持其對中國社會的統治與控制。但在西方文明的強力衝擊之下,以及伴隨而來的人民覺醒和反抗加劇,本來就鬆散的社會結構日見分裂,晚清政府也逐漸喪失了對中國社會的凝聚力和整合力,國家面臨分裂和被瓜分的危險。因此,拯救國家危亡,就是要想辦法把不同民族不同地域不同階級和階層人凝聚起來,建立起統一而穩定的政治秩序,一方面免於內部分裂,另一方面又能夠抵抗外部瓜分。所以救國根本的舉措在於政治變革。不管是以改良的方式,還是以革命的方式。政治變革的根本目的在於重建社會秩序,特別是建立起穩定的政治秩序,各項變革和舉措施才能落實和取得實效。

嚴復關於教育改革的一些具體設想也存在一些脫離實際的問題。比如嚴復提出要廣泛聘用外國教師,並強調高等學堂一定要用外國教師。而梁啓超就不同意嚴復的這些主張。梁啓超認為聘用外國教師需要大量經費,而無論是政府還是學校自身,都沒有足夠的財力維持開銷。另外,事實上外國也不能提供中國教育革新所需要的大量教師,許多聘請來的外國教師只是為了得到較高的薪資,並沒有足夠的教育責任心。梁啓超主張中國要發展自己的教育事業,其第一步是培養自己的教師,因而他提出興辦各類師範學校,是教育改革最緊迫任務。

# 第 4 章　新民說：中國人身份的現代認同

　　在戊戌變法時期，維新派的思想家們都不約而同地認識到「新民」對於解救民族危亡和實現國家富強的重要性，從而從促進國家富強的角度提了改造國民性的思想主張，實際上也就是提出了促進中國人的現代化轉變的要求。但是，「新民」究竟具有什麼樣的人格特徵，與傳統人相比不同在於什麼地方。嚴復的思想主張，主要是強調了教育對於塑造現代國民的重要性，並且他第一個比較全面地論述了現代教育的「德」、「智」、「體」三個基本目標及其關係。但是嚴復並沒有明確地概括出「新民」所具有的作為現代人的主要特徵是什麼。而這一工作，則首先是由梁啓超率先完成的。

　　梁啓超起先是在《清議報》上連續發表《論近世國民競爭之大勢及中國前途》、《呵旁觀者文》、《中國積弱溯源論》、《十種德性相反相成論》、《過渡時代論》等系列文章，對中國人在長期封建專制政治下形成的種種劣根性如奴性、旁觀利己、虛偽、無公德等進行批判，提出新時代下中國國民應當具備冒險、忍耐、別擇等德性。後來從 1902 年開始到 1096 年，梁啓超在又《新民叢報》上陸續發表十餘篇關於「新民」的政論文，後結集成 10 餘萬字的專著《新民說》，這些文章從不同的角度深入分析封建文化積澱在中國人心靈深處造成的種種劣根性，進而系統闡述「新民」的含義、重要性和緊迫性，提出了「新民」的理想模式和實現路徑，形成一個比較系統和完整的關於人的現代化的思想理論。

　　梁啓超的「新民」說，基於國家主義和民族主義的立場，比較明確地界

定「國民」範疇,比較完整地明確了個人作為「國民」在現代國家中應當具有的人格品質和需要承擔的社會責任,實際上他是為中國人提供了一種不同於「臣民」身份的現代認同。中國和其它所有致力於現代化的國家一樣,都要完成在政治上的現代構建。民主主義的現代國家建構離不開社會成員的參與和共同行動,這就需要個人拋棄傳統的「臣民」意識和觀念,以「國民」的身份來看待自己在國家中的地位和作用。梁啓超的新民說,正迎合了中國政治現代化的這種需要,他的啓蒙宣傳,促進了中國人國民意識的發展。

## 4.1 新民說之時代背景

梁啓超提出新民說,可以說是他變法思想不斷發展變化的一個結果,跟他所處的時代背景和接受的思想背景密切相關。

梁自幼聰明好學,十六歲中舉人,後聽聞康有為的思想,「如冷水澆背,當有一棒」,於是拜在康有為門下,由於受康影響很早就形成了維新變革的思想。1895 年 4 月,馬關條約簽定的消息傳來,國人震動。梁啓超協助康有為聯合在北京會試的舉人發動「公車上書」,要求「拒和,造都,變法」。隨後師徒二人又組織成立強學會,辦報宣傳變法。梁啓超在《時務報》、《湘報》、《知新報》上表文章,宣傳維新變法主張,力言變法勢在必行。他說,「法者,天下之公器也;變者,天下之公理也」,「觀萬國之勢,能變則全,不變則亡,大變則強,小變仍亡」,「變亦變,不變亦變。變而變者,變之權操諸己,可以保國,可以保種,可以保教。不變而變者,變之權讓諸人,來縛之,馳驟之。」〔註1〕梁啓超認為「變」是社會發展的趨勢和規律,應盡早掌握變法的主動權,這樣可以處於有利地位,不掌握變法的主動權,早晚會被別人掌握,中國最終只會受制於人。

梁啓超批評洋務派的做法,他說:「中興以後,講求洋務三十餘年,創行新政,不一而足。然屢見敗衄,莫克振救」。〔註2〕洋務運動從 1861 年算起,搞了三十幾年,結果還是失敗了,原因何在?在梁啓超看來,洋務運動的失敗是必然的,因為洋務派從認識到做法都不對,他們只「變事」,不變法,「補苴罅漏,彌縫蟻穴,漂搖一至,同歸死亡,而於去陳用新,改弦更張之道,

---

〔註 1〕梁啓超,梁啓超全集,第一卷〔M〕,北京:北京出版社,1999:14。
〔註 2〕梁啓超,梁啓超全集,第一卷〔M〕,北京:北京出版社,1999:14。

未始有合也」。〔註 3〕像李鴻章這樣有見識的洋務大臣，其實也是不懂國務的
人，「知有兵事而不知有民權，知有外交而不知有內治，知有朝廷而不知有國
民，知有洋務而不有國務」，「其於西國所以富強之原，茫乎未有聞焉。以爲
吾中國之政教風俗，無一不優於他國，所不及者，唯槍耳、炮耳、機械耳。
吾但學此，西洋務之能事畢矣。」〔註 4〕梁啓超認爲，如果現在能夠認識到這
一點，開始變法，也算是「懲前毖後，亡羊補牢」，還不算晚。

　　梁啓超總結性地陳述他的變法主張：「吾今爲一言以蔽之曰：變法之本，
在育人才；人才之興，在開學校；學校之立，在變科舉，而一切要其大成，
在變官制。」〔註 5〕他認爲變法的根本在培養人才，要培養人才，就必須要進
行政治變革，這是變法的關鍵，否則不能成功。國民是國家的基礎，培養人
才是國家富強的根本，「今日世界之競爭，不在國家而在國民」，「泰西諸國所
以能化畛域除故習布新憲致富強者，其機恒發自下而非發自上，而求此機何
以能發，而求其此機之何以能發，則必有一二先覺有大力者，從而導其轅而
鼓其鋒，風氣既成，然後因而用之，未有不能濟者也。」〔註 6〕要變法，就需
要有先知先覺且有權勢、有影響力的人來倡導推動，從而形成社會風氣，所
以梁啓超迫切地表達他的渴望：「有非常之才，則足以濟非常之變。嗚呼！是
所望於大人君子者矣。」〔註 7〕像李鴻章這樣位高權重且有見識的人，本來是
梁啓超所渴望的「大人君子」，但李未能利用其地位及影響力，推動維新變法，
以至於梁起啓後來在《李鴻章傳》中批評他「不學無術」，歎息李「爲時勢所
造之英雄，非造時勢之英雄也」。〔註 8〕

　　1898 年戊戌變法失敗後，梁啓超被迫流亡日本，從政治上說是不幸，但
在思想上卻得到一個學習西學和開闊眼界的良機。由於苦悶無聊，梁啓超到
日本後不久就學會了日文。他在閱讀過程中發現日本人翻譯出版了大量西學
著作，很多都是他以前在國內沒有見過的，內容涉及政治、經濟、社會、歷
史和哲學等，泛圍極廣，「所譯所著有用之書，不下數千種，而尤詳於政治學，
資生學（即理財學，日本謂之經濟學），智學（日本謂之哲學），群學（日本

〔註 3〕梁啓超，梁啓超全集，第一卷〔M〕，北京：北京出版社，1999：14。
〔註 4〕梁啓超，李鴻章〔M〕，武漢：湖北人民出版社，2004：94。
〔註 5〕梁啓超，梁啓超全集，第一卷〔M〕，北京：北京出版社，1999：15。
〔註 6〕梁啓超，李鴻章〔M〕，武漢：湖北人民出版社，2004：97。
〔註 7〕梁啓超，梁啓超全集，第一卷〔M〕，北京：北京出版社，1999：15。
〔註 8〕梁啓超，李鴻章〔M〕，武漢：湖北人民出版社，2004：97。

謂之社會學）等皆開民智強國基之急務也」，而中國之治西學者，「譯出各書，偏重於兵學藝學，而政治資生等本原之學，幾無一書焉」。〔註 9〕因禍得福，這令梁啓超欣喜萬分，「如幽室見日，枯腹得酒，沾沾自喜」，於是他「廣搜日本書而讀之，若行山陰道上，應接不暇」。到日本一年多，如饑似渴的閱讀就令梁啓超在思想認識發生了比較大的提升和轉變，「腦質爲之改易，思想與言論與前者若出兩人」。〔註 10〕梁啓超從更加開闊的視野中對中日、中西的政治和文化進比較分析，從中探尋救國、富強的道路。

在日本期間，梁啓還是一直關注著國內的局勢。他創辦《清議報》，以「開民智，振民氣」爲宗旨，倡民權，衍哲理，明朝局，厲國恥，極力宣傳君主立憲的政治主張。梁啓超一方面頌揚光緒皇帝抨擊慈禧等頑固派，另一方面積極介紹西方資產階級政治思想，特別是法國啓蒙思想家盧梭的思想。1901年他還專門撰寫了《盧梭學案》一文，比較系統地介紹了盧梭的國家起源論、主權在民論，以及其關於平等、自由的思想觀點。梁啓超極看重「天賦人權」理論，認爲只有民權思想的普及人心，才有可能維新圖強。所以，他積極運用報刊輿論來對中國民眾進行思想啓蒙。他在《〈清議報〉一百冊祝辭並論報館之責任及本館之經歷》中強調說要「始終抱定此義」，「此義不普及於我國，吾黨勿措也。」〔註 11〕

梁啓超認爲：「凡一國強弱興廢，全繫乎國民智識能力。而智識能力之進退增減，全繫乎國民之思想。思想之高下通塞，全繫乎之習慣與所信仰。然則欲國家之獨立，不可不謀增進國民之智識力。欲增進國民之智識力，不可不謀轉變國民之思想。而欲轉變國民之思想，不可不於其所習慣所信仰者，爲之除其舊而布其新。」人的問題是梁啓超一直關注的，但從國民的習慣和信仰處分析，梁啓超已不再像變法之前那樣，單純地從培養人才的角度來思考國家富強之道，而是從國民的文化和心理結構的深層次來探尋中國積弱貧窮的原因。如果我們分析新民說提出的時間及時代背景，就會發現主要有以下幾個方面的因素，增強了梁啓超對國民性問題的關注和重視程度。

首先是對變法失敗的反思和總結。戊戌變法失敗後，梁啓超逃亡日本。

〔註 9〕丁江文，趙豐田編，梁啓超年譜長編〔M〕，上海：上海人民出版社，1983：176。

〔註10〕丁江文，趙豐田編，梁啓超年譜長編〔M〕，上海：上海人民出版社，1983：188。

〔註11〕梁啓超，梁啓超全集第 1 卷〔M〕，北京：北京出版社，1999：98。

維新變法的慘痛失敗的令他刻骨銘心，所以他到日本後很快就寫了《戊戌政變記》，詳細回顧變法過程和自己的經歷，及時總結變法失敗的經驗教訓。當時日本一些報刊評論，認為是康梁維新派變法太過激進，才造成變法失敗，但梁啓超並不這麼看。他認為不是維新派太激進，而是變法還不夠徹底。梁啓超認為變法並沒有錯，因為中國已改革三十年而不見明顯的成效，只是在於以鴻章為代表的溫和改革「不變其本，不易其俗，不定其規模，不籌其全局，而依然若前此之枝枝節節以變之」，像是在補漏房子補破衣服，結果是「室漏而補之，愈補則愈漏；衣敝而結之，愈結則愈破」。〔註12〕他認為變法是正當的，合理的，而變法失敗的原因則在於他們沒有能夠將變法的主張貫徹到底，布新不除舊，變法而不變人，以致於最後變法失敗。梁啓超總結變法的得失，指出由於革除舊弊最易「犯眾忌而觸眾怒」，非常困難，所以在整個變法期間布新有餘而除舊不足，這是失敗的第一個原因。由於光緒皇帝無權，舊官僚體制又不能打破，各級官員中頑固守舊勢力極其強大，一直百般阻撓破壞，所以新法雖然十分必要，但推行起卻非常困難，收效甚至少。梁啓超回憶變法前後維新派與舊守派的鬥爭，深感人才不足，民智未開，事事都遇到守舊派的頑固阻撓，維新派卻處處被動。他總結教訓，認識到變法成功與否的關鍵在於人，中國的大患在於人才不足，中國的貧弱在於民智未開。所以，他要提出新民說，極力倡導開民智，育新民，認為這是變法強國的根本所在。正是在對變法失敗的經驗教訓總結中，梁啓超確立起了他對中國社會問題的基本主張，新國先新民。

　　義和團運動的興起和失敗，也是梁啓超思考國民性問題的一個重要背景。在國外流亡期間，梁啓超多次就義和團問題發表評論。他對義和團運動的看法基本上是否定的，認為團民愚昧。比如，他在《中國積弱溯源論‧積弱之源於風俗者》一文中這樣評論道：「夫今日拳匪之禍，論者皆知為一群愚昧之人召之也。然試問全國之民庶，其不與拳匪一般見識者幾何人？全國之官吏，其不與通拳諸臣一般見識者幾何人？國腦不具，則今日一拳匪去，明日一拳匪來耳。」〔註13〕很多人都認為義和團團民愚昧，梁啓超也持這種看法，但他認為民智不開，國民意識不強，這是普遍的現象，從「民庶」到「官吏」都是「國腦不具」，如果這種局面得不到改變，拳匪之亂無法根除。他在

〔註12〕梁啓超，戊戌政變記〔M〕，上海：中華書局，1954：83。
〔註13〕梁啓超，飲冰室合集‧文集之五〔M〕，上海：中華書局，1936：22。

《論今日各國待中國之善法》談到義和團運動時這樣看的：「吾觀中國之病不
一，然有一總源頭，源頭維何？即守舊自大，憎惡外人之心是也。」守舊自
大，憎惡外國人的心理，不僅僅是義和團運動盲目排外，也是各種中國社會
問題的總根源。梁啟超主要是從人的思想方面去分析義和團運動興起的根
源，自然會得出革新人的思想觀念的重要性。

梁啟超還在觀察日本社會的過程中獲得了對國民性的深入認識。他流亡
日本期間，正值日本各方面蒸蒸日上，國民精神振奮，日本人不畏死的社會
風氣很盛，這令他印象深刻。梁啟超認為這種不畏死的武士道精神是日本明
治維新取得成功的重要原因。為此，他專門撰寫《中國魂安在乎》、《祈戰死》
等文章，詳細介紹日本人尚武崇戰的社會民風，後來他寫《新民說》，其中也
有專論「尚武」的文章。1904 年，他更是寫作了《中國之武士道》一書，介
紹了中國歷史上的豪傑俠士和俠義精神，希望以此中國國民的尚武精神，改
變中國人長期文弱厭武的國民性。另外，梁啟超閱讀了日本文部省頒發的關
於中學道德教育的訓令，發現日本人提倡倫理道德規範遠遠超過儒家的「五
倫」，這令他感到吃驚，因為中國人一向自詡為禮儀之邦，倫理之學無所求於
外，但現在兩相比較，還是有差距，故而有提倡「倫理革命」。梁啟超在日本
期間還十分關注到日本政壇動向，他在《〈清議報〉一百冊祝辭並論報館之責
任》中這樣評論日本政壇，「日本政黨內閣之屢敗也，東方民政思想尚幼稚之
徵驗也，非加完全之教育，養民族之公德，則文明之實未易期也」。〔註 14〕在
梁啟超看來，要搞民主政治，民眾的政治素養很重要，不通過教育養成民眾
的公德心，然難有真正的政治文明。

另外，梁啟超流亡日本期間，曾到美國遊歷考察，在比較中強化了他對
國民性的看法。當時人們普遍地認同，美國的共和政體是世界上最先進的政
體，梁啟超也很仰慕。1899 年他就想去美國考察，「誓將彼世界共和政體之祖
國，問政求學觀其光」。〔註 15〕但因檀香山發生鼠疫而未能成行，直到 1903
年才前往美國和加拿大考察。早在戊戌變法之前，梁啟超宣傳變法思想時就
稱讚美國是最強盛的國家，「西方全盛之國，莫美若」〔註 16〕，認為美國的女

---

〔註 14〕梁啟超，梁啟超全集，第 1 卷〔M〕，北京：北京出版社，1999：99。

〔註 15〕丁江文，趙豐田編，梁啟超年譜長編〔M〕，上海：上海人民出版社，1983：
191。

〔註 16〕梁啟超，梁啟超全集，第 1 卷〔M〕，北京：北京出版社，1999：33。

學搞得最好是美國能夠強盛的原因之一。因此，他對親歷美國考察是充滿期待的。但是到了美國以後，梁啓超在欣賞讚美美國繁榮成就的同時，也發現了美國社會中存在的一些問題。這又促使他反過來思考中國的社會改革問題，比如當時美國社會暴露出來的政黨操縱政治、金錢選舉、貧富差距、工人工作環境惡劣等等問題，都促使著他從更高層次和更加全面的角度來思考中國改革和現代化發展。特別是他對美國華人社會的考察，更令他堅定了認識和立場，中國要實現現代化革新，必須要改造中國人的國民性，促進人的現代化。他發現，許多華人，雖然在美國生活了很多年，但仍然表現出在中國封建專制政治下形成的國民性特點，與美國共和政治下的文明生活顯得很不協調。他歸納了在美華人四個方面的國民性問題：一是華人「有族民資格而無市民資格」，華人家族觀念極突出，「捨家族制度外無它物」，缺乏建立現代國家的市民意識；二是「有村落思想而無國家思想」，此種思想非常頑固，影響巨大，「又爲建國之一大阻力」；三是「只能受專制不能享自由」，中國人只有在官長管制、父兄約束才有良好秩序，一旦完全自由，則凌亂失序；四是「無高尚之目的」，他認爲中國人瑣碎自私，對公共事業極爲冷漠，缺乏遠大抱負，這是最根本的缺點。〔註 17〕這樣的國民，與他的「新民」標準還有很大差距，梁啓超感到十分遺憾，他歎息地說：「自由云，立憲云，共和云，如冬之葛，如夏之裘，美非不美，其如於我不適何？」〔註 18〕梁啓超開始意識到，一個國家究竟要採取哪種制度、哪種政體，不能單單只看其是否先進，最主要的是看要這種政體是否適合於本國的國情。不過讓梁啓超感到比較欣慰的是，在美的中國留學生「大率刻苦沉實，孜孜務學，無虛囂氣，而愛國大義，日相切磋，良學風也」。〔註 19〕美國華人社區的不良表現和中國留學生的優良表現形成強烈的反差，說明教育對提高人的素質確實起很大作用。這也促使梁啓超後面反覆強調教育的重要性。

　　通過遊歷考察和理論研究，他對日本及西方各國現代化取得成功的原因有了更深入的瞭解，認識到一個國家政治是否優良和改革收效如何，從根本上說是最終取決於國民素質的高低。他不再像在國內那樣，僅僅認中國病弱的根源在於人才缺乏，需要加以培養；而是從整體上考慮改造國民素質，促

〔註 17〕梁啓超，新大陸游記〔M〕，長沙：湖南出版社，1981：144～148。

〔註 18〕梁啓超，新大陸游記〔M〕，長沙：湖南出版社，1981：148。

〔註 19〕梁啓超，新大陸游記〔M〕，長沙：湖南出版社，1981：154。

進人的現代化發展。

## 4.2 新民說的理論基礎

梁啓超在《新民叢報》創刊號闡明其三個宗旨，第一條就是：「本報取大學新民之義，以爲欲新吾國，當先維新吾民。中國所以不振，由於國民公德缺乏，智慧不開，故本報專對此病而藥治之，務采中西道德以爲德育之方針，廣羅政學理論以爲智育之本原」〔註20〕由此可見，他的學術理想和價值主張，與傳統儒家知識分子心繫家國天下的旨趣，其實是一脈相繫的。注重從道德修養方面來塑造國民精神，這似乎是儒家思想的一貫傳統，但從新民叢報宣傳的思想內容上來看，新民的具體主張和論據幾乎都來自西方思想。梁啓超提出新民說的理論基礎主要有兩個：一是社會進化論；二是民權理論和國家學說。

社會進化論認爲「物競天擇，優勝劣汰」，是生物界的基本規律，人類社會是生物界的一部分，必然也遵循這個普遍規律。人類和其它生命一樣，一開始就處於種群競爭之中，競爭推動了生命種群的進化，強者取代弱者。另外，社會組織與生物機體一樣，有機體性質的好壞強弱，取決於組織細胞的屬性。也就是一個國家的強弱，取決於國民的強弱。如果說國家出了毛病，病根就在國民身上。這種社會理論，經由嚴復的翻譯介紹，在國內產生很大的影響，不同觀點和立場的人，都可以通過社會進化論找到理論支持。

到日本之前，梁啓超的進化觀念比較有限，主要受其師康有爲和嚴復的影響。他先是根據康爲的「合群」、「變法」、「三世」觀念，來申明他變法的主張。他曾向康有爲請教治天下之道，康有爲回答他：「以群爲體，以變爲用。斯二義立，雖治千萬年天下可以已。」隨後，他略述所聞，作《變法通議》，對變法的思想進行了專門闡發，但沒有闡述「合群」道理，所以又「思發明群義，則理奧例賾，苦不克達」，思想上正困惑時得到嚴復的《天演論》和譚嗣同的《仁學》，「讀之犂然有當於其心。」梁啓超認爲，較之康有爲的思想宏大，嚴譚二人的論著「未達什一」，惟「視變法之言，頗有進也」。〔註21〕

---

〔註20〕丁江文，趙豐田編，梁啓超年譜長編〔M〕，上海：上海人民出版社，1983：272。
〔註21〕梁啓超，梁啓超全集，第一卷〔M〕，北京：北京出版社，1999：93。

梁啓超感覺到康有爲的「合群」思想的重要性，但是他希望能作進一步闡發，嚴復傳播給他西方群學理論（社會學）令他覺得找到了理論依據。

在康有爲那裏，「群」指的是人的一個特徵，即社會性，因此，「合群」是人的一個價值目標，「夫禽獸之所以能自由，以其無群道故也。人道以合群爲義，以合群而強。」〔註22〕康有爲把「合群」與自由對立，他比較反對和厭惡自由。受康啓發，梁啓超也很看重「合群」，將它作自己的一個理論框架，但是他對「群」的理解，比康有爲具有更寬泛的含義。在兩人那裏，群是與獨、個體、己相對立的概念。康有爲比較多的強調族群、種群，他的大同理想之一就是要「去種界同人類」。而梁啓超講的群，包括家庭、團體、社會、民族、國家、人類等等。他認爲，「以群術治群，群乃成」，但是「抑吾聞之，有國群，有天下群」，「泰西之治，其以施之國群則至矣，其以施之天下群，則猶未也」。〔註23〕

梁啓超認爲群是「天下之公理」，「萬物之公性」，合群很重要，「有體積有知覺之物，其所以生而不滅存不毀壞者，則咸持合群爲第一義。」至於物何以能群，梁啓超的解釋是機械論性質的，他從物理學常識出發，認爲世界具有兩種力「吸力」和「拒力」，兩種力「不增不減，疊爲正負」，於是有能群者，有不能群者，有群之力大者，有群之力輕者，「不能群必爲能群所摧壞，力輕者必爲力大者所兼併」，地球生物不止一種，苟窮究極其遞嬗遞代之理，必後出之群漸盛，則前此之群漸衰，泰西之言天學者名之曰『物競』。」他又說，「獸之群不敵人之群」，「野蠻之群這敵文明之群」，「世界愈益進，則群力之率益大，不能如率則滅絕隨之。」合群造物，離群化物，「故欲滅人之國者，滅其國之群可矣。」〔註24〕梁啓超所講觀點，換句話說就是優勝劣汰，物競天擇，自然、社會皆同此理。他用社會進化論的理論來論證他的合群變法主張，以期救亡圖存。但按照他的這個邏輯，西方國家侵略吞併東方國家也很正常，因爲力大者必然要兼併力輕者，強者吞併弱者，這是自然之理，不管有沒有到這一步，但結果已定，那又何必要救亡圖呢？顯然，梁啓超還沒有認識到這一點，他的目的不是要建構一種理論，而是想找個理論來論證他的變法主張。

〔註22〕湯志鈞編，康有爲政論集上〔M〕，北京：中華書局，1981：572。
〔註23〕梁啓超，梁啓超全集，第一卷〔M〕，北京：北京出版社，1999：94。
〔註24〕梁啓超，梁啓超全集，第一卷〔M〕，北京：北京出版社，1999：94。

1896 年在《論中國積弱由於防弊》中分析中國積弱的原因時，梁啓超已運用了民權理論。他分析認為中國積弱的現狀是由於兩千年來皇帝為「防弊」而爭權不斷積累造成的。他說，「自秦屹名，垂二千年，法禁則日密，政教則日夷，君權則日尊，國威則日損，上自庶官，下自億姓，遊於文網之中，習焉安焉，馴焉擾焉，靜而不能動，愚而不能智，歷代民賊，自謂得計，變本而加厲之」。從秦朝開始，皇帝為了防止官員專權腐敗，設立各種法禁和部門，結果機構龐大，辦事效率極低，「計一部而長官七人，人人無權，人人無責。防之誠密矣，然不相掣肘，即相推諉，無一事能舉也。」而久之，竟然形成奇怪的官場風氣，「謬種流傳，遂成通理，以縝密安靜為美德，以好事喜功為惡詞，容容者有功，嶢嶢者必缺，在官者以持祿保位為第一義，綴學者以束身自好為第一流。大本既撥，末亦隨之」，最後是有想法、能幹實事的人什麼也做不了，國家的積弱一天天加劇。二千年來君主專制的權力不斷加強且官僚機構不斷擴大，國家卻變得積弱不堪，根源就在於君主的權力私心，為了所謂的「防弊」與民爭權，「防弊者欲使治人者有權，而受治者無權，收人人自主之權，而歸諸一人，故曰私。」防弊的後果是很嚴重的，「地者積人而成，國者積權而立，故全權之國強，缺權之國殃，無權之國亡。」〔註 25〕在《西學書目表後序》中，他更明確地指出了這一點：「三代以後，君權日益尊，民權日益衰，為中國致弱之根原，其罪最大者，曰秦始皇」。〔註 26〕在梁啓超看來，君權的實質就是將每個人的自主權力收歸一人所有。因此，要改變中國積弱不振的面貌，「必日益民權」。國家要強盛，君就不能與民爭權，而讓國人像西方人那樣人人有自主之權。

到日本之後，他對西方的社會理論和政治理論有了更多的瞭解，從而能從更社闊的理論視野中來思考民權以及國民性問題。他特別看重盧梭的《社會契約論》，認為盧梭的理論是引導中國走向獨立富強的最佳藥方，他評價說：「歐洲近世醫國之手，不下數十家。吾視其方最適於今日之中國者，其惟盧梭先生之《民約論》乎！」〔註 27〕為此，1901 年他專門撰寫《盧梭學案》以詳細介紹盧梭的政治學說。盧梭認為，「人是生而自由的」，國家是人民自由協議的產物，個人為了保護其自身的自由權利，用締結契約的方式組織起

〔註25〕 梁啓超，梁啓超全集，第一卷〔M〕，北京：北京出版社，1999：65。
〔註26〕 梁啓超，梁啓超全集，第一卷〔M〕，北京：北京出版社，1999：86。
〔註27〕 李華興，吳嘉勳編，梁啓超選集〔M〕，上海：上海人民出版社，1984：98。

一個政治共同體就是國家，因此國家的主權在於人民；契約一旦訂立，就意味著每個人把自己的全部權利都轉讓給由人民結合成的集體，因此個人服要從這個集體的「公共意志」，而服從公意也就是服從自己。根據盧梭的國家理論，梁啓超進一步分析中國積貧積弱的原因。

　　他認為中國積弱的根源在於兩千年的專制政體，官吏要承擔很大的責任，但與中國國民也性有著密切關係。他在《中國積弱溯源論》這樣論述：「今夫國家者，全國人之公產也。朝廷者，一姓之私業也……有民而後有君，天為民而立君，非為君而生民」。〔註28〕「國家之強弱，一視其國民志趣品格以為差，而志趣品格，有所從出者一焉，則理想是已。」〔註29〕梁啓超認為國民的愛國心薄弱是國家積弱一大根源，國民不知國家與天下的差別，不知國家與朝廷之界限，不知國家與國民的關係，此三者為中國「病源之源」，所有的毛病，皆發源於思想上的問題。梁啓超說，每一論及國事，皆責備官吏，但是「官吏之可責者固甚深，而我國民之可責者亦復不淺」。因為官吏「由民間而生」，兩者是果實與根幹的關係，樹甘則果甘，樹苦則果苦，國民若為「良國民」，則官吏「其數必贏於良」，如果國民為「劣國民」，「其數必倚於劣」。〔註30〕他歸納了國民民心風俗惡的六個方面主要表現：一奴性；二愚昧；三為我；四好偽；五怯懦；六無動。梁啓超鄭重的告誡，如果國民繼續「徒責人而不知自責，徒望人而不知自勉」，中國還要繼續積弱下去。「國之亡也，非當局諸人遂能亡之也，國民亡之而已；國之興也，非當局諸人遂能興之也，國民興之而已。」〔註31〕梁啓超表達了一種主權在民的思想，權利在民，責任也在民，沒有國民的變革，就不可有國家的真正變革。

　　在梁啓超看來，中國積弱之大源，「其成就之者在國民，而孕育之者在政府」。「造成今日之國民者，則昔日之政術是也」，這個政術其就是「以國家為彼一姓之私產，於是凡百經營，凡百措置，皆為保護己之私產而設」。歷朝歷代施政之術，無不以能「挫其氣，窒其智，消其力，散其群，制其動」五者為鵠，「以馴民、餂民、役民、監民為獨一無二之秘傳」，「愚其民，柔其民，渙其民」。〔註32〕他根據孟德斯鳩的論述，指出這個政術實質就是專制政治，

---

〔註28〕梁啓超，梁啓超全集，第一卷〔M〕，北京：北京出版社，1999：413。
〔註29〕梁啓超，梁啓超全集，第一卷〔M〕，北京：北京出版社，1999：413。
〔註30〕梁啓超，梁啓超全集，第一卷〔M〕，北京：北京出版社，1999：415。
〔註31〕梁啓超，梁啓超全集，第一卷〔M〕，北京：北京出版社，1999：415。
〔註32〕梁啓超，梁啓超全集，第一卷〔M〕，北京：北京出版社，1999：415。

對此進行了猛烈的批判，立場幾乎接近於孫中山等革命派人士。

這樣，梁啓超從多個方面深入分析和挖掘了中國積弱不振的病根，對症下藥，救亡圖強的方案就比較完整了。根據進化理論和民權國家學說，中國要能夠與西方爭勝，擺脫存亡危機，就必須變強；而國強在民強，民強國才強，民強爲國強之本。民要強就要鼓民力，有力才強，有力才能爭勝。要鼓國民要有力，要從國體、政體、國民三方面著手。

從國體的方面來說，就是要解決國家權力分配和制衡的問題。具體來說就是要改變中國歷史長期以來君主不斷加強集權的局面，要分權於民，還權於民。至於君主是否保留，梁啓超的立場多次發生改變，但無論是支持立憲還是共和，抑或他從美國回來重提專制，但有一點是不變的，那就是他強調保證和維護人民主權的立場。

從政體方面來說，就是要改變官員的培養和選拔機制，也就是過去的吏治。具體而言就是改革科舉取士制度，實行普遍的國民教育。國家要將考試選拔制度和人才培養制度結合起來，用梁啓超的話說就是科舉取士和辦學校要重新結合併行。政府不能像以前那樣逃避責任，只管科舉考試選錄人才而不管國民教育，把教育國民的責任拋給民間。國民教育是國家的義務，政府要出錢辦學校，只有普及教育，國民素養普遍提高，才有足夠的人才供選拔任用，選拔出來的官員才會好。

從國民自身方面來說，就是要變原來的臣民爲現代國家的公民。要「興民權」，就必須要改造國民性，「新民德」。國民要從思想意識上發生根本改變，形成獨立自由的公民意識。國民只有形成有公民意識，才能在維護個人權利的同時產生國家觀念和國家思想，從而承擔起強國的重任。

總而言之，強國爭勝是目標，強民是基礎，新國、新政和新民是通途。梁啓超的新民說就是在對國家命運前途的這種認識下提出來的。

## 4.3 新道德：國民資格

通過親身體驗和理論思考，梁啓超越來越清楚地認識到，「新民爲第一要務」。他指出在民族主義盛行的時代當中，國家的強弱依賴於國民的強弱，而國民能否安身立命，又依賴於民族和國家的強大。所以，「新民」之於國家是通往富強的不二法則，而「新民」之於個人，則是獲得在現代社會中立足的

基本資格。

「所謂新民者，必非如醉西風者流，蔑棄吾千年道德學術風俗，以求伍於他人」，應當堅持「淬厲其所本有而新之」與「採補其所無而新之」相結合的方針。意即，古為今用，洋為中用，一個方面從國民性的本來載體民族文化中挖掘精華加以改造革新，賦予其時代性；另一個方面從西方其它民族文化中借鑒採集具有時代性的，賦予其民族性。

梁啓超的新民方案中有很多是參考借鑒西資產階級國家的思想，但並不等於梁啓超不看重本民族的長處。他在《與嚴幼陵先生書》中說，「泰西與支那誠有天淵之異，其實只有先後，並無低昂，而此先後之差，自地球視之，猶旦暮也」。中西文化有先後之差別，沒有高下之分，而如果從人類發展的角度看，中西文化的差別也只是早晚的時間差別。而在《論中國之將強》中他大聲呼籲：「中國無亡國之理，而有必強之道。」「以中國之大，種類之美，教俗之善……此其將強之道一也。」〔註 33〕他呼籲仁人志士「忍大辱，安大苦，發大願，合大群……定大難，造大業，成大同。」他對本民族的未來還是持樂觀的態度，能看到希望。

在《論中國人種之將來》中，梁起超集中分析了中國人的四方面特質和優勢，並認為這是中華民族未來走向強盛的希望所在。面對當時歐洲列強們瓜分中國的種種議論，梁啓超不以為然，說「凡一國之存亡，必由其國民自存自亡，而非他國能存之能亡之也。苟其國民無自存之性質，雖無一毫之他力以亡之，猶將亡也。苟其國民有自存之性質，雖有萬鈞之他力以亡之，猶將存也。」〔註 34〕他認為任何民族只有自亡之理，只要國民有能力在存與亡之間做出選擇，就不會被他族滅亡，並且他樂觀地預言，「他日於二十世紀，我中國人必為世界上最有勢力之人種，有可豫斷言者。」依據在於中國人數千年來形成了四大優良特質：一是中國人「富於自治力」。西方國家「其所以保全人權，使之發達者，有二端：日參政權，日自治權。而此兩權之中，又以自治權為尤切要。」然而「吾中國則數千年來，有自治之特質」，「一族有一族之自治，一鄉有一鄉之自治，一堡有一堡之自治；其在市集也，一市有一市之自治，一坊有一坊之自治，一行有一行之自治」，「凡此諸端，凡關於自治之體制者，幾於具備」。梁啓超認為，中國人的自治權利自古就有，並不

〔註33〕梁啓超，梁啓超全集，第一卷〔M〕，北京：北京出版社，1999：99。
〔註34〕梁啓超，梁啓超全集，第二卷〔M〕，北京，北京出版社，1999：255。

比西方差,這是中國人的長處,「凡人有自治之性者,外力不得容易干涉之。中國所以屢為異種所統治,而不變其性俗者,蓋賴此也。」二是中國人有「冒險獨立之性質」。「五大洲之域,無地無中國人之足跡焉。」中國人的足跡遍佈五大洲,這在當時中國政府「閉關鎖國」的政策下,與西方國家政府鼓勵冒險、殖民、傳教形成鮮明對比,凸顯出中國國民有冒險獨立之本性。三是中國人「長於學問,思想易發達也」,「他日歐學入中國,消化於中國人之腦中,必當更發奇彩,照耀於全世界,自成一種中國之歐學,非復尋常之歐學者。」四是中國人「民人眾多,物產沃衍,善經商而工價廉,將握全世界商工之大權也」。「有此四原因,規以地勢,參以氣運,則中國人於將來世紀必為世界上最有勢力之人種。」〔註35〕梁啟超在這篇文章中的分析和論證,明顯是參照了西方國家種族論的學說,觀點並不一定正確,但是從他的論述中我們能夠感受到他的愛國心和積極樂觀的精神。他對民族充滿自信心。在後來的一些文章如《論中國之國民性》、《中國前途之希望與國民責任》他再次論及中國國民性的優點。

另外,他認為中國傳統文化中對公德論述比較少,但是對私德論述有許多精當的地方,值得挖掘和發揚光大,以利於新民。而儒家的倫理思想中,亦有許多是新民要遵循的:正本,樹立高尚的道德觀念;慎獨,嚴格律己修身;謹小,大節不虧,小節亦不放鬆。

梁啟超雖然對國民劣根性批判得比較多,但這也是本著治病救人的目的出發,論述亦都比較中肯,並非妄自菲薄。根據這個思路,梁啟超一方面對源自西方教育和政治理論中的國家觀念、權利義務觀念、公共意識、自由思想、民主思想等進行不餘遺力的介紹和宣傳,另一方面他對中國流傳兩千餘年的封建專制主義文化進行猛烈批判,深刻挖掘和檢討國民劣根性的專制文化根源,最後提出了「新民」的理想人格,為國民性改造指明方向。

梁啟超設計的「新民」具有理想人格,主要是從思想道德修養方面來塑造新國民的精神面貌和品質,這樣梁啟超並沒有超出傳統儒家思想中憑藉道德人心來治理國家的思路。雖然他構建新道德的主要理論依據是西方資產階級道德論,但又不可避免地受傳統道德觀念的影響。甚至「新民」一詞,就直接取自儒家經典《大學》中的一句話:「大學之道,在明明德,在新民,在止於至善」。儒家歷來注重人的精神面貌和品格的塑造,主張從個人的道德修

---

〔註35〕梁啟超,梁啟超全集,第二卷〔M〕,北京:北京出版社,1999:256～262。

煉方面去尋求解決社會問題的根本方案。具體來說，梁啓超所期盼的新國民，主要有以下幾個方面的品德。

### 第一、根除奴隸心，樹立獨立自由的思想

興民權，需要國民具有獨自由的思想，這是中國成爲新型現代國家的基點。「自由者，權利之表徵也。凡人之所以爲人者，有二大要件：一曰生命，二曰權利。二者缺一，時乃非人。」個人權利是國家權利的基石，國家權利是個人權利的集合，「一部分之權利，合之即爲全體之權利。一私人之權利思想，積之即爲國家這權利思想。欲養成此思想，必自個人始。」〔註36〕

國民要形成獨立自由的思想，就必須批判和和根除長期封建專制造成的「奴隸性」。他給康有爲寫信說：「中國數千年之腐敗，其禍及於今日，推其大原，皆必自奴隸性來。不除此性，中國萬不能立於世界萬國之間，而自由云者，正使人自知其本性，而不受箝制於他人。今日非施此藥，萬不能愈此病。」〔註37〕簡言之，奴性不除，難各「新國民」。

「自由者，奴隸之對待也」。要根除奴隸性就要用自由主義思想啓發民眾，但是梁啓超強調必須把這「自由」搞清楚，因爲「有眞自由，有僞自由，有全自由，有偏自由，有文明之自由，有野蠻之自由」，「我國民如欲永享完全文明眞自由之福也，不要不先知自由之爲物，果何如矣。」〔註38〕爲此，他專寫《論自由》一文。在文中，梁啓超分析了西方關於自由之爭的四個方面，一政治自由；二宗教自由；三民族自由；四經濟自由。政治自由又可以分爲三個方面，一是平民相對於貴族保持自由；二是全體國民相對於政府保持自由；三殖民地相對於宗主國保持自由。自由思想造成了六大現實問題：一平等問題；二參政問題；三屬地自治問題；四信仰問題；五民族建國問題；六勞工問題。他認爲第二參政問題和第五民族建國問題爲「今日中國吾中國所最急者」。

「人人自由，而以不侵人之自由爲界」，這是自由的原則，但梁啓超認爲最高原則是「團體之自由，非個人之自由」，這是因爲「野蠻時代，個人之自由勝，而團體之自由亡；文明時代，團體之自由強，而個人之自由減。」「團

---

〔註36〕張岱年主編，新民說——梁啓超集〔M〕，瀋陽：遼寧人民出版社，1994：50。
〔註37〕丁江文，趙豐田編，梁啓超年譜長編〔M〕，上海：上海人民出版社，1983：235。
〔註38〕張岱年主編，新民說〔M〕，瀋陽：遼寧人民出版，1994：55。

體自由者，個人自由之積也。人不能離團體而自生存，團體不保其自由，則將有他團焉自外而侵之、壓之、奪之，則個人之自由更何有也！」文明時代的自由，就是要服從法律，「眞自由者必能服從」，「服從之即爲自由母」。「泰西之所謂自由者，在前此之諸大問題，無一役非爲團體公益計，而決非一私人之放恣桀驁者所可託以藏身也。」梁啓超批評一些年輕人對西方的自由思想一知半解，「取便私圖，破壞公德」，認爲這會給那些專制保守派反對自由找到口實。

對於「我之自由」，梁啓超是這樣看的：「一身自由云者，我之自由也。雖然，人莫不有兩我焉：其一，與眾生對待之我，昂昂七尺立人間者是也；其二，則與七尺對待之我，瑩瑩一點存於靈臺者是也。」〔註39〕這是說人的自由是在兩種關係中的自由：一是我與他人、己與群的關係；二是身與心的關係。在第一層關係上，梁啓超主張「合群」、「服從」、「團體之自由」爲大。在第二層關係上，梁啓超主張「除心奴」。

梁啓超把奴隸區分爲「身奴」和「心奴」兩種。「身奴」是指「人之奴隸於我」，即被他人奴役；「心奴」是指「我之奴隸於我」，自己奴役自己。他提出，「辱莫大於心奴，而身奴斯爲末矣」，「人之奴隸我，不足畏也，而莫痛於自奴隸於人；自奴隸於人，猶不足畏也，而莫慘於我奴隸於我」。〔註40〕前後可「以一旦起而脫其絆」，然而後者「心中之奴隸，其成立也，非由他力之所得加；其解脫也，亦非由他力之所得助」，「若有欲求眞自由者乎，其必自除心中之奴隸始」。要追求眞正的自由，就必須根除心奴隸。他列舉分析了四種「心之奴隸」：爲古人之奴隸；爲世俗之奴隸；爲境遇之奴隸；爲情慾之奴隸。梁啓超認爲只有破除這些「心奴」，個人才能眞正獲得自由。他引用孔子的話「克己復禮爲仁」來論證，強調「以己克己，謂之自勝，自勝之謂強。」

總之，根除奴隸心是獲得獨立自由之人格，成爲「新民」的基本前提。

### 第二、樹立國民道德意識，建立現代倫理價值

「國者，民之積也」，因此，新民爲第一要務。但是，「新民」是什麼意思呢？《新民論》第二節專釋新民之義，從其內容來看，講的主要是一個人怎樣才能稱得上國民，換言之，個人具備了哪些素質品質，才能稱得上國民，簡言之，即「國民資格」。他認爲，「凡一國能立於世界，必有其國民獨具之

〔註39〕張岱年主編，新民說〔M〕，瀋陽：遼寧人民出版，1994：63。
〔註40〕張岱年主編，新民說〔M〕，瀋陽：遼寧人民出版，1994：63。

特質」，「昔者，吾中國有部民而無國民」，我國人民「耳目所接觸，腦筋所濡染，聖賢所訓示，社宗所遺傳，皆使之有可以爲一人之資格，有可以爲一家人之資格，有可以爲一鄉、一族人之資格，有可以爲天下人之資格，而獨無可以爲一國國民之資格……缺此資格，決無以自立於天壤。」〔註41〕

對「國民資格」的論述，梁啓超是從民氣、民力、民智、民德方面來談的，其中以民德最重要，這一點是梁啓超比嚴復更進一步的地方。在嚴復那裏，民力、民智、民德是一個系統，並沒有特別強調哪一方面，而從其改革科舉和興辦教育的內容來看，主要還是針對民智問題的，他尤其提倡科學教育。嚴復對「民德」的認識比梁啓超要寬泛，他主要是強調要用資產階級的自由、民主、平等等思想，取代封建宗法制度和倫理道德規範，而梁啓超把這種資產階級倫理規範具體化了。

從《新民説》所論述「國民資格」的十六節內容來看，梁啓超大部分是在談「國民」的思想道德特徵，或者叫作國民倫理意識。顯然，梁啓超「新民」以「新民德」最爲重要。而他所主張的國民倫理意識包括：愛國心、公德心，進取心、進步觀念、權利觀念、自由觀念、自治觀念、合群觀念、權利和義務觀念，私德心、毅力心。其中以確立「公德心」最爲重要，梁啓超認爲「公德心」中國人最爲需要但又最爲缺乏。前文已提及，他在《新民叢報》創刊告白中就明確強調，「中國所以不振，由於公德缺乏，智慧不開。」〔註42〕除此之外，梁啓超還談到了國民的尚武精神、民族氣節、參政能力等。

### 第三、養成尚武精神和民族氣節

對於當時國內有人提出「野蠻人尚武，文明人尚智」這樣的觀點，梁啓超表示反對。他舉古羅馬滅亡的歷史，指出柔弱的文明不抵野蠻之武力，故「尚武者，國民之元氣，國家所恃以成立，而文明所賴以維持者」。他批評洋務派數十年經營，「購艦練兵，置廠製械，整軍經武，至勤且久」，是重形式不重實質，沒有尚武精神就只是「蒙羊質以虎皮。」

他認爲欲養尚武精神，必須具備三力：（1）心力。實際就是責任心。他舉西方人的觀點說：「女子弱也，西爲母則強。」女人一旦生了孩子，有了責任感，就會由柔弱變堅強。「心力散渙，勇者亦怯；心力專凝弱者亦強」。

---

〔註41〕 張岱年主編，新民説──梁啓超集〔M〕，瀋陽：遼寧人民出版社，1994：9。
〔註42〕 丁江文，趙豐田編，梁啓超年譜長編〔M〕，上海：上海人民出版社，1983：
　　　　272。

他希望同胞「激其熱誠，鼓其勇氣，無奄奄敵手以待斃」。（2）膽力。「天下無往非難境，惟有膽力者無難境；天下無往非畏途，惟有膽力者無畏途。」膽力由自信力產生。他希望同胞「奮其雄心，鼓其勇氣，無畏首畏尾以自餒。」（3）體力。他檢討了中國人身體素質差，是由於從小到大的各種行為造成的，「中人不講衛生，婚期太早，以是傳統，種已孱弱，及其就傅之後，終日伏案，閉置一室，絕無運動，耗目力而昏毛，未黃苟而駝背。且得習為嬌惰，絕無自營自活之貌，衣食舉動，一切需人……弱冠而後，則又纏綿床笫以耗其精力，吸食鴉片以戕其身體……合四萬萬人，而不能得一完備之體格。嗚呼！其人皆為病夫，其國安得不為病國也？」對此梁啓超深感痛心，他說「生存競爭，優勝劣敗，吾望我同胞練其筋骨，習於勇力，無奄然頹懦以坐廢也。」〔註43〕

梁起超認為中國人自古就有尚武精神，即「見義不為謂之無勇，戰陣無勇斥為非孝」。但後來由於「習為禮樂揖讓」而逐漸養成重文輕武的風氣。他指出，現在環顧世界，皆「武裝和平」，一邊開會訂媾和修好之條約，一邊修擴張軍備之議案，如中國不「一易其文弱之舊習，奮其勇力，以固國防」，〔註44〕難免被吞併的命過。因此，他主張尚武與增強國民體質結合在一起，以鍛煉剛健奮進的國民精神。

梁啓超所講的「民氣」與此前郭嵩燾等講的有所不同。前者所言「民氣」主要指民風民俗，社會習氣；而梁啓超講的則是民族氣節、民族精神。「一國中大多數人對於國家之尊榮及公眾之權利，為嚴重之保障，常凜然有介胄不可犯之色，若是者謂之民氣。」〔註45〕《新民說·論民氣》一節，他專門論述了民氣與民力、民智和民德的關係，認為他們是相互依存的。「民氣者，國家所以自存之一要素」，「民氣必有所待而始呈其效力。」其「所待」是指：（1）民氣必與民力相待。無民力之民氣，則必無結果。「氣者固所以成始而成終也，然非有力則不能始之，不能終之。」（2）民氣必與民智相待。無民智之民氣，則無價值。（3）民氣必與民德相待。無民德之民氣，則不惟無利益而更有害。真民氣，必須有諸德以綱維之。一為堅忍之德，二為親善之德，三服從之德；

〔註43〕張岱年主編，新民說——梁啓超集〔M〕，瀋陽：遼寧人民出版社，1994：157～161。

〔註44〕張岱年主編，新民說——梁啓超集〔M〕，瀋陽：遼寧人民出版社，1994：161。

〔註45〕張岱年主編，新民說——梁啓超集〔M〕，瀋陽：遼寧人民出版社，1994：194。

四博愛之德。梁啓超特別強調民氣不可煽動激勵，因爲只要有民力、民智和民德三者相資，民氣無需激勵就可自由產生。他提出民氣之用的三原則：（1）不可以之爲唯一之手段；（2）宜偶用而不宜常用。（3）即偶用之亦不可不慎。（4）平常未適用時，無取煽動之。〔註46〕由此可見，梁啓越在民族主義問題上是比較謹愼的，並無狹隘的民族主義思想。

## 4.4　新民的方式與途徑

梁啓超和嚴復一樣看重教育的重要性，他流亡日本期間，還辦了一所東京大同高等學校。但是對於如何造就新國民，梁啓超的認識比嚴復的視野更爲廣闊。

（1）教育新民。梁啓超把變科舉、興學校作爲開民智，救亡圖存的重要途徑。他認爲教育目的就是培養「新民」，新民必須具有新道德、新思想、新精神、新的特性和品質，諸如國家思想、權利思想、政治能力、冒險精神以及公德、私德、自由、自治、自尊、尚武、合群、生利、民氣、毅力等。他主張提倡在全國範圍內建立完整的各級各類學校系統，實行普及的國民教育。國民教育的任務就是要「養成一種特色之國民，使該團體以自立競存於列國之間，不徒爲一人之才與智也」。所以說梁啓超所強調的新民，是具有資產階級思想、精神、品格、能力和發展資本主義工商業所應有的知識技能的人。他還主張使各級教育符合受教育者的身心發展規律，使整個教育系統建立在科學的基礎上。

梁啓超是中國近代教育史上較早提出設立師範教育的教育家。1896 年，他在《變法通議‧論師範》一文中專門論述中國要發展師範教育的問題。梁啓超對比分析新舊學堂中的教師狀況，指出當時中國急需廣泛設立中西學兼習的新式學堂，但不能僅僅依靠聘用外國人來任教。他提出中國要設立師範學校，自己培養符合時代需要的教師，認爲這才是長遠之計和根本解決辦法。他從日本明治維新後的教育發展中認識到了師範教育的重要性，說師範教育是「群學之基」，師範教育是整個教育質量提高的基礎與保證。爲此，他大力提倡師範教育，在設計國家教育體系的時候，專門增加了師範教育的內容。

---

〔註46〕張岱年主編，新民說——梁啓超集〔M〕，瀋陽：遼寧人民出版社，1994：194
　　　　～197。

在師範學堂的具體設置方法和課程安排上，梁啓超主張借鑒日本的經驗，並根據中國的國情，採取小學堂和師範學堂並立的方式一同設立，由師範學堂的學生來擔任小學堂的教師，以後再逐漸提高師範畢業生的文化程度。他認為師範學堂開設的課程應當包括：「六經」大義、歷朝掌故、文字源流、格致專門、列國情況等基礎性學科。梁啓超關於師範教育的思想主張是他整個維新思想的重要組成部分。

重視婦女教育，也是梁啓超新民思想的一個重要特點。他在《變法通議‧論女學》中從女性自養自立、成才成德、教育子女、實施文明胎教等方面揭示了女子教育的必要性。梁啓超強調，接受教育既是女子的天賦權利，同時也是男女平等的保障。他認為，一國的女子教育發展水平，往往能夠反映了該國實力的強弱。

梁啓超還非常重視對中國兒童教育的改革。他指出西人強調由淺入深，由易到難，循序漸進，而在中國則與之反；西人重視理解，而在中國注重識記；西人注意直觀教學，實物教學，而在中國只注重言語文字。他提出中國應從編寫兒童教學用書入手對兒童教育進行改革。

（2）報刊新民。梁啓超特別重視報刊對於新民的作用。這是梁啓超新民論一條很重要的內容。梁啓超不但是啓蒙思想家，還是一個傑出的報業活動家和新聞人。新聞學家戈公振就認為：「我國報館的崛起，一切思想的發達，皆由先生啓其端。」「公車上書」以後，梁啓超根據其師康有為辦報館、開學會的構想，積極投身於新聞報刊活動，先後創辦多種報刊並擔任主編。在《時務報》創刊號上，梁啓超發表了《論報館有益於國事》一文，認為國家的強弱與信息、學術思想是否流通關係很大，信息通達則國家富強，思想堵塞則國家貧弱，因此，報紙是國家的耳目喉舌。他認為西方資本主義國家得益於其新聞報刊業發達，所以能做到上下一氣，君民同心，國家也就日益強盛。戊戌變法失敗後，梁啓超被迫逃亡海外，在日本期間他的辦報思想有所轉變，對比中日社會狀況，他認為要改變國家的落後和社會的污濁，輸入新思想是關鍵，方法就是辦報宣傳。梁啓超認為辦報紙是繼續從事宣傳，改造國民性最重要的手段，他提出報館有「兩大天職」，即「監督政府」和「嚮導國民」。1898 年 12 月，他在日本橫濱創辦《清議報》，提出以「主持清議，開發民智」為宗旨，以宣傳為主，極力主張「尊皇攘后，歸政光緒，宣傳維新」，提出「國民」等概念，倡導民權。1902 年，他又在橫濱創辦《新民叢報》，以「新民」

為宗旨，一方面大量宣傳介紹西方思想家、政治家、科學家的思想和學說；另一方面深入地闡述國民權利與義務，國家與國民關係等問題。他撰寫並發表《新民說》系列文章，洋洋十萬餘言，在國內外產生巨大影響。針對幾千年封建文化積澱造成國民心靈的劣根性，暢談新民要講究公德，樹立國家思想、具有進取冒險精神、富於自由權利思想，自治、自尊、合群等等，力圖以資產階級的面貌造就一代新國民。黃遵憲曾評論說：「《清議政》勝《時務報》遠矣，今之《新民叢報》又勝《請議報》百倍矣。驚心動魄，一字千金，從筆下所至，卻為人意中所有，雖鐵石人亦應感動，從古至今文字之力之大，無過於此者矣。」

　　梁啓超通過報刊廣泛地介紹西方資產階級文化，尤其是從文藝復興到近世的各種理論、流派、代表人物及其代表作，極大地衝擊了封建的文化專制和思想桎梏，他還提出民族主義的國家建構理念，從理論上論證了救亡圖存的必要性和迫切性，喚起了民族覺醒。他大力宣傳民權思想，闡明國民與奴隸的區別，強調權利與義務統一，並提出了「新民」的現代化任務。梁啓超用資產階級的民主主義世界觀和方法論改造中國的傳統舊學，在文學、歷史、政治、法律等許多學術領域做出了開創性的工作。總之，梁啓超的報刊宣傳活動，對中國人起到了重要的思想蒙作用，促進了中國人的現代化。

　　（3）「文化革命」以新民。梁啓超東渡日本後，閱讀了大量日本人翻譯的西方哲學、政治學、經濟學、社會學著作，深感中國的新學各領域，需要變革之處很多，他一方面基於新學建設需要，另一方面則是出於改造國民性，振奮國民精神的需要，先後提出經學革命、史學革命、文界革命、詩界革命、小說界革命、戲曲界革命等一系列的主張，希望在輸入歐洲精神的前提下，推動二十世紀中國知識學術體系的轉型和文化的變革。為此，他專門寫了《釋「革」》一文，解釋說明「革命」一詞在本義上是變革，並指出不變革必被淘汰，這是事物的普遍規律。他主張人要勇於「革命」，全面革命，而不是懼怕革命。梁啓超首先是提出小說革命，提倡新小說。文學最能夠表現一國的國民精神，因此用文學來「新民」是必不可少的。而且文學小說能夠轉移人的情感，引起人共鳴，是新民的有效手段，不能不用。梁啓超還發現小說具有「變易風俗」的作用，所以主張利用來對付當時中國社會上鴉片、科舉、纏足等積弊。他明確提出小說服務的對象應包括「婦孺農氓」，由於把小說的教育對象鎖定了是童蒙和知識水平較低的普通民眾，梁啓超便不得不考慮文學

的語言形式，通俗化和大眾化是基本的要求，為此他提出創作小說應該「專用俚語」。在小說的內容方法，他把從前的小說定性為「誨盜誨淫」，指出舊小說對很多與民眾日常生活相關的社會問題都避而不談，然後提出改良小說的內容，應該在鴉片、時文、纏足之外，還要加上了「借闡聖教、雜述史事、激發國恥、旁及彝情、宦途醜態」等內容。其次是，詩界革命與文界革命，梁啟超主張通俗化，用平易暢達的文字表達思想，採用新文體，實現「言文合一」是文界革命的一個主要目標。文界革命要以「播文明思想於國民」，促進國家民族精神為責任，以著書翻譯為基本事業，而譯著要堅持從眾向俗、化雅為俗，啟發蒙昧，導愚覺世的原則。梁啟超把啟發民智，滌蕩民族精神視作一項崇高事業，一方面倡導文界革命，另一方面自己還積極實踐文界革命，由其創立的新文體——又稱新民體，影響廣泛而深遠。

## 4.5 小結

　　資產階級維新派都十分注重「新民」，而梁啟超的「新民說」比較系統的闡釋了「新民」的內含和特徵。從人的現代化角度來看，梁啟超的「新民說」主要為中國人概括出一種不同於「臣民」的「國民」新身份，從他所概括的新民的諸德性上看，「新民」帶有西方現代社會學理論中「公民」的特點，但又不完全是。因為梁啟超的「新民」以利群為原則，側重點在於強調個人對國家和社會的責任，雖然這種責任不同於「臣民」對君主的責任，但它仍然不是以個體為中心和目的，而西方社會學理論中的「公民」概念則是以個體為中心和目的，在個人與國家的關係上，強調權利和義務的平衡對等，其側重點是突出國家對個人權利的承認和保護。所以，「新民」的本質是「國民」而不是「公民」。

　　在中國從傳統到現代的社會轉型中，「國民」是從「臣民」到「公民」的過渡。因為中國社會的政治現代化與西方國家有一個很大不同，就是中國的現代化轉型，存在一個反對殖民主義以獲得民族獨立的問題，而且這個問題是帶有前提性的。西方社會學理論在探討「公民」概括念時，在現實上不涉及這樣一個社會背景，在理論上把國家預設為獨立的。因而，中國的思想家們在考慮中國的現代化問題時，不管是出於何黨何派何種階級立場，一個共同點在於都有一個民族主義的立場，以社會的整體利益為本位。也正是因為

這樣，我們才會看到無論是嚴復還是梁啓超，都是以「救國」爲其思想出發點。中國長期作爲一個人口眾多，並且以小農爲絕對多數的多民族共同生活的社會，傳統的社會結構是比較鬆散的。在西方文明的強烈衝擊下，中國社會日益分化，同時也日益陷於分裂。這必然會讓中國的思想家們產生民族危亡的憂慮，從而探尋解救之道。這種憂慮的思想根源，首先就來自於儒家思想中的「大一統」觀念和社會價值主張。「大一統」放到現代化的語境下，就是強調民族國家的獨立性、整體性和統一性，但這種帶有民族主義立場的社會價值主張又是超越於一般狹隘意義上的民族主義的。在社會的現實方面上，中國是淪爲了半殖民地而不是完全的殖民地。西方殖民主義者在侵略中國的過程也逐漸發現中國土地太廣，人口太多，且具有強烈的反抗精神，任何一個西方殖民主義國家想要完全的殖民佔領是不太可能的，所以在對待中國的問題上總體上採取的是「瓜分」的殖民策略，分而治之。從一個國家的現代化需要來看，殖民和半殖民都是不利的因素。雖然西方國家殖民會帶來新的生產方式和觀念，客觀上造成資本主義經濟在殖民地區的發展，這是有利於推動現代化的。但是，這種積極影響和作用，僅僅局限於被殖民國家的城市，而不是農村。殖民主義者不會主動地去促進殖民地農村地區的發展，因爲落後的農村對他們來說是一個包袱，而且他們也不認爲自己負有這個義務，但是殖民地城市的現代化發展，對殖民主義者來說是有利的。從中國近現代歷史我們可以很清楚地看到，西方殖民主義爲中國帶來的現代化影響，僅僅只是在極少的沿海城市，而且是大城市，幾乎沒有擴展到內地尤其是廣大的農村。所以，殖民主義總體上只會加劇社會的分裂和對立，這是不利於殖民地的現代化的。通過殖民宗主國來實現現代化的願望和主張，大多都是一種理論上的幻想，對中國而言，尤其如此。而半殖民地和完全的殖民地兩相比較，半殖民地是更加不利的社會環境，完全的殖民地至少可以通過殖民宗主國維持社會整體的秩序，保持社會的穩定性。但是半殖民地只能加劇社會的分裂、動蕩和衝突，遲滯了社會的現代化。孫中山就指出如果社會四分五裂，內亂不止，只能使中國積貧積弱，任人宰割；而國家統一和民族團結，才能使中國變成強盛的文明國家。孫中山堅持認爲中國應當統一而不應當分裂，他指出中國「國土統一已數千年」，中華民族「有統一之形，無分裂之勢」。他反對任何分裂中國的政治方案，認爲凡是主張中國統一的都是眞正的政治家，而主張中國分裂的都是投機家。

　　梁啓超的新民說，突出了人的現代化在國家現代化過程中的重要性和基礎性，並比較系統地提出了促進人的現代化的第一個方案，這爲當時改造中國社會提供了一種新思路，在二十世紀頭一二十年的中國現代化運動中影響深遠。

　　但是，梁啓超對中國社會現代化轉型的認識和分析不是沒有問題的。比如，他在對義和團運動進行分析時，對義和團的團民持批評和否定態度，將其定位爲「愚昧」，他僅僅從思想動因方面去分析和說明義和團的興起，而沒有更進一步地去考察這些想想動因背後的物質根源。

　　從現代化的角度來看，義和團運動可以被視爲中國現代化進程中第一次大規模的反現代化運動。義和團團民在盲目排外過程中用種種封建迷信對抗現代文明，表面上是排外，實際上是排斥現代文明。雖然義和團反對與教會有關的一切外來事物，宗教的、非宗教的都反對，但卻被視爲「愚昧」，人們之所以這麼看，主要還是因爲他們反對現代文明。義和團團民主是來自下層的貧苦農民，他們沒有多少現代意識和知識，只能用古老的「亂力怪神」對抗現代科學文化，其愚昧性自是不用多言。而後來許多官吏也加入其中，則不是因爲愚昧無知，而是思想上的保守性。對於貧苦農民的所謂「愚昧」性，我們也應該作多角度的分析和認識方能認清其行爲的根源。如果只是像梁啓超那樣僅僅從思想認識的方面去考察，則難見全貌。義和團團民的反現代化表現，一方面是他們認識上無知的體現，另一方面，則是他們對社會現代轉型的一種情感表達，而並非由於中國的貧苦農民在智識上不能接受現代文明。比如，當時的農民一般不會把教會醫院當作治病的首選，但沒辦法的時候還是會送去，就算是他們不懂也不相信現代醫學，但是死馬當作活馬醫，醫總比不醫好。然而在現代化的轉型的過程中，廣大農民得到的好處是極有限的，相反苦難更深。無論是洋務運動還是維新變法，都僅僅是在中國有限的地區和群體中產生了影響，但沒有對廣大農民的生活造成實質性影響。但近代中國社會在殖民化的過程中，中國農村傳統權力結構的解體，外國勢力和文化侵入了鄉村社會，特別是教會在農村中擴展迅速，影響越來越大。這種變化在當時造成的一個後果就是鄉村社會發生了族群的分裂，加劇了鄉民的矛盾衝突。義和團的興起，是「團民」和「教民」的長期矛盾衝突的結果，而清政府（具體說是地方政府）由於喪失主權的獨立性，不能有效地化解這種矛盾，則更加激化了這種衝突。從義和團運動中提出的口號「扶清滅洋」

我們能夠看到，廣大民農眞正關心的並不是是否被專制者所統治，而在意他們的利益能夠得到維護，在社會生活中能否得到比較平等的對待。「教民」與「非教民」在政治經濟待遇上的不平等性，是義和團團民對教會及外來事物產生仇恨心理的現實根源。而這種仇恨心理的加劇，則變成了仇恨一切與西洋文明有關的東西，甚至要廢掉光緒帝，殺掉洋務派和維新派這些「二毛子」。「反洋教」的極端化傾向是在義和團運動過程中發展起來的。洋人和洋教進入中國時日已久，中國農民並不是從一開始就以極端的態度對待他們。梁啓超只是基於國家富強的需要來看待和評價民眾，故而會認爲義和團愚昧。

但是實際上，光是開「民智」、造「新民」，強化大眾的國民意識和國家觀念，並不能完全解決現代化過程中的所有矛盾衝突。相反，如果在推進現代化的過程中，忽略了民眾的利益所在，往往會導至更大的衝突與反彈。就像在當今全球化的時候中，我們仍然能夠看到世界上許多地方——甚至是在發達國家都存在反對全球化的浪潮。經濟全球化、一體化是世界歷史的趨勢，現代化也是歷史的趨勢，但是必然性不等於正當性。今天的人總比一百多年前的人更加「文明開化」了吧，但是仍然會有人對抗歷史的趨勢。知識分子社會精英會根據歷史趨勢做出個人決擇，致力於現代化運動。但普通民眾更關注的是在這個過程中，自己的利益如何得到保護和實現。無論是洋務派還是維新派所做的工作，都沒有眞正讓中國的廣大農民受益得到實惠，對那個時代的貧苦農民而言，洋務和維新變法都不過是身外之事，他們的生活仍然依靠傳統力量來維持，但是傳統正在被破壞。在義和團運動的反現代化的舉動中暴露出來的農民利益和實際需要問題，並沒有引起梁啓超的關注和重視，他只是從維新變法的立場需要出發，來對義和團作出否定性的評價。而梁啓超所忽略的農民利益問題，在二十世紀二十年代，特別是五四運動之後，受到越來越多的關注，比如梁漱溟提出的鄉村建設理論和共產黨人提出的土地革命路線，就說明了這一點。

在中國的現代化近程中，農民的利益問題是一個突出的問題，也是一個難題。從根本上說，中國人的現代化就是農民的現代化，因爲農民是中國國民的主體構成，這一基本國情在中國現代化漫長過程中難以改變。因此，要探討中國人的現代化問題，就不能不考慮到作爲主體的中國農民的處境和實際利益要求。如果在中國的現代化的過程中忽略了農民，則不可能獲得支持，相反會受到來自這個大多數群體的阻力和反對。義和團運動反現代化的教

訓，值得後人總結汲取。

　　總之，忽略民眾利益，突出國家需要，這是梁啓超「新民」理論的一個特點，同時也是一個缺點。這個缺點對後來的國民性改造運動產生了很大的影響，直到五四時期，個體的利益需要，尤其是農民的利益需要，才受到眞切的關注。梁啓超的「新民」，仍是國家實現其富強目標的工具和手段，而非作爲社會變革所要追求的目的。在這一點上，資產階級革命派和維新派有著同樣的立場。在個人和國家的關係問題，實現手段與目的的對換，是直到五四新文化運動中才實現的。五四新文化運動，明確地提出了以「立人」爲原則，就其根本思想意義來說，是一場個人解放的運動。

# 第 5 章　國民革命：從臣民到國民的現實道路

　　在世界現代史中，革命是意義重大的歷史事件。不管人們願意不願意看到革命過程中的暴力和流血衝突事件，都應當承認，革命在促成現代民族國家的誕生和社會結構的現代性轉換方面，作用是明顯而突出的。通過革命造就的新國家，其「國家權力和自主性不但大大超過其革命前的狀態，而且還遠遠勝出了處於類似環境中的其它國家。」〔註1〕從一定程度上來說，革命造成了一個國家的現代性。

　　就中國而言，由革命所造成的現代性，首先以辛亥革命爲標誌。梁啓超的「新民說」雖然描繪出了中國人作爲現代國民應當具備的基本品質和特徵，但畢竟是一種理想化的現代中國人的特徵。而從歷史的過程來看，中國人獲得新的國民身份，實現從臣民向國民的轉變，最終是通過資產階級革命派領導的國民革命來完成的。辛亥革命取得勝利，不僅標誌著在中國延續兩千多年的封建專制度結束，同時也標誌著中國人國民身份的現代性轉換。不管人們在主觀上是否自覺意識到這種轉換，從客觀上講，中國人獲得了作爲現代人的基本政治條件。而與此同時，國民革命在打破舊世界的過程中，積極宣傳民主共和思想，極大地促進了中國人國民意識的發展，而對於參加革命的革命者，更是起到了現代人格塑造的積極作用。

　　在個人身份認同方面，資產階級維新派和革命派都特別強調通過宣傳，

---

〔註1〕〔美〕西達·斯考切波，國家與社會革命——對法國、俄國和中國的比較分析〔M〕，上海：上海人民出版社，2007：3。

從外部灌輸和激發人民大眾的「國民」意識。但是他們對那個時代中國人的國民意識程度有不同的看法。在維新派看來，中國的政治變革只能實行君主立憲制，這是因爲中國人的國民意識程度還很低，還有待長期的培養增進，中國人的國民意識和政治素質尚不構成實行民主共和制的條件。而在革命派看來，中國人的國民意識是具有實行民主共和的潛質的，之所程度低，發展慢，最大的障礙就是君主專制制度的長期存在，所以必須以革命的手段剷除，這樣才能爲國民意識的發展掃清道路。並且在革命派看來，個人接受革命主張參加革命，其本身就是在革除臣民意識和樹立國民意識，革命的意義不單單在於從政治權利上讓大眾變成爲國民，而且是從意識觀念上讓大眾變成國民。也正是由於看到革命具有這樣的意義，以孫中山爲首的革命派才將反對滿清君主專制制度的革命稱作「國民革命」。

## 5.1 國民革命與國民意識

太平天國戰爭期間，容閎曾經親自到天京去考，但他得到的認識是這場聲勢浩大的農民戰爭沒有增添什麼新東西，和以往的農民戰爭沒有本質區別，於是斷了爲其效力的念頭。太平天國農民起義雖然在一定程度上也借鑒和吸收了來自西方的思想，但主要是一些有限的宗教思想和宗教觀念，而非西方社會的現代政治理念。所以當太平天國的農民起義軍在南京把政權建立起來以後，我們可以看到這個政權的制度和政治結構，其封建專制性、封建等級性，與滿清政府並沒有本質上的不同，甚至在某些方面還超過了滿清政府。而這些特點也被接觸過西方民主政治的容閎看到。

孫中山領導的革命起義，雖然也以反滿排滿爲目標，但它與太平天國農民起義有著本質的區別，這個區別在於它的理論基礎和行動指南是資產階級民主主義，它的奮鬥目標是要將中國改造成一個民主共和而非君主專制的國家。孫中山特意將其領導的反滿排滿起義稱爲「國民革命」，一方面是爲了與舊式的「英雄革命」相區別，另一方面也爲了表明其起義的目的和意義。「國民革命」直觀地顯示出孫中山等革命者在政治意識上的現代性轉換。一方面，「國民革命」，一方面是革命者獲得國民意識後所採取的政治行動；另一方面，國民革命又大大激發和促進了中國人的國民意識。國民革命在本質上是一場資產階級民主主義革命，辛亥革命推翻了中國歷史上長達兩千多年的君

主專制制度，是中國政治現代化的初步成果。民主共和的觀念從此深入人心，中國人的「國民」意識普遍提高。

孫中山反滿觀念的轉變，可以視爲中國人政治觀念現代性轉化的一個典型。我們可以從孫中山本人思想觀念轉變過程中，看到中國人的政治意識是如何從「臣民」向「國民」轉變的。

孫中山年輕時並不總是激烈地反滿，他曾經上書李鴻章，希望能「以和平手段、漸進方法，請願於朝廷，俾倡行新政」，通過走改良主道路來改造中國社會。〔註 2〕他也曾經在廣州嘗試創立中國最早的農學會，希望通過發展農業科學技術，來改造中國落後的農村和農業。到後來孫中山感到「和平手段」、「漸進方法」都「無可復施」，也就是認識到改良道路無望以後，才轉向走革命道路的。而孫中山在反對滿清革命活動的早期，並沒有自覺認識到其「革命」活動的現代性意義，而只是當成是反滿「造反」。1894 年，孫中山在檀香山成立興中會，以「振興中華」爲目標，定下「驅除韃虜，恢復中國，創立合眾政府」的誓詞，主要的願望也還是在於反滿復漢，而非後來三民主義思想中的「去專制立共和」，屬於比較狹隘的漢民族主義思想。誓詞中的「中國」也並非現今意義上的整個中國，而是與「滿洲」相對應的概念，指以漢族爲主體的中國本部十八省。〔註 3〕1895 年興中會成員發動廣州起義失敗，孫中山和陳少白、鄭士良等被迫離開香港，逃往日本。他們在日本新聞報刊上讀到「中國革命黨領袖孫逸仙抵達日本」的消息，才知道自己的造反行動是「革命」，於是恍然大悟。「革命」在傳統的漢語裏意爲「變革天命」，指天子受天命稱帝，王朝易姓而改年號，最早出自《易・革卦・象傳》：「大地革而四時成，湯武革命，順乎天而應乎人。」這是一種君權神授的神權政治觀念，在中國延續數千年。日本人首先賦予「革命」這個古老的詞彙以現代意義，用它意譯英文中的 Revolution，指稱以法國大革命爲代表的資產階級革命，這樣「革命」就不再是指朝代更迭，而意味著制度或者社會的大變更。孫中山對

---

〔註 2〕孫中山，倫敦被難記，孫中山文粹上卷〔M〕，廣州：廣東人民出版社，1996：35。

〔註 3〕孫中山等反滿人士當時的這種認識，可以視爲對清政府統治政策在觀念上的一種反映，清政府在民族關係上長期實行「族類隔離」政策，將國土疆域劃爲「滿洲」、「内地十八省」、「蒙古」、「西藏」『「新疆」五部，分區管轄，嚴格限制，在政策上也區別對待，以造成内地人民對邊疆地區的瞭解甚少，彼此之間的認同感很弱，而同樣的情況也發生在其它幾個地區。這也是辛亥革命以後邊疆地區分離主義勢力不斷升級的一個歷史根源。

於其活動得到這樣的新評價自然是高興的，他告訴同伴以後就以「革命黨」自稱。〔註4〕但是，孫中山等最初的革命意識，仍然是以反對清王朝爲主要內容，在隨後的鬥爭實踐中才逐漸增強了資產階級政治理念，形成了共和主義思想和國民意識。1906 年，孫中山與章太炎、黃興等在日本制訂《中國同盟會革命方略》，在這個綱領性文件中用「國民革命」一詞來界定了其革命活動的資產階級民主主義性質。孫中山在文中指出「前代革命」如太平天國等，「只以驅除光復爲自任，此外無所轉移」，而「今日革命與前代殊」，「於驅除韃虜、恢復中華之外，國體民生尚當與民變革」，因此前代爲英雄革命，今日爲國民革命。他解釋說，「所謂國民革命者，一國之人皆有自由、平等、博愛之精神，即皆負革命之責任，軍政府特爲其樞機而已。」〔註5〕以自由、平等、博愛爲價值導向的革命觀，實質體現了資產階級民主主義政治觀念。並且在這裏，孫中山還界定了國民與軍政府的關係，他「國民革命」確定爲願做國民而不做臣民者的一種責任和使命，這是根本的方面，而軍政府只是服務於國民革命的機關。

其實，當時許多留日學生如鄒容、陳天華、黃興等都經歷過和孫中山一樣的觀念轉變，最後成爲革命者。革命觀念的確立，標示著革命者從臣民意識向國民意識的現代性轉換，這是個人價值觀念上一個質的飛躍，它反映了革命者自我意識的解放。梁啓超批判中國人的奴隸根性，提出破除「心奴」尤爲重要，而孫中山等革命者樹立革命觀念，正是其克服「心奴」，擺脫奴隸根性和追求獨立自由的自我改造行動。革命黨人將促進自由、平等、博愛的解放事業視爲個人責任，勇於面對困難和挑戰，並且不畏犧牲，實現了人格昇華和精神境界的提升。

對「革命」這一古老詞彙作比較明確的現代性理解，將其界定爲「國民革命」，鄒容和章太炎等人的認識進展可能比孫中山要早。1902 年康有爲在《新民叢報》上發表《辨革命書》一文反對革命，認爲中國只能立憲，不可革命，如若革命，勢必造成分裂和亡國。對此，1903 年章太炎針鋒相對地發表了《駁康有爲論革命書》，對革命的實質和作用進行了闡述。康有爲認爲「中國今日之人心，公理未明，舊俗俱在」，因此「不可革命而獨可立憲」。而章太炎則認爲民智恰恰要通過革命來開啓，「人心之智慧，自競爭而後發生，今日之民

〔註 4〕馮自由，革命逸史初集〔M〕，北京：新星出版社，2009：1。
〔註 5〕孫中山，孫中山全集，第 1 卷〔M〕，北京：中華書局，1981：296。

智，不必恃他事以開之，而但恃革命以開之。」他舉李自成起義的例子分析革命的作用，認為「以賑饑濟困結人心者，事成之後，或為梟雄；以合眾共和結人心者，事成之後，必為民主。民主之興，實由時勢迫之，而亦由競爭以生此智慧者也。」革命是社會形勢所迫造成的，而革命又可以起到明公理、去舊俗的作用，「然則公理之未明，即以革命明之；舊俗之俱在，即以革命去之。革命非天雄大黃之猛劑，而實補瀉兼備之良藥矣。」〔註6〕隨後不久，章太炎在為鄒容寫的《革命軍序》中，對「革命」的作用進行了闡述。他認為如果僅僅是驅除異族，還不能稱之為革命，一個社會的制度變革，才能叫革命，而鄒容所倡導的「革命」，不僅包括民族光復在內，而且涉及政教學術、禮俗材性等的社會全面變革，因而可以稱之為「革命」。〔註7〕

鄒容在日本寫成的《革命軍》，雖然是當時留日學生宣傳革命思想的眾多小冊子之一，但它旗幟鮮明、充滿激情的革命吶喊令清政府感到膽寒。他將其帶回國後通過章太炎發表在《蘇報》上，隨即遭到清政府封殺，引出震動中外的「蘇報案」。而「蘇報案」的結果是，革命的聲音不但沒有被壓制住，反而更流行了。據有人研究統計，《革命軍》前後出了二十版，在國內外發行上百萬冊，影響巨大。〔註8〕魯迅也評價說：「倘說影響，則別的千言萬語，大概括都抵不過淺近直截的『革命軍馬前卒鄒容』所作的《革命軍》。」〔註9〕

鄒容在《革命軍》中指出，中國要獲得獨立自由，實現國家富強，與世界列強並雄，就必須要革命，「掃除數千年種種之專制政體，脫去數千年種種之奴隸性質……至尊極高，獨一無二，偉大絕倫之一目的，曰革命」。〔註10〕鄒容認為革是「順乎天而應乎人」的，革命是去腐敗而存善良，由野蠻而進文明，除奴隸而為主人，革命使人人得平等獲自由。革命的宗旨之一是「善

---

〔註6〕姜玢編，章太炎文選〔M〕，上海：上海遠東出版社，1996：100。

〔註7〕章太炎在《革命軍序》文尾總結說：「抑吾聞之，同族相代，謂之革命；異族攘竊，謂之滅亡；改制同族，謂之革命；驅除異族，謂之光復。今中國既已滅亡於逆胡，所當謀者光復也，非革命云爾。容之署斯名何哉？諒以其所規劃，不僅驅除異族而已。雖政教學術、禮俗材性，猶有當革命者焉，故大言之曰革命也。」——參見張岱年主編，猛回頭——陳天華、鄒容集〔M〕，瀋陽：遼寧人民出版社，1994，180。

〔註8〕〔美〕史扶鄰，孫中山與中國革命的起源〔M〕，北京：中國社會科學出版社，1981：239。

〔註9〕魯迅，魯迅全集，第1卷〔M〕，北京：人民文學出版社，2005：234。

〔註10〕張岱年主編，猛回頭——陳天華、鄒容集〔M〕，瀋陽：遼寧人民出版社，1994：182～183。

而存之，不善而去之，美而存之，不美而去之。」革命的革新作用是全面的，「放眼縱觀，上下古今，宗教、道德、政治、學術，一視一諦之微物，皆莫不數經革命之掏搋，過昨日，歷今日，皆革命之現象」。他認爲這些是平常革命，而還有非常革命，如 1688 英國革命、1775 美國革命、1870 法國革命，這些非常革命「犧牲個人以利天下，犧牲貴族以利平民，使人人享其平等自由之幸福。」〔註11〕他指出革命具有雙重性，「革命者，殺人放火者，出於是也」；「革命，自由平等者，亦出於是也。」但革命對中國而言，是必然要經歷的和不可避免的，「我祖國今日病矣，死矣，豈不欲食靈藥投寶方而生乎？苟其欲之……革命！得之則生，不得則死……苟不欲之，則請待數十百年後，必有倡平權釋黑奴之耶女起，以再倡平權釋數重奴隸之支那奴！」〔註12〕鄒容以歐美革命爲例，指出用暴力推翻封建專制制度的革命是早遲要發生的，實際也就點明了其革命觀的資產階級民主主義性質。鄒容還認爲革命有野蠻和文明的區分，指出「野蠻之革命，有破壞無建設，文明之革命，有破壞有建設，爲建設而破壞」，文明之革命能夠「爲國民購自由平等獨立之一切權利，爲國民增幸福。」鄒容還認爲革命是國民的分內職責任，而欲行文明之革命，則革命需要與教育結合，實行普遍的國民教育。鄒容認爲，國民教育的宗旨在於使國民人人「當知中國者，中國人之中國」；人人當知自由平等之大義；人人當有政治法律之觀念。另外，國民教育當使國民養成「上天下地惟我自尊獨立不羈之精神」，「冒險進取赴湯蹈火樂死不避之氣概」，「相親相愛愛群敬己盡瘁義務之公德」，「個人自治團體自治以進人格之人群。」〔註13〕

不久，章士釗以「愛讀『革命軍』者」爲名在《蘇報》上發表《讀「革命軍」》一文，對鄒容的革命思想進行了分析。章士釗在文中從教育問題切入，認爲教育宗旨有兩種，「奴隸主義」教育，「以其知識技能盡奴隸之職」；「國民主義」教育，「以其知識技能盡國民之職」。他認爲中國當下教育普及的目的，「惟在導之脫奴隸就國民」。章士釗分析說，「仇滿之見」、「排滿之見」是當時民眾普遍的心理和認識，這是革命的「潛勢力」，如果教育普及過程中，

---

〔註11〕 張岱年主編，猛回頭——陳天華、鄒容集〔M〕，瀋陽：遼寧人民出版社，1994：183。

〔註12〕 張岱年主編，猛回頭——陳天華、鄒容集〔M〕，瀋陽：遼寧人民出版社，1994：184～185。

〔註13〕 張岱年主編，猛回頭——陳天華、鄒容集〔M〕，瀋陽：遼寧人民出版社，1994：204～205。

不灌輸以超越仇滿思想之外的「國民主義」思想，則會導致革命風潮中僅僅以排滿爲目的，即使革命成功也會「自相奴畜」，與教育普及的宗旨背道而馳。章士釗認爲鄒容的《革命軍》在本質上是以「國民主義」爲宗旨，以反對滿清政府爲表現，從歷史事件和理論兩方面，將變奴隸爲國民的革命道理闡述得淺直明白。因此，《革命軍》實在是一本進行國民教育的好教科書。〔註14〕

通過上面的論述，我們已經可以瞭解，區別於「反滿意識」的「革命意識」的形成，是和「國民意識」密聯繫在一起的。究竟是革命共和還是改良立憲，革命黨人和維新改良派在政治變革上的分歧，在一定程度上體現了兩種相互對立的價值觀日益尖銳的衝突，即民主主義的國民意識和君主主義的臣民意識的對立和衝突。最初，持改良主義的人是多數，支持孫中山等革命的則很少，但隨著局勢的演變，以及宣傳影響不斷擴大，越來越多的人逐漸由支持改良轉向支持、贊成革命，民主、共和的新價值觀逐漸取代了舊價值觀，中國人的國民意識逐漸確立起來。

革命意識不僅在本質上體現著國民意識，革命意識還使革命者獲得了新的人生價值觀和精神氣質。民眾被傳統文化和專制政治束縛了的創造力和才能，通過革命意識被激發出來。具有了國民意識的革命黨人表現出不同於舊式反滿會黨人士的革命精神。在歷史大變革的時代裏，革命黨人爲了打倒專制建立共和的政治理想，浴血奮鬥，前赴後繼，視死如歸，雖屢戰屢敗，卻卻越挫越勇。

1901 年《清議報》第八十八期李群發表文章《殺人篇》，公開地推崇殺人流血，言詞激烈，表達了對滿清專制政府的極端不滿。文章一開始就認爲中國危亡，救亡圖存之術「是惟殺人」，「將欲生之，必先死之，不能驅之與俱死，必不能援之與俱生，是故死也者，生之渡津筏也。仁者不畏死，以其愛生也；仁者必殺人，以其欲生之也。」這樣的論證邏輯並不必然成立，但也可以表達出時人對清政府的絕望之情。文章說，「樂生惡死，亦人情之常」，然而「區區之樂，則又不好即得，必經數十年之震撼摧磨，而始一現者。」又說，「支那而欲興也，苟無英雄豪傑者出，以震蕩摧磨洗濯之，吾知奴隸之性質必不能除，而獨立之精神必不能振。」文章認爲中國國民性質，「日柔順，日巧滑，日苟且偷安，喻以利則爲排外之舉動，逼於勢則爲外軍之順民，總

---

〔註14〕張枬、王忍之編，辛亥革命前十年間時論選集，第 1 卷〔M〕，上海：三聯書店，1977：684～685。

之畏死二字，足以盡之矣。」「以畏死之心處必死之地，楚歌四面無地可容。」只有樹立起不畏死的精神，「置之死地而後生」，方可「與言競爭」，方可「與謀改革」。文章指出中國改革，倡於戊戌，然而「當是時，眞僞雜糅，人人言保國，人人方維新，一哄而已。自六烈士之殺，而新舊涇渭於是分矣；而志士之氣，乃激而愈奮，不動不止矣。」「支那士氣之第一震，西太后殺人之效也」，「支那士氣之第二震，張之洞殺人之效也。」作者強調，以「殺人」爲第一義，實爲不得已耳，人孰不欲生。〔註15〕這種鼓吹暴力的言論，一方面是受到日本武士道精神和俄國虛無黨人的影響，另一方面，則是對清政府所作所爲的極大憤慨。極端的反抗態度和殺人主張，雖然和以國民意識爲基礎的革命精神並不完全一致，但卻都有著視死如歸的英雄主義精神。鄒容和陳天華等人的行爲，是視死如歸的革命英雄主義精神最爲生動和典型的例證。

1901 年，鄒容參加官費留日本考試被錄取，卻因其平日思想激進遭人反對，被取消了官費留學資格。1902 年，他靠父親出資自費留學日本，進東京同文書院學習日語，接觸到大量西方資產階級政治思想和著作，革命傾向日益增強。他積極參加留日學生的愛國活動，爭先演講，言辭激烈，成爲公認的革命分子。他通過閱讀《民約論》、《自由論》、《法國革命史》以及關於美國革命史的著作，認爲中國只有像美國一樣來個大的變動才能得到挽救。鄒容根據他對西方資產階級政治理論的理解，構思寫作了《革命軍》一書，以期用它喚醒國民。後來他因爲用剪刀剪掉留日陸軍學生監督姚文甫辮子一事而惹怒清政府駐日公使蔡均，被迫回國。回到上海後，鄒容參加由蔡元培、章炳麟組織的「愛國學社」，經常在公眾集會上發表演說，宣傳革命思想。1903年，《革命軍》出版後，《蘇報》爲壯聲勢，連續刊載，引出震動中外的「蘇報案」。《蘇報》遭到查封，章炳麟被抓捕。鄒容本可以逃脫禍事，但他第二日從容自動投案，準備與章炳麟共赴報難。

1903 年，陳天華赴日本留學，寫下《猛回頭》、《警世鐘》，一面宣傳革命，一面組織革命團體。他先是和黃興、蔡鍔等人在日本成立反清團體「軍國民教育會」。1904 年回國與宋教仁、劉揆一等在長沙成立華興會，謀劃武裝起義反清，事泄失敗後逃往日本。1905 年同盟會在東京成立，陳天華是發起人之一，他在同盟會機關報《民報》創刊號上發表數篇文章，影響很大。同盟會

〔註15〕張枬、王忍之編，辛亥革命前十年間時論選集，第一卷〔M〕，上海：三聯書店，1977：21～25。

成立後，留日學生開展各種反清活動，影響越來越大。清政府於是要求日本政府鎮壓中國留日學生的革命活動。1905 年日本文部省頒佈「取締清韓留日學生規則」。數以千計的留日學生罷課、罷學表示抗議。當時日本各報嘲諷中國學生抗議行動爲「烏合之眾」，《朝日新聞》更直接詆毀爲「放縱卑劣」。陳天華心痛此言，提出「堅忍奉公，力學愛國」的警示語以告誡留日學生，他經一番思索後作一《絕命辭》投海自殺，希望以死喚醒留日學生和國人，盡心致力於革命救國。〔註 16〕陳天華自我犧牲的行動給留日學生造成很大刺激，在國內也引起很大震動，1906 年其靈柩被運回湖南長沙嶽麓山安葬時，長沙學生及各界人士上萬人前往送葬，縞素白旗，高唱哀歌，綿延十里。

　　義和團運動失敗之後，「鑒湖女俠」秋瑾隨丈夫到北京居住，她目睹民族危機的深重而清政府腐敗無能，義憤難填，於是立志捨身救國。1904 年秋瑾衝破家庭束縛，自費留學日本。秋瑾到日本後漸漸傾向革命，後在馮自由、黃興的介紹下加入中國同盟會。秋瑾寫下許多充滿強烈愛國思想和飽滿革命熱情的詩篇，有如：「濁酒不銷憂國淚，救時應仗出群才。拼將十萬頭顱血，須把乾坤力挽回」；「祖國沉淪感不禁，閒來海外尋知音。金甌已缺終須補，爲國犧牲敢惜身？」「危局如斯敢惜身？願將生命作犧牲。」反映出她獻身革命的決心和將個人生死置之度外人生態度，她在給友人的一封信中也表達了同樣的態度：「成敗雖未可知，然苟留此未死之餘生，則吾志不敢一日息也。吾自庚子以來，已置吾生命於不顧，即不獲成功而死，亦吾所不悔也。」1906年，秋瑾因抗議日本政府頒佈的留學生規則，憤而回國。她回國後，曾一度回到故鄉和家人訣別，聲明脫離骨肉關係。當時鄉里親友無不驚駭，怪其瘋癲，加以唾罵。但事實上她對待公婆、丈夫和兒女，都是很有感情的，只是立志革命以後，恐株連家庭，故有宣佈脫離家庭之舉。秋瑾以大通學堂爲據點，派人聯絡會黨，動員軍界和學生，準備起義。她與徐錫麟約定在浙、皖兩地同時舉事。1907 年 7 月 6 日，徐錫麟在安慶起義失敗被殺，秋瑾被出賣。秋瑾得到消息後，表示「革命要流血才會成功」，抱定爲革命犧牲的決心，拒絕讓其離開的一切勸告，毅然留守大通學堂。13 日在於清軍搏鬥中，寡不敵

〔註 16〕對於陳天華的死因，學者有不同的解釋，但通過與其關係密切的宋教仁所作《陳星臺先生絕命書附跋》一文，可知陳天華抱自殺之念久已。他在長沙謀劃起義失敗逃往日本後，就漸起自殺之心，希望「以一身嘗試，絕世人扶滿之望」。——參見張岱年主編，猛回頭——陳天華、鄒容集〔M〕，瀋陽：遼寧人民出版社，1994：170～178。

眾而被捕。被捕後，秋瑾不為嚴刑所屈，拒絕供出同伴，15 日於紹興軒亭口從容就義，臨行前留下「秋風秋雨秋煞人」的詩句。秋瑾大義凜然、視死如歸的革命英雄主義氣節長期影響著後輩。秋瑾滿腔愛國熱情，為革命不惜犧牲個人生命的態度是真誠的和言行一致的，她是那個時代勇於衝破封建禮教和舊思想束縛，追求婦女解放和男女平等的革命民主主義精神的女性代表。宋慶齡在《中國婦女爭取自由的鬥爭》中稱讚秋瑾是「最崇高的革命烈士之一」。

具有國民意識的革命者，在對待生死的態度上是嚴肅的而非隨意的。從陳天華、秋瑾、吳樾，以及後來的林覺民等人的言行上，我們都能看到他們甘為革命犧牲的大無畏精神。這種大無畏是真誠的和發自內心的。革命黨人的自我犧牲精神，反映了從專制制度下解放出來的新型國民，對個人價值的不同於傳統觀念的重新認識，對個人與國家、民族關係的重新認識。獲得了國民意識的革命黨人，將個人價值、人生理想與國家民族命運緊密聯繫，在生死的問題上表現出超然的無畏與坦蕩，這是一種新的人生觀和價值觀。革命黨人帶著新的價值觀進行革命宣傳和鬥爭，使現代國民觀念得到廣泛傳播，促進了人民大眾的國民意識的形成。

## 5.2 先爭民權後保民生

為了拯救民族危亡，資產階級革命派與維新改良派在國民意識問題有著一定程的共識。他們都認識到，救國是一個龐大的系統工程，涉及很多具體事務，但不管何種事務，最終將要落實到人頭，落實到占人口多數的廣大民眾。人是社會變革的主體力量，離開了民眾的熱情參與，任何美好宏大的政治理想都不可能實現。因此，革命派和維新改主派都重視做政治宣傳和動員民眾，啟迪民眾，他們希望通過增強國民素質，提高國民意識，塑造新式國民來實現他們的政治主張，最終達到解救民族危機的目的。但是，與資產階級維新派不同的是，革命派更加注重民權問題，他們主張以革命的方式先爭民權後保民生，認為待取得民權以後，將國民經濟發展起來，在這個過程中使國民養成良好的國民性。

資產階級革命派和維新改良派都重視喚起國民意識。他們想法設法利用各種形式展開宣傳鼓動，如辦報紙、組織學會社團、開辦教育講座和進行文

藝宣傳等等，藉以宣傳現代國家學說和國民思想，其目的都是爲了喚起國民意識，調動民眾參與中國社會的政治變革。由於革命派和立憲派不遺餘力地積極倡導國民意識，啓蒙宣傳逐漸產社會效應，包括留學生、新知識分子和商人等等在內，越來越多的民眾開始形成了新的國家觀念和國民觀念，於是形成了一股要求變革社會的強大合力，最終促使封建君主專制制度走向終結。

　　但是國民問題上，革命派與維新改良派也存在著一些不同的看法，其中對中國人國民意識發展程度的不同看法，直接導致了他們在中國究竟要確立何種政治體制問題上的不同主張。資產階級革命派主張民主共和制，而維新改良派主張君主立憲制。

　　革命派和改主派都認爲中國人的國民程度普遍不高，但維新改良派的看法則更低。康有爲、梁啓超等維新派人士就認爲中國國民意識和國民素質的發展程度還非常低下，國民缺乏自律性，沒能自治能力，更不懂得公共生活和公共利益，因而不具備成爲「共和國民」條件，因此維新改良派反對革命，主張君主立憲。他們強調只有通過教育啓蒙來逐漸開啓民智，梁啓超就明確提出「教育之本旨在養成國民」。但是，革命派卻不這麼看。雖然革命派也認爲，學校教育在培養國民意識的方面具有重要作用，但是他們又指出，「共和國民」只能在共和制度下才能養成，而在專制制度下是不可能養成的。因此，只有通過政治革命，在推翻君主專制制度實現民主共和制度，爲國民的養成創造基本條件。

　　革命派認爲，雖然中國人的國民程度還不算高，但是有發展潛質的，和專制蠻橫的清政府相比，國民比政府文明，國民的文明程度高於政府，他們是有資格做共和國民的。如果說中國人能夠認同和進行國民革命，那就說明也能實行民主共和。像孫中山就充分地相信中國人的國民潛質，認爲中國人現在看上去素質低下，但將來中國人能夠用西方人的方法建設現代國家，也不難使中國變得強大。他又指出：「現在中國要由我們四萬萬國民興起。……我們放下精神說要中國興，中國斷斷乎沒有不興的道理。」「將來我中國的國力能凌駕全球，也是不可預料的。」〔註17〕

　　1897 年孫中山在日與宮崎寅藏、平周山論及國民意與共和革命的關係時就說：「人或云共和政體不適支那之野蠻國，此不諒情勢之言耳。共和者，我國治世之神髓，先哲之遺業也。我國民之論古者，莫不傾慕三代之治，不知

〔註17〕孫中山全集，第 1 冊〔M〕，北京：中華書局，1981：55。

三代之治實能得共和之神髓而行之者也。勿謂我國民無理想之資，勿謂我國民無進取之氣，即此所以慕古之意，正富有理想之證據，亦大有進步之機兆也。試觀僻地荒村，舉無有浴政虜之惡德，而消滅此觀念者，彼皆自治之民也。敬尊長所以判曲直，置鄉民所以禦盜賊，其它一切共通之利害，皆人民自議之而自理之，是非現今所謂共和之民者耶？苟有豪傑之士起而倒清虜之政府，代敷善政，約法三章，慰其饑渴，庶愛國之志可以奮興，進取之氣可以振起也。」〔註18〕在這段話裏，孫中山批駁了那些認為中國國民之資質不適於共和的觀點，認為中國民眾具有成為共和國民的潛質，只要推翻清政府，消除專制觀念，民眾就具有成為共和國民的資格。只要群雄競起，廣大民眾積極參與，共同推翻君主專制，並代之以善政，約法三章，確立共和制度，而後在共和之下，民眾的國民意識就可以得到普遍提高。在與宮崎寅藏等的談話中，孫中山已經表達出了他的革命戰略構想，即先行進英雄革命以爭取民權，並且約法三章，用共和憲法加約束，避免英雄革命重走改朝換代的老路；然後在共和政治之下來發展實業保障民生，從而全面促進民眾的文明資質。孫中山的這一革命戰略構想，在後來的《中國同盟會革命方略》中得到了比較明確的表述和體現。

《中國同盟會革命方略》是中國同盟會一系列重要文告的總稱，於 1906年秋冬由孫中山、黃興和章太炎主持草擬而成，最初包括《軍政府宣言》、《軍政府與各處國民軍之關係》、《軍隊之編制》、《戰士賞恤》、《軍律》、《略地規則》、《因糧規則》、《安民布告》、《對外宣言》、《招降滿洲將士布告》、《掃除滿洲租稅釐捐布告》共 11 個文件，1908 年河口起義後，孫中山、胡漢民、汪精衛三人在新加坡對之作了增訂，增加了《招軍章程》和《招降清朝兵勇條件》，成為 13 個文件。這些文件雖非出自孫中山一人之手，但基本上反映了他在反對封建專制和創建民主共和國過程中的認識和主張。文件中以《軍政府宣言》最為重要，它宣佈了革命軍政府的宗旨以及為達到宗旨的三個歷史時期的主要任務，同時也體現出了孫中山的人道主義博愛精神。

在《軍政府宣言》中，孫中山宣稱今日之「國民革命」不同於舊時之「英雄革命」，其目的除了「驅除韃虜、恢復中華之外」，「國體民生尚當與民變革。」他認為國民革命雖然有很多具體工作要做，但基本的精神主旨是「自由平等博愛之精神」。孫中山認為今日反滿革命在本質上是國民「去專制爭自由」的

---

〔註18〕孫中山全集，第 1 冊〔M〕，北京：中華書局，1981：28。

革命，「一國之人皆有自由、平等、博愛之精神，即皆負革命之責任」，故稱國民革命。在軍政府與國民革命的關係上，孫中山指出軍政府的地位在於它是國民革命的核心機關，而它的宗旨是爲國民革命服務，向國民負責，「國民之責任即軍政府之責任，軍政府之功即國民之功。」軍政府要和國民「同心戮力，以盡責任」。〔註 19〕

《軍政府宣言》明確規定了國民革命的四條綱領，即驅除韃虜，恢復中華，創立民國，平均地權。這四條革命政綱，既包含了爭取民族獨立的民族主義目標，也包含了爭取民權的民主主義目標，同時也有改良經濟保障民生的民生主義展望和設想。這些思想後來被孫中山進一步概括爲三民主義。《軍政府宣言》中宣稱：「今者由平民革命以建國民政府，凡爲國民皆平等以有參政權。大總統由國民公舉。議會以國民公舉之議員構成之。制定中華民國憲法，人人共守。敢有帝制自爲者，天下共擊之！」〔註 20〕國民革命之所以要創立民國，既是爲了實現民族獨立和國家自主，同時也是要爲人民大眾爭得民權。國民人人平等享有參政權，平等遵守憲法。這樣的國家是文明的福祉，國民能夠平等享有。

《軍政府宣言》又提出要實現這四條革命綱領，國民革命必須在軍政府的領導下分三期來完成，依次是：第一期實行「軍法之治」，軍政府領導負責一切事務。軍隊起義爲人民破敵，人民提供軍隊之需，同時由軍政府代行地方行政，一方面「依次掃除積弊」，另一方面積極支持和推動地方農工商實業發展；第二期實行「約法之治」，軍政府總攬國事，但交還地方自治權力，由當地人民選舉產生地方政府，軍政府與地方政府及人民的權利義務對等，皆以約法規定，共同遵守；第三期實行「憲法之治」，軍政府解除權柄，一國政事，皆依憲法而行。最後，《軍政府宣言》宣稱：「俾我國民循序以進，養成自由平等之資格，中華民國之根本胥於是乎在焉。」孫中山認爲只要按照這四條革命綱領分三階段實現，中國民眾的國民意識和素質是可以被養成的，獨立自由的民主共和政治也是可以長存的。

馬克思說過，不是人們的觀念決定人們的存在，相反是人們的存在決定了人們的觀念。孫中山在《軍政府宣言》裏表達了一個接近於歷史唯物主義的觀點，即民眾的國民意識和素質是在社會生活中逐漸養成的。在專制之下

---

〔註 19〕孫中山全集，第 1 冊〔M〕，北京：中華書局，1981：296～318。
〔註 20〕孫中山全集，第 1 冊〔M〕，北京：中華書局，1981：296～318。

不可能養成眞正的國民意識，令個人擔負起對國家的責任，只有在立憲共和的政治環境下，人民大眾才會逐漸只會形成與之相適應的國民意識。因此，必須先掃除君主專制上的障礙，創立國民政府，爲民眾爭得基本政治權力。而在民眾還沒有普遍覺悟的情況下，要完成這個政治大變革，就需要有強有力的領導者和執行人，孫中山認爲軍政府就擔負著這樣的使命和責任。

孫中山意識到一個問題，即英雄（社會精英分子）與一般民眾的關係問題。在他看來英雄是先行覺悟的國民，他們理應成爲國民革命的領導者並對民眾負責，他們不但要爲民眾爭得權利，還要喚醒民眾的國民意識。顯然，孫中山認爲革命軍政府就是這些精英分子的社會組織形式。孫中山所設想的軍政府在革命三期的自覺行動，在本質上體現的是先行覺悟的精英分子的自覺性。這實際上體現了孫中山的政治幻想，因爲個人有國民革民的覺悟並不能等同於其社會組織就能夠自覺行動。軍政府得以產生的政治載體中國同盟會其實是一個結構鬆散，政治理念不統一的政團聯合體，雖然孫中山當時名聲很旺，但他並不是各個革命團體普遍認同的理論權威。這樣的政治基礎決定了軍政府在國民革命的過程中不可能完全按照孫中山的上設想自覺行動，有序推進。而從辛亥革命前後的歷史事實方面來看，孫中山原先的很多設想都落了空，組成軍政府的並不都是已經覺悟了且能夠對國民負責的先進分子，許多懷著舊思想的人和政治投機分子，都加入到其中，甚至掌握了主導權。到後來爲了維護共和，連幾個主要的軍政府都成了國民革命要繼續掃清的敵人和障礙。

## 5.3 心理建設與國家建設

辛亥革命以後，孫中山總結辛亥革命的經驗教訓，通過深刻反省和檢討寫成《建國方略》一書，對中國的國家建設作出了構想和規劃。《建國方略》主要包括三個內容關聯的部分：《孫文學說——行易知難（心理建設）》集中論述了知與行的關係，心理建設在內容上屬於思想文化建設；《實業計劃（物質建設）》提出以工業化爲中心，全面推動國民經濟現代化，屬於經濟建設；《民權初步（社會建設）》是關於社會民主政治建設的論述。後來由於帝國主義和封建主義的侵略和壓迫沒能徹底消除，中國民主革命的任務沒有完成，孫中山的建國方略未能實施。孫中山臨終遺言「革命尚未成功，同志仍需努

力」，他把喚起民眾以及聯合世界上平等待我之民族以共同奮鬥，作為自己 40 年革命生涯的深刻反省和總結，留給後來的革命者。孫中山在《建國方略》中以心理建設開篇，這不是偶然的，而是他深刻反思和總結辛亥革命經驗教訓的一個結果。

中華民國建立起來以後，孫中山本以為從此中國的政治經濟文化建設可以全面展開，當初他和黃興等在《革命方略》所規劃的各種國家建設方案可以順利實施。然而事實卻出乎意外，推翻了一個專制者，又冒出來許多專制者，社會依然動蕩不安，人民生活反而不如在清政府專制時期。這與孫中山發動革命的初衷背道而馳，原因究竟何在？孫先生認真總結辛亥革命的經驗教訓，他認為除去他個人的能力有限外，主要是因為革命黨內思想不一，人心分裂，對他所設計的建國理想產生了懷疑和動搖。革命剛剛成功，革命黨人馬上就出現了思想上的分歧，說什麼他提出的理想太高了，不適合中國的國情。孫中山認為，革命同志們這種看法其實是他們在思想上存在嚴重的錯誤，對革命的性質、任務和前途認識不情，是革命意志鬆懈的表現。

這種錯誤思想的認識論根源在孫中山看來，就是「知易行難」的觀念。孫中山認為這個數千年來形成的觀念在中國人心中根深蒂固，不加以破除，國家建設計劃難以實現。他氣憤地說：「吾三十年來精誠無間之心，幾為之冰消瓦解，百折不回之志，幾為槁木死灰者，此也。可畏哉此敵！可恨哉此敵！兵法有云：『攻心為上』。是吾黨之建國計劃，即受此心中之打擊者也。」〔註21〕革命黨人在思想上一開始就被「知易行難」的觀念所束縛，故而認為孫中山所提出的建國理想太高太遠，不可能實現，於是放棄了進行建設的念頭和責任，造成民國建設的失敗局面。所以，孫中山決心著書立說，要從哲學認識論的高度破除此心理大敵，以便於讓革命黨人統一思想，積極投身國家建設。

孫中山認為：「夫國者人之積也，人者心之器也，而國事者一人群心理之現象也。是故政治之隆污，繫乎人心之振靡。」「夫心也者，萬事之本源也。滿清之顛覆者，此心成之也；民國之建設者，此心敗之也。」〔註22〕在孫中

---

〔註21〕孫中山，建國方略，孫中山文粹上卷〔M〕，廣州：廣東人民出版社，1996：
　　　190。
〔註22〕孫中山，建國方略，孫中山文粹上卷〔M〕，廣州：廣東人民出版社，1996：
　　　192。

山看來，國家是人民的集合體，國家大事是受人的思想觀念支配，滿清倒臺是由於人心，民國建設不成功也是由於人心，也就是說，國民心理建設在革命和建設中具有十分重要的作用。所以，孫中山把心理建設放在他的建設計劃的第一部來論述，以突出其重要性，「故先作學說，以破此心理之大敵，而出國人之思想於迷津，庶幾吾之建國方略，或不致再被國人視為理想空談也。夫如是，乃能萬眾一心，急起直追，以我五千年文明優秀之民族，應世界之潮流，而建設以政治最修明、人民最安樂之國家，為民所有、為民所治、為民所享者也。則其成功，比較革命之破壞事業為尤速、尤易也。」〔註23〕孫中山認為如果思想認識問題不解決，國家建設就沒有社會心理作基礎，思想不統一，政策就不能執行，所以他一再強調「要用人心做基礎，要用人人的方寸之地來做基礎。」

心理建設首先就是樹立新的知行觀，即破除「知易行難」的舊觀念，確立「知難行易」的新觀念。孫中山認為革命之所以不成功是由於思想上的混亂，而思想上的混亂從根本上說是由傳統思想中長期存在的「知易行難」說所致。這種思想「數千年來深入中國之人心，已成牢不可破矣」。此說「其威力萬倍於滿清」，「滿清之威力，不過只能殺吾人之身耳」，而之此說「不惟能奪吾人之志，且足以迷億兆人之心」，因此不得不破除。孫中山批判「知易行難」傳統觀念，提出「知難行易」，並例舉十個方面的事例加以論證，包括飲食、用錢、作文、建屋、造船、築城、開河、電學、化學、進化等。他指出，「知易行難」觀念顛倒是非，具有很大的社會危害性，如果人民被這種觀念所誤導，就會產生畏懼困難的理心，止步不前，不敢有所作為。孫中山認為，大多數革命黨人就是誤信這種觀念，於是對他提出的建國方略感到畏懼，認為太難實現，於是不敢去實行它。

如果抽象地來談論知與行誰更難、誰更易，其實沒有多大的理論意義。雖然孫中是從哲學認識論的高度來談這個問題，但他並不是抽象空洞的來表達他與傳統的不同見解。孫中山的「知難行易」論雖然是針對傳統的「知易行難」觀念提出來的，但事實上兩種論斷絕然對立。傳統的「知易行難」論，在於強調實踐的重要性，說明實踐是認識的目的和歸宿。而孫中山所提出的「知難行易」，則在於強調要用科學理論和科學認識來指導實踐，要用科學認

────────────

〔註23〕孫中山，建國方略，孫中山文粹上卷〔M〕，廣州：廣東人民出版社，1996：192。

識來武裝人的頭腦。他在論述到這個問題的時候，特別強調「當今科學昌明之世，凡造作事物者，必先求知而後乃敢從事於行。今日文明已進於科學時代，凡有興作，必先求知而後從事於行。所以然者，蓋欲免錯誤而防費時失事，以冀收事半功倍之效也。」「科學之原理既知，四吉之情勢皆悉，由工師籌定計劃，則按計劃而實行之，已為無難之事矣。」〔註24〕現代社會因為以科學理論作指導，故效率大增，社會快速發展。也就是說，孫中山所強調的知，並不是一般意義上的「知」，而是指科學認識。獲得認識容易，但獲得科學認識並不容易，但是一旦獲得科學認識，改造社會就有強大的思想動力，就能取得巨大成效。

孫中山提出的「知難行易」的觀點，表面上看像是談一個認識論觀點，實際上他是在談人的實踐原則問題。孫中山認為，革命之所以破壞有功，建設無果，是由於革命黨內同志都認為他提出的創立民國的理想太遠大，太難實現。他們只看到了孫中山提出的政治理想是什麼，但是不懂得這個理想是建立在合乎歷史發展規律和歷史趨勢的基礎上提出來的，不明白這個政治理想的科學性所在，所以他們只覺難，而不懂得這是中國歷史前進的方向，是一定可以實現的。按照辯證唯物主義的觀點來看，人的行為是合目的性和合規律性的統一，個人願望和理想應當與歷史前進的方向保持一致。人的理想和願望，只要它符合歷史規律的要求，與歷史發展趨勢保持一致，那麼它早晚都會實現。孫中山提出創立民國的政治理想，是借助對西方社會發展的瞭解，所作出的關於人類歷史發展趨勢的科學認識，這個科學認識具體到中國的政治變革問題上，就變成了創立民國的政治主張。如果革命黨的同志都能認識到這個政治理想的科學性，那麼不會得出「理想難行」的看法，相反會主動自覺地去實行它，實現它。

基於此，孫中山倡導用科學認識來改造國民的心理意識，提高國民的科學素養。他主張用科學知識來武裝人的頭腦，強調人的理想願望應當建立在科學認識的基礎之上，依科學而行，用科學認識來克服「畏難」的社會心理。

要有科學認識，必行科學教育。孫中山和其它早期的思想家一樣，一直都很看重教育，也希望通過發展教育事業來不斷提高國民素質。他認為教育對於民族振興、國家富強具有重要意義，「振興之基礎，全在於國民知識之發

---

〔註24〕孫中山，孫中山文粹上卷〔M〕，廣州：廣東人民出版社，1996：246。

達。」〔註 25〕其實孫中山在青年時期就撰寫過《致鄭藻如書》、《農工》、《上李鴻章書》等文章中，很早就把教育放在救亡圖強的重要位置。他在《致鄭藻如書》中說：「遠觀歷代，橫覽九洲，人才之盛衰，風俗之淳靡，實關教化。教之有道，則人才濟濟，風俗丕丕，而國以強；否則返此。今天下之失教亦已久矣，古之庠序無聞焉，綜人數而核之，不識丁者十有七八，婦女識字者百中無一。此人才（安得）不乏，風俗安得不頹，國家安得不弱？」〔註 26〕孫中山看到了教育與人才培養、國家富強的密切關聯，認爲時下中國忽視教育，多數國民處於文盲狀態，婦女不識字，國家豈能不頹弱，於是他急切地提出要廣設學校，培養人才，強調這是國家富強的必由之路。他後來在《上李鴻章書》中進一步稱「人能盡其才」爲「富強之大經，治國之大本」，但是「人能盡其才，在教養有方，鼓勵有道，任使得法。」要做到人能盡其才，必須加強人才培養，教育作爲立國之本，要承擔起培養人才的重要責任。孫中山認爲西方諸國人才眾多就是因爲「教養有道」，他們推行全民普遍的國民教育，「庠序學校遍佈國中，人無貴賤奮於學」，「凡天地萬物之理，人生日用品用之事，皆旬於學之中，使通國之人童而習之，各就性質之所近而肆力焉。」〔註 27〕除了科學知識教育之外，孫中山還注重革命教育和政治知識教育。革命教育的目的就是要讓民眾真正瞭解並懂得他所提出的三民主義的真實意義和價值，並願意實行之，從而樹立革命奮鬥信念。

## 5.4 小結

孫中山第一個看到了政黨在中國現代化進程中的重要作用，並強調這一點。自從中國傳統社會的超穩定性被逐漸打破之後，整個社會顯現出一盤散沙的狀況，無論何種改造中國社會的政治主張，離開政黨的堅定執行，都難以貫徹落實。孫中山和梁啓超等立憲派人士一樣，都注重通過進行國民教育和國民宣傳來改造國民性，以培養和提高國民意識。但是，孫中山又與他們不同。在改造國民性運動當中的重要性，他特別強調黨對改造國民心理的領導和組織作用。他認爲，要讓廣大民眾理解和接受三民主義的政治主張，必

---

〔註 25〕孫中山，孫中山全集，第 2 卷〔M〕，北京：中華書局，1986：424。
〔註 26〕孫中山，孫中山文粹上卷〔M〕，廣州：廣東人民出版社，1996：5。
〔註 27〕孫中山，孫中山文粹上卷〔M〕，廣州：廣東人民出版社，1996：7。

須要在革命宣傳上下工夫，這就要求少數先知先覺的革命黨人行動起來。革命需要民眾支持，就要把民眾調動起來，而要調動民眾，就必須要發揮黨的先鋒領導作用和宣傳組織作用。孫中山以俄國爲例，指出俄國革命成功，「全由於黨員之奮鬥」，因此中國革命必「學俄國的方法組織及訓練，方有成功的希望」。孫中山仿照俄國共產黨，從思想上組織上對國民党進行整頓和改造，目的在於增強全體黨員的革命性。他要求黨員要做到「人格高尚，行爲正大」，不要一心想發財，只想做大官，而要立志犧牲，想做大事，「使全國佩服，全國人都信仰」。通過改組和整頓國民黨，再由骨幹分子把三民主義宣傳到全國，「用這個主義去統一全國人民的心理」，使全國人民都贊成，都歡迎。孫中山認爲轉變認識提高覺悟先要從少數官員、知識分子和將領開始，他們的思想先統一到三民主義，然後再去影響和感化其它占人口絕大多數的工人和農民。只要堅持這樣做，「一傳十，十傳百，百傳千，不到三五年，便可以傳到四萬萬。到了四萬萬都受到本黨的宣傳，四萬萬人的心理便要歸化本黨」，「到了全國的人心都歸化於本黨，就是本黨的革命大告成功」，「本黨自然可以統一全國，實行三民主義，建設一個駕乎歐美之上的眞民國」。〔註28〕

近代中國是一個地域廣大人口眾多且生產落後的國家，孫中山在中國現代化近程中最早看到並強調政政黨的重要性，無論就民眾的思想改造，還是社會的全面改造，政黨在其中都要發揮關鍵性作用。像近代中國這樣一個地域廣大人口眾多，並且從思想意識到社會生產各方面來說都比較落後的半殖民地國家，尤其需要一個強有力的領導者帶領中國人民擺脫困境。在四分五裂的社會局面下，只有通過黨的組織和動員，才能夠形成一股合力，實現對中國社會和國民的全面改造。孫中山希望通過改組國民黨來完成這一使命，但是他的設想還沒來得及全面實施，他就去逝了。

孫中提出的心理建設思想，闡明了國民心理建設對於國家建設的重要性。他強調政黨要在改造國家和改造國民心理的過程中發揮突出作用。在中國的現代化進程中，對於如何組織和動員民眾，如何聚集社會力量的形成一股現代化的合力，孫中山意識到政黨確實起著無可替代的關鍵性作，因而他最早重視政黨的組織與建設。他的這些思想被後來的共產黨人所繼承和發展。

---

〔註28〕孫中山，孫中山全集，第 8 卷〔M〕，北京：中華書局，1986：286。

# 第 6 章　新青年：個性解放是目的

　　五四新文化運動是中國現代化進程中的一個重大轉折點，對傳統文化進行的深刻理性批判，爲人的現代化提出了一種新的思路和認識。這種新認識就在於五四新文化明確了：個人是社會的目的。從辛亥革命到五四新文化運動這一二十年，是改造國民性運動的深入和擴展階段，同時也是反思和反省階段。辛亥革命之前思想家們提出的關於新國家和新國民的種種良好願望和設想，在中華民國成立以後，都沒有能夠得到如期實現。人們生在共和之下，卻要備受專制之苦，究竟原因爲何？陳獨秀等人通過反思和批判，對以民族國家爲目的的改造國民性運動提出了質疑，最終在人的現代化問題上實現了重大轉換，即手段和目換的轉換，個人自由與個性解放才是值得追求的眞正日的。在五四新文化運動之前，個人總體上被視爲實現國家富強的手段，但從五四新文化運開始，個人價值被視爲社會的目的，而不是相反。五四新文化運動作爲中國近代啓蒙思想發展的一個高峰，其最主要的成就在於提出了「立人」的思想主張，使人們逐漸認識到，個人作爲社會主體具有最高的價值，每一個人都有權利爲實現自己的價值而奮鬥，每一個人都有權利選擇自己願意的生活方式並爲之努力。人的現代化，不僅僅是出於適應社會現代化的需要和要求，同時它也是社會現代化所要達到的最終目的。現代民族國家的建構，恢復社會的秩序，實現國家的富強，其根本的目的在於，國家要能夠爲每一個個體追自由幸福的生活創造條件。

## 6.1 新青年：以「立人」爲原則

　　「新青年」是新文化運動努力的方向，提倡新文化，批判舊文化，就是

要通過思想文化革命來塑造「新青年」。「新青年」的提出，是自19世紀末開始的改造國民性運動在思想上不斷反思和深化的結果。陳獨秀提出「新青年」，就是要突出它與「新民」的差別性。「新青年」是以「立人」為原則的，它的目的就是要肯定個人的價值，提倡個性解放，而「新民」是以「利國」為原則。從「新民」到「新青年」的轉變，體現了中國現代化過程中關於人的現代化問題在認識上的飛躍。

作為新文化運動的發起者和主將，陳獨秀、魯迅、李大釗、胡適等，最被無一不是梁啓超倡導的「新民」思想的堅定追隨者。他們最初在討論改造國民性問題時，把重點放在培養國民的國民意識和民族責任心方面，強調個人對國家的責任，但是後來，他們開始強調個人和國家之間權利和責任的均衡，並積極為「立人」探尋道路。下面，我們主要以陳獨秀為例來說明這種思想變化。

1904年陳獨秀在《說國家》一文中強調國家對於個人和家庭生活具有先決性和前提性，明顯是受到梁啓超的啓發。他同梁啓超一樣，批評中國人「只知道有家，不知道有國」，並以自己的親身經歷告訴民眾國家為何物，為什麼要有國家意識和責任心。他說：「我生長到二十多歲，才知道有個國家，才知道國家乃是全國人的大家，才知道人人有應當盡力於這大家的大義。我從前只知道一身快樂，一家榮耀，國家大事，與我無干。哪曉得全樹將枯，豈可一枝獨活；全巢將覆，焉能一卵獨完。自古道國亡家破，四字相連。」〔註1〕陳獨秀認為，只有奉行國家主義，才是救國的良方。

但是辛亥革命以後，一方面新生的現代國家令他們萌生了追求個人幸福的美好希望，另一方面，中華民國初年政府政治混亂的現實又讓國人感到困惑和失望，甚至讓人對國家產生了厭惡。逐漸地，陳獨秀開始把目光從國家至轉向以個人為本，強調個人的自覺與自強。1914年，陳獨秀在《愛國心與自覺心》中提出：「愛國心為立國之要素，此歐人之常談……歐人之視國家，既與邦人大異，則其所謂愛國心者，與華語名同而實不同。」他認為愛國心與自覺心是有區別的，愛國是「愛其為保障吾人權利謀益吾人幸福之團體也」；而自覺心是「覺其國家之目的與情勢也」。陳獨秀認為「不知國家之目的而愛之則罔，不知國家之情勢而愛之則殆」，這樣的愛是盲目的和無益的。這在一定程度上實現了手段與目的的置換。在文章最後陳獨秀公然聲稱個人

─────────────────

〔註1〕任建樹編，陳獨秀著作選，第1卷〔M〕，上海：上海人民出版社，1993：55。

應當擁用「不愛國」的權利，「國家國家，爾行爾法，吾人誠無之不爲憂，有之不爲喜。吾人非咒爾亡，實不禁以此自覺也。」人民並不是不愛國，而是「國家實不能保民而致其愛」。〔註2〕陳獨秀的思想已經超越了狹隘民族主義和國家主義立場，更多地從個人本位來看待個人與國家的關係。

從人本主義立場出發，陳獨秀認爲「國家」也是應當被破除的「偶像」之一。他在《偶像破壞論》質問道：「國家是個什麼？照政治學家的解釋，越解釋越教人糊塗。我老實說一句，國家也是一種偶像。一個國家，乃是一種或數種人民集合起來，佔據一塊土地，假定的名稱。若除去人民，單剩一塊土地，便不見國家在哪裏，便不知國家是什麼。可見國家也不過是一種騙人的偶像，他本身亦無什麼眞實能力……世界上有了什麼國家，才有什麼國際競爭。現在歐洲的戰爭，殺人如麻，就是這種偶像在那裏作怪。我想各國的人民若是漸漸都明白世界大同的眞理，和眞正和平的幸福，這種偶像就自然毫無用處了。」〔註3〕破壞宗教上的，政治上的，道德上的偶像，從根上說，就是要把個人「立」起來，肯定個人的尊嚴、價值和和需要。

1916 年，陳獨秀在《吾人最後之覺悟》當中，談到近代以來受西方文化和文明的衝擊，中國人的生活狀態日益變遷，逐漸產生了思想認識上的三次覺悟，第一次覺悟是技術覺悟，發現了自己在物質技術方面比西方文明落後，第二次覺悟是政治覺悟，發現政治制度和西方比有差距，第三次覺悟是倫理覺悟，實現文化價值觀念與傳統觀念的徹底決裂。他認爲政治問題的根本解決，不在於政黨，而在於多數國民的倫理覺悟，以價值觀念上的徹底變革。立憲政體，國民政治能否實現，在於「以多數國民能否對於政治，自覺其居於主人的主動的地位爲唯一根本之條件。」〔註4〕如果民眾的文化心理結構上停留在傳經的專制文化層面，那麼即使是民主政治的政治構架已經建立起來，仍然只是有人形而無其實，是由少數人操控的民主，不是多數人的民主。這就是民國初年中國政治亂象的眞實寫照。陳獨秀分析認爲，中國傳統的政治倫理思想，以儒家綱常禮教之說爲大原，奉行的是以家族爲本位的整體主

〔註2〕任建樹編，陳獨秀著作選，第 1 卷〔M〕，上海：上海人民出版社，1993：113
　　　～119。
〔註3〕任建樹編，陳獨秀著作選，第 1 卷〔M〕，上海：上海人民出版社，1993：113
　　　～119。
〔註4〕任建樹編，陳獨秀著作選，第 1 卷〔M〕，上海：上海人民出版社，1993：113
　　　～119。

義和等級主義；而近代以來西方政治倫理，以則自由平等獨立之說爲大原，奉行的是以個人爲本位的個人主義和平等主義。這在陳獨秀看來，這是兩種根本不同的政治倫理，而要眞正實立憲政治，國民政治，只有依賴於多數人的倫理覺悟，實現文化價值觀念上的根本變革。

人是文化的產物，人的倫理觀念主要受文化的影響。進而陳獨秀認爲，多數人的倫理覺悟，只能通過推動新文化運動來實現。傳統的孔教儒家學說，以禮教爲政治倫理之根本，堅持三綱五常，別尊卑明貴賤，爲宗法封建社會提供了比較完備的理論，與現代憲政共和的基本精神格格不入。因此，新文化運動，必然要提倡與憲政共和相應的現代理念和精神，即民主與科學，反對專制和迷信。陳獨秀在《〈新表年〉罪案之答辯書》中對此作過清楚的解釋，「本志同人本來無罪，只因爲擁護德莫克拉西和賽因斯兩位先生，才犯了這幾條滔天大罪。要擁護那德先生，便不得不反對孔教、禮法、貞節、舊倫理、舊政治。要擁護那賽先生，便不得不反對舊藝術，舊宗教。要擁護德先生又要擁護賽先生，便不得不反對國粹和舊文學。……我們現代認定，只有這兩位先生，可以救治中國政治上的、道德上、思想上一切的黑暗。」〔註5〕

後來當人們對新文化運動評說不一時，陳獨秀專寫一篇《新文化運動是什麼》的文章作了細緻的解釋。他在文章最後把新文化運動歸結爲「人的運動」，是對新文化運動主題和宗旨最簡潔明瞭的回答。他說：「新文化運動影響到軍事上，最好能令戰爭停止住……新文化運動影響到產業上，應該令勞動者覺悟他們自己的地位，令資本家要把勞動者當同類的『人』看待，不要當機器、牛馬、奴隸看待。」〔註6〕新文化運動就是人的運動，「立人」是新文化運動的根本目的。在舊的封建專制主義文化下，作爲個體的「人」是不存在的，只有與君主相對的「臣民」存在，任何以個人爲本位的思想都遭到否定和扼殺，而新文化運動就是要把這個作爲個體的「人」解放出來。這個「人」的解放，有賴於「多數人的覺悟」，否則任實行什麼制度，任對個人權利做什麼規定都沒有用。

---

〔註5〕任建樹編，陳獨秀著作選，第 1 卷〔M〕，上海：上海人民出版社，1993：442
～444。

〔註6〕任建樹編，陳獨秀著作選，第 2 卷〔M〕，上海：上海人民出版社，1993：128
～129。

　　陳獨秀把「多數人的覺悟」首先寄望於青年一代，將新文化運動的主體定位於青年人。梁啓超提出「少年中國說」，認爲「少年強則中國強」，在梁啓超那裏，「少年」是生命力的體現，是國家活力的源泉，梁啓超主要是從社會有機體理論來看青年與國家的關係。但陳獨秀提倡「新青年」，則是基於不同的思想邏輯。其實他的思想邏輯並不複雜。陳獨秀發現民國初年有共和之名，卻行專制之實，原因就在於，國家制度雖然改變了，但生活於其中的人們依然在按舊思想行事，所以共和實行不起來。所以，爲了維護共和政治，必須根除人們頭腦中的舊思想，這樣就必須進行文化革命，因爲人的思想觀念是通過文化來塑造的。故而他提倡新文化，批判舊文化。他把新文化運動著力塑造的對象定位爲青年人，原因在於青年既是希望，也最具有可塑性，是新文化的主要傳播者和承載者。他批判舊文化，提倡新文化，目的不僅在於要把科學與民主的思想介紹給青年人，更在於號召青年人去實踐新文化。

　　陳獨秀在《新青年》第一卷的發刊詞《敬告青年》一文中開宗明義地提出：「近代文明之特徵，最足以變古之道，而使人心社會劃我一新者，厥有三事：一曰人權說，一曰生物進化論，一曰社會主義，是也。」中國社會的革新就在於實踐這「三事」，而其關鍵又在於青年一代的自覺行動，「予所欲涕泣陳詞者，惟屬望於新鮮活潑之青年，有以自覺而奮鬥耳。」他爲新青年的「新」明確了六條標準：「自由的而非奴隸的，進步的而非保守的，進取的而非退隱的，世界的而非鎖國的，實利的而非虛文的，科學的而非想像的。」〔註7〕陳獨秀希望青年人能夠按照他所概括的這個關於「新」的時代標準，勇敢地做出個人抉擇，做自己的主人。他在另一篇文章《新青年》中，再次以「新」爲號召，要求青年人都奮發向前，努力做「新青年」，不要停留和追逐「舊青年」的行列。他給青年人提出兩個忠告和建議：其一，「青年之精神欲求此除舊布新之大革命，第一當明人生歸宿問題。人生數十年寒暑耳，樂天者蕩，厭世者偷，唯知於此可貴之數十賽暑中，量力以求成相當之人物爲歸宿者得之……一切未來之責任，畢生之光榮，又皆於此數十寒暑之青年時代十數寒暑植其大本，前瞻古人，後念來者，此身將爲何如人，自不應僅以做官求榮爲歸宿也。」這一條建議主要是在談個人的社會價值，即個人要擔負起社會責任，不能僅以做官求榮爲目的。其二，青年人「當明人生幸福問題。

---

〔註 7〕任建樹編，陳獨秀著作選，第 1 卷〔M〕，上海：上海人民出版社，1993：127
　　　～135。

人之生也，求幸福而避痛苦，乃當然之天則。」但是在陳獨秀看來，「以個人發財主義爲幸福者，是不知幸福爲何物」，他主張青年人在人生幸福問題上要有五種觀念，「一曰畢生幸福，悉於青年時代造成其因；二曰幸福內容，以強健之身體正當之職業稱實之名譽爲最重要，而發財不與焉；三曰不以個人幸福損害國家社會；四曰自身幸福，應以自力造之，不可依賴他人；五曰不以現在暫時之幸福，易將來永久之痛苦。信能識此五者，則幸福之追求，未嘗非青年正當之信仰。」通過關於幸福的五種觀念，陳獨秀說明了個人主義的價值追求，需遵循什麼樣的原則才是健全和合理的，最主要在之處在於要懂得平衡個人和他人、社會之間的利益關係。他認爲只要幸福觀是完善的合理的，那麼個人主義也可以成爲青年人的價值準則和行動信念。這實際上就肯定了個人主義價值追求的正當性。陳獨秀希望青年人要勇於自我變革，努力肅清頭腦子中的腐敗下流、齷齪下流的舊思想舊觀念，做符合現代社會要求的「新青年」，而他創辦《新青年》的原本宗旨，就是要促成這種轉變。

受《新青年》的影響，後來很多刊物都把「立人」作爲自己的宗旨和原則。像《浙人》旬刊在其創刊宣言中就稱：「今天是『浙人』誕生的日子，不管人們是愛他，還恨他，或者詛咒他，但是他具有奮鬥精神，獨立精神，互助精神，象生鐵鑄成一般的，一個健全的『人』。凡『人』講的話，他不怕勢力強權，橫逆降臨，總要大講特講。倘你們當作眼中釘，要七思八想來誅滅他，他必定要和你們奮鬥！倘奮鬥不過，一時夭亡，他決定要再生，仍舊要和你們來奮鬥；或者他再生後，不僅僅他一個『人』，還要化出許多的『人』來；因爲他是全浙江『人』魂靈的總和。」〔註8〕傳播「人」的思想，提倡「人」的生活，建全「人」的社會，這就是《浙人》的辦刊宗旨，任何非「人」的思想，非「人」的生活和非「人」的社會，都必須反對。

《教育潮》雜誌在其發刊詞中，更是將這種關於「人」的思想新潮流作了明確概括，指出新社會與舊社會，現代社會與傳統社會，在思想方面最主要的差別在於是否以人爲本位，文章說：「二十世紀之新潮流，人的潮流也。即基於以人爲本位的思想，成爲以人爲本位之世界大勢，排去一切不以人爲本位之舊社會現狀，而改造以人爲本位之新社會現狀之潮流。」在這種思想潮流之下，無論政治、經濟、外交還是教育，都應該「由人類利用之，以達

---

〔註8〕宋惠昌，人的發現與人的解放——近代中國價值觀的嬗變〔M〕，成都：四川人民出版社，2008：314。

高尚之目的，又以人爲本位。」而以人爲本位的現代教育，其方針是「主張人格教育，尙自動，尙自由，尙自治，尙自律而已。」〔註9〕可見，以人爲本位思想當中的「人」，是自由的、獨立的，具有主體性的個體。

五四新文化運動是「立人」的運動，這個「人」不是梁啓超所概括的抽象的政治意義上的理想「國民」，而獨立的自由個體，以「新青年」爲特徵和形象的，青春洋溢，飽含激情，充滿生命氣息的，生動的、鮮活的個性。正像李大釗的《青春》把「新青年」與青春，白首（中國）與青春（中國）緊密聯繫起來看待一樣，《新青年》塑造的「新青年」的青春形象，正是對現代民主政體下的理想「國民」形象的呼喚。「青年」一詞代表了希望、活力、激情、力量、除舊布新，是與青春中國相對應的；而「老年」則代表著僵化、衰敗、昏潰和苟延殘喘，是與老大帝國對應的。從人的現代化角度來看，「新青年」較之「新民」更能體現出現代人的特徵。陳獨秀的對「新青年」六點特徵的概括，和幾十年後英克爾斯關於現代人的 12 個特徵的概括，在內容上是比較相似和接近的。對此，我們不得不佩服陳獨秀對現代人的敏銳觀察力和深刻洞察力。

從戊戌變法時期開始的改造國民性運動，其思想邏輯在於把改造中國社會拯救民族危亡的關鍵點定位於現代「國民」的培養和塑造，五四新文化運動把塑造現代「國民」的落腳點放在了青年一代身上，使改造國民性運動變得具體和切實可行了。由此我們也就看到，五四新文化運動較之以前的「新民」運動，體現出更明顯的實踐性特徵。五四新文化運動最主要的成就，不是在思想觀念上取得多大的突破，而是在實踐的方面深刻影響和改變了中國人特是青年人的生活方式。在《新青年》的指引和號召下，許多青年知識分子和青年學生紛紛行動起來，他們都試圖把把追求個人幸福生活和改造中國社會這兩者結合起來，爭做社會的主人。在生活方面，五四新文化時期討論最爲突出的是對舊婚姻制度的批判，大家反對「父母之命，媒妁之言」的傳統包辦婚姻，強調個人愛情自由，婚姻自由。此外，婦女剪髮、男女同校等等具體問題，也被廣泛討論和實踐，這些都反映出五四新文化運動眞正觸動和改變了人們的日常生活的結構和行爲方式，這種改變遠遠超過了辛亥革命以後國民政府以立法的方式在移風易俗方面造成的影響和改變。當時的青年

---

〔註9〕宋惠昌，人的發現與人的解放——近代中國價值觀的嬗變〔M〕，成都：四川
　　　人民出版社，2008：315。

人在追求個人解放的同時，還非常關注對整個社會的改造，並自覺投身進來。從認識方面來說，將兩者結合是陳獨秀從一開始就倡導的。而從實際的方面來說，個人的解放，幸福生活的實現，還有賴於社會來創造和提供條件，沒有美好的社會怎麼可能有幸福美好的個人生活。將追求理想的個人生活和追求理想的社會兩者相結合，在青年學生中間體現得格外明顯。當時，各種同學會、研究會、文學社等學生社團如雨後春筍般紛紛成立，青年學生們一方面學習研究各種社會理論，另一方面積極走出校園試驗這些理論，比較有名的像「工讀互助社」、「新村運動」等等。雖然青年學生進行的這些改造社會的嘗試多少都帶有一點烏托邦色彩，並且最後都以失敗告終，但是他們的行為也從另一個側面表明，新文化運動達到了其最初的目的，青年人被「立」起來了，他們實際行動起來，要爭做社會的主人。1919 年夏由學生率先發動並迅速席捲全國的反帝愛國運動，從思想根源上來講，就是新文化運動所造成的結果。中國雖弱，但中國人要表達自己的聲音和主張，而不是聽任由國聯和列強們來決定自己領土的命運。作為新文化運動的主將之一，胡適雖然表示反對學生的五四運動，但是他的反對在邏輯上是矛盾的，在實際上也無效。五四學生愛國運動本身就是新文化運動造成的一個結果，新文化運動以「立人」宗旨，強調確立個人在社會生活中的主體性，而學生主動行動起來，這不正是人的主體性的體現，不正是新文化所期望的嗎？新文化運動把青年人的主動性調動起來了，究竟該如何生活和改造中國社會，無論對與錯，從此以後他們將不再聽從啓蒙思想家們的教導，而是要自己去選擇和創造。

## 6.2 立人的兩個維度

五四新文化運動是「立人」的思想啓蒙運動。「立人」，用陳獨秀的說法來講，就是要實現「多數人的覺悟」。陳獨秀所期待的這個「覺悟」，從人的認知判斷方面來說就是要樹立起科學的思維方式，從人的價值選擇方面來說就是確立起完善的個人主義。所以，「科學」與「民主」，不僅僅是五四新文化運動的兩面思想旗幟，同時也是「立人」的兩個基本維度。

在五四新文化運動期間，很多先進的知識分子都圍繞著科學與民主兩大主題進行思想探討，用文學、藝術、詩歌、時評、政論等多種體裁形式發表了很多文章，推運了新文化運動的發展，陳獨秀、李大釗、魯迅、胡適、高

一涵等人是其中的主要代表，但是他們的思想又各具特色各有側重點。本文中筆者主要選取魯迅和胡適兩個人的思想作爲典型，來討論五四新文化運動「立人」的兩個基本維度。

## 6.2.1　魯迅對個人價值的堅守

個人本位主義的價值原則，在魯迅的著作當中表現得最爲突出。雖然新文化運動是由陳獨秀首先倡導的，但是魯迅卻比他更早看到了改造國民性的眞正價值在於「立人」。「尊個性而張精神」，是魯迅早在辛亥革命之前就明確提出來的觀點，而且他在後來的文學創造中始終堅守這個原則。正是由於長期堅持對中國人的國民性進行了深刻剖析，魯迅才被後人稱爲「國民性剖析大師」。

魯迅的青少年時期，正值中國處在危亡之時。他樹立起「實業救國」的夢想，到南京求學時先學海軍，又學開礦，希望能推動國家富國強兵，但甲午戰爭宣告了洋務運動的失敗，他的實業夢也就破滅了。後來他又帶著「科學救國」的願望東渡日本求學，他選擇學醫是希望通過增強國民體質以改變中國人「東亞病夫」的狀況，從而實現民族振興。在《吶喊·自序》中，魯迅回顧了他棄醫從文走上思想啓蒙道路的過程：「有一回，我竟在畫片上忽然會見我久違的許多中國人了，一個綁在中間，許多站在左右，一樣是強壯的體格，而顯出麻木的神情。據解說，則綁著的是替俄國做了軍事上的偵探，正要被日軍砍下頭顱來示衆，而圍著的便是來賞鑒這示衆的盛舉的人們。」〔註 10〕當他看到日本人屠殺中國人時，而許多身強體壯的中國「看客」思想麻木到「以凶人的愚妄的歡呼，將悲慘的弱者的呼號遮掩」，涼薄到「拿他人的苦，做賞玩、做慰安」「自己的本領只是幸免」時，魯迅思想上受到很大的震動。自從那一次經歷過後，魯迅便覺得學習醫學並不是一件最緊要的事情，「凡是愚弱的國民，即使體格如何健全，如何茁壯，也只能做毫無意義的示衆的材料和看客，病死多少是不必以爲不幸的。」〔註 11〕由此他認爲改變中國人的精神面貌是第一位的任務，「最要緊的是改造國民性，否則，無論是專制，是共和，是什麼什麼，招牌雖換，貨色照舊，全不行的。」〔註 12〕據許壽裳回憶，魯迅在

〔註 10〕魯迅，魯迅全集，第 1 卷〔M〕，北京：人民文學出版社，1981：438。
〔註 11〕魯迅，魯迅全集，第 1 卷〔M〕，北京：人民文學出版社，1981：438。
〔註 12〕魯迅，魯迅全集，第 1 卷〔M〕，北京：人民文學出版社，1981：232。

日本弘文學院深入思考了三個相互關聯的問題，即：「一，怎樣才是理想的人性？二、中國民族中最缺乏的是什麼？三、它的病根何在？」〔註13〕從此後，魯迅逐漸走上了思想啓蒙的道路。

魯迅後來寫了《文化偏至論》等幾篇文章。在這些文章中，魯迅否定「興業振兵」主張，批判軍事救國、實業救國及單純的科學救國等主張，認爲這些學習西方的做法都是在捨本逐末。他還批判了君主立憲之說。他敏銳地認識到，西方的現代物質文明猶如草木的枝葉，其根本在於崇尚源遠流長的「平等」、「自由」精神，所以要救中國，必須先解放個人，只有每一個人都覺醒了，都能最大限度地發揮其潛能，每一個人都成爲高大健全的個體，並聚合爲一個整體，整個國家的力量才會強大，明確地指出：「西方資本主義上陸時期的強盛，根柢在人」。因此他主張：「是故將生存兩間，角逐列國是務，其首在立人，人立而後凡事舉。」〔註14〕只要「人」立起來，「國人之自覺至，個性張，沙聚之邦，由是轉爲人國。人國既建，乃始雄厲無前，屹然獨見於天下。」至於「立人」的途徑，他提出「若其道術，乃必尊個性而張精神。」〔註15〕「立人」就是要堅持以人爲本，促進個性解放。

五四新文化運動前後北洋軍閥統治下的中國社會一片黑暗，思想文化界尊孔讀經的逆流湧起，傳統意識中阻礙社會前進的落後因素還存在於相當一部分中國人的精神世界裏，這一切同中國人擺脫奴隸地位、建立理想人格與幸福地生活所應有的主客觀條件還距離甚遠。「人國」理想的破滅，使魯迅一度感到苦悶和無助，漸漸地他認識到改造國民性比推翻滿清更艱巨，是當下最爲緊迫的改革任務，「最初的革命是排滿，容易做到的，其次的改革是要國民改革自己的壞根性，於是就不肯了。」〔註16〕魯迅雖然意識到民族性一旦形成，無論好壞都不容易改變，但是爲了適應社會改革和國家建設的需要，他還是堅決主張改造國民性，並強調「此後最要緊的是改革國民性」。〔註17〕

魯迅堅持文藝創造作爲了「爲人生」，他把文藝作爲改造國民性的主要手段。他後來在《我怎麼做起小說來》這篇自述裏這樣解釋：「說到『爲什麼』做小說罷，我仍抱著十多年前的『啓蒙主義』，以爲必須是『爲人生』，而且

〔註13〕許壽裳，我所認識的魯迅・回憶魯迅〔M〕，北京：人民出版社，1978：39。
〔註14〕魯迅，魯迅全集，第1卷〔M〕，北京：人民文學出版社，1981：44。
〔註15〕魯迅，魯迅全集，第1卷〔M〕，北京：人民文學出版社，1981：44。
〔註16〕魯迅，魯迅全集，第11卷〔M〕，北京：人民文學出版社，1981：31。
〔註17〕魯迅，魯迅全集，第3卷〔M〕，北京：人民文學出版社，1981：104。

要改良這人生……所以我的取材，多採自病態社會的不幸的人們中，意思是在揭出病苦，引起療救的注意。」〔註18〕解剖國民性成了他的小說與其它雜文的重要主題。雜文《我之節烈觀》、《我們現在怎樣做父親》，小說《狂人日記》、《孔乙己》、《阿 Q 正傳》等等，既是反對封建禮教的戰鬥檄文，也是對國民性的深刻剖析。在這些作品中，魯迅揭示國民劣根性的種種表現：阿 Q 精神勝利法、自欺欺人、欺軟怕硬、諱疾忌醫和麻木健忘等等。他認為這些劣根性均根源於奴性心理。因而必須批判和剷除幾千年發展起來的專制文化。

魯迅分析認為，兩年多年來中國歷代封建統治者為了君主的權威和他們的江山社稷，培育發展出的是一整套致力於秩序和統治的典型的群體本位主義文化。這種群體本位主義文化從根本上說無視個人的價值和尊嚴，否認和扼殺個性發展，尤其後來發展到畸型極致，為了維護君主和宗族的利益，不惜扼殺個體生命。因為這個原因，魯迅批判以儒家為主要代表的封建專制主義文化是赤裸裸的毫無人性的吃人文化。吃人的封建文化造就的不可能是真正的、個體的人，中國從來就缺乏真正個體意義上的人，向來只有與君主對應被當作工具和受支配者的「民」或者「臣民」。魯迅說：「中國人向來就沒有爭到過『人』的資格，至多不過是奴隸，到現在還如此，然而下於奴隸的時候，卻是數見不鮮的。」「中國的歷史不過是：一，想做奴隸而不得的時代；二，暫時做穩了奴隸的時代。」〔註19〕

魯迅的國民性改造思想，在國內受到來自維新改良派和革命共和派兩方面的影響。首先，他繼承晚清資產階級維新改良派的國民性改造思想。嚴復的《天演論》、梁啟超的《新民說》等著作影響了一代中國人，魯迅自然不在例外。除了此之外，革命黨人的思想對魯迅影響也很大，尤其是鄒容和章太炎兩個的言論。鄒容的《革命軍》高呼「拔去奴隸之根性」是那個時代的最強音。魯迅曾在《墳·雜憶》中對鄒容作了高度評價，「倘說影響，則別的千言萬語，大概都抵不過淺近直截的『革命軍馬前卒鄒容』所做的《革命軍》」。〔註20〕而魯迅的老師章太炎看到了革命過程中存在的弊端，提出了救國和救民並舉，主張用宗教發起信心，增進國民道德，用國粹等激動種性，喚起愛國熱情；主張用革命精神來消除民族性格中的怯懦、詐偽、浮華，克服畏死

〔註18〕魯迅，魯迅全集，第 4 卷〔M〕，北京：人民文學出版社，1981：512。
〔註19〕魯迅，魯迅全集，第 6 卷〔M〕，北京：人民文學出版社，1981：212。
〔註20〕魯迅，魯迅全集，第 1 卷〔M〕，北京：人民文學出版社，1981：331。

心、拜金心、退卻心等等。國學大師章太炎雖然是一個道德論者，卻又堅決反對一切社會束縛對個性的壓抑，主張個性絕對自由。作爲章太炎的學生，魯迅深受其師關於個性自由的思想啓發。

其次，魯迅的思想還受到來自西方的天賦人權說、社會契約論等社會學思想的影響。科學、民主、自由、獨立等現代性觀念是魯迅批判中國國民劣根性、建構理想國民的重要依據。但是，魯迅更多地是受到西方現代人本主義思潮的影響。18 世紀以來，西方啓蒙運動確立了對人的理性崇拜，認爲人在本質上是理性的，理性可以使人獲得自由。但到 19 世紀末 20 世紀初理性主義帶來的社會問題日益暴露。資本主義社會在理性的推動下取得了極大的物質成果，而人卻被嚴重異化了。在這種社會背景下，作爲理性主義對立面的非理性主義思想開始流行起來。20 世紀初在日本留學的魯迅不可避免地受這種新思潮的影響。魯迅對克爾凱郭爾、叔本華、易卜生等人本主義者大師的著作多有研究和借鑒。魯迅提的「張個人排眾數」，就可以看到丹麥存在主義哲學家克爾凱郭爾的思想痕跡。魯迅很認同易卜生的觀點：「世界上最強壯有力的人，就是那孤立的人。」〔註21〕魯迅還十分欣賞和稱讚尼采，說他「是『軌道破壞者』，其實他們不單是破壞，而且是掃除，是大呼猛進，將礙腳的舊軌道不論整條或碎片，一掃而空。」〔註22〕

魯迅首先心痛地揭示了中國人奴隸性的歷時性和普遍性。在他看來中國人向來沒有爭得過「人」的地位，至多不過是奴隸。中國的歷史只是「想做奴隸而不得的時代」和「暫時做穩了奴隸的時代」的不斷循環而已。所以中國百姓就希望有一個一定的主子，拿他們去做百姓就行了。到了「想做奴隸而不得的時代」，那就更加發出「莫作亂離人，寧爲太平犬」的哀歎聲，但叫他起來反抗是絕對不可能的。魯迅對這樣的民眾是痛下針砭和斥責的。

魯迅對奴隸性批判的深刻之處在於他一方面異常犀利和準確地描述了中國人的主奴根性，另一方面維妙維肖地刻畫了中國人獨有的自欺欺人的「精神勝利法」。在魯迅看來，中國人可以說個個都是以奴自處的奴隸，對於比自己強的向來是逆來順受，自甘於屈辱卑賤而不自知，然而另一方面卻又是做奴役他人的主子，眼見比自己更弱者則會以強凌弱，加倍欺壓更弱的人們。「專制者的反面就是奴才，有權時無所不爲，失勢時卻奴性十足。」「做主子時以

---

〔註21〕 魯迅，魯迅全集，第 1 卷〔M〕，北京：人民文學出版社，1981：333。
〔註22〕 魯迅，魯迅全集，第 1 卷〔M〕，北京：人民文學出版社，1981：212。

一切別人為奴才，則有了主子，一定以奴才自命；這是天經地義，無可動搖的。」〔註 23〕魯迅創造的藝術形象阿Q，集中體現了中國人在長期專制下形成的的雙重奴性。

在魯迅看來，封建的專制等級制度是造成國民劣根性惡果的罪魁禍首。但作為觀念的人，歸根到底是文化的產物，魯迅清楚地意識到，封建專制所衍生出的封建文化觀念，通過代代相傳、反覆灌輸和浸染，是造成中國人理性喪失，陷入蒙昧的直接原因。中國封建思想文化是「吃人」和「蒙人」的禮教，是造成「國民劣根性」的劊子手，是「害己害人的昏迷和強暴」。

與當時絕大多數主張國民性改造的思想家的主張不同，魯迅改造國民性一開始就是緊扣著「人」這個中心點的。當時，主張國民性改造的思想家，不論是屬於資產改良主義派，還是屬於資產階級革命派，幾乎無一例外地從愛國主義的角度出發強調群體至上性。梁啓超擔心「自由」的「民」會對「國」造成紛亂，因此他不惜犧牲「人」的存在。即使到了五四新文化時期，有相當多的知識分子儘管主張發展個性，突出個體，但是這種個體的張大的邏輯起點依然是民族和國家，「個人權利主義者，非個人權利主義，實公德之建築場也。」〔註 24〕

魯迅的「立人」思想是從堅持以個體生命為出發點，認為無論是家庭秩序還是社會秩序，都應該是有利於個體生命的生存和發展。以人為本的個人主義立場在魯迅的著作中得到了始終如一的貫徹。他的「立人」思想在五四新文化運動中很具有代表性，表現出在看待社會現代化發展的立場上，價值尺度發生了轉變。而個人主義思想的興起，恰恰是文化現代化一個重要的特徵。個人利益問題在康梁時代是被知識分子所考慮的，「用民」是基本的思想主張，而五四新文化運動以後，「為民」「立人」逐漸成為主要的思想主張。但是，當知識分子著眼於尋求「立人」的方式與途徑時，又不得不轉而考慮改造社會的問題。而為單單是靠思想啓蒙來改造國民性，是不足以「立人」的。如果沒有正常的社會，個人連立足之地都沒有，又談得上什麼個人權利和幸福呢。

## 6.2.2 胡適對科學方法的貫徹

同樣作為新文化的主將，胡適與魯迅明顯不同的的地方在於，魯迅的特

---

〔註23〕魯迅，魯迅全集，第 1 卷〔M〕，北京：人民文學出版社，1981：212。
〔註24〕張汝倫，現代中國思想研究〔M〕，上海：上海人民出版社，2001：168。

點在於堅持個人主義，而胡適則更加注重倡導科學方法和科學精神，胡適希望弘揚科學的懷疑精神和和探索方法，來培養中國人的科學思維和科學素養，改造國民性。胡適一貫堅持致力於弘揚科學精神和科學方法。當初在《胡適文存》出版時，胡適在自序中的講話可以體現出他對科學和理性的堅持和貫徹。他自己說，文存「除了一、九兩卷發表他的一點主張外，其餘七卷都可算是說明治學方法的文字，即都是方法論的文章」。

如同郭湛波所評價的那樣，陳獨秀在新文化運動中的貢獻主要在於對舊思想舊文化的批判和破壞，而胡適的貢獻則在於介紹西方的科學思想和運用科學方法整理國故。胡適之所以要不遺餘力地倡導和推行整理國故，原因在於他認為文化作為文明的形式，對於一個民族和國家是十分重要的。任何一個民放和國家都離不開文化，因文化而存在。中國的傳統文化越來越落後於時代，表現了許多病態。因此，整理國故，對傳統文化進行梳理，是為了讓中國文化得到傳承和發展。胡適認為，「新文化運動的目的是再造中國文明」。〔註25〕

東西方文化爭論由來已久。對於當時流行的看法，即認為西方文明是物質的而東西文明是精神的，胡適非常不認同。胡適認為文明是一個民族應付他的環境的總成果，而文化則是由文明所形成的具體生活方式，任何一種文明所造成的文化，都具有兩個因子，一個是物質的，一個是精神的。他反對人們在對東西文化進行比較時，將二者割裂並對立起來，「凡文明都是人的心思智力運用自然界的質與力的作品；沒有一種文明是精神的，也沒有一種文明單是物質的。」〔註26〕

在胡適看來，理智上的差差異才是東西方文明之間的根本差異，東方文明最大的特點是知足，因而不思進取；而西方文明恰恰相反，最大的特點是不知足，因而不斷創新。他認為東方文化是「自暴自棄的不思不慮」，而西洋文化是「繼續不斷的尋求真理」。西洋人由於在物質上的「不知足」，於是「產生了今日鋼鐵世界、汽機世界、電力世界；理智上的不知足產生了今日的民權世界、自由政體、男女平權的社會，勞工神聖的喊聲，社會主義的運動。神聖的不知足是一切革新一切進化的動力。」而東方人由於不思進取，「自安於簡陋的生活，故不求物質享受的提高，自安於愚昧，自安於『不識不知』，

---

〔註25〕歐陽哲生編，胡適文集，第5卷〔M〕，北京：北京大學出版社，1998：508。
〔註26〕歐陽哲生編，胡適文集，第4卷〔M〕，北京：北京大學出版社，1998：3。

故不注意眞理的發現與技藝器械的發明；自安於現成的環境與命運，故不想征服自然；只求樂天安命，不想改革制度，只圖安分守己；不想革命，只想當順民。這樣受物質環境的拘束與支配，不能跳出來，不能動用人的心思智力來改造環境，改良現狀的文明，是懶惰不長進的民族的文明，是眞正唯物的文明。這種文明可遏抑而決不能滿足人類。」〔註27〕言語中對東方文明充滿了批評。

中國的傳統文化存在著「文化惰性」。胡適認爲，中國文化的這個毛病和不足，只有通過學習和借助西方文化的長處來彌補。他認爲科學是西方人最大的長處，「西洋近代文明的精神方面的第一特色是科學」，中國人要學習這個長處。胡適主張文化的科學化，用科學文化來造福人們，他說：「科學可以減輕人類的痛苦，提高人生的幸福，所以現代世界文化第一個理想目標是充分發展科學，充分利用科學的成果來改善人們的生活。」〔註28〕

胡適所提倡的科學，不僅僅指科學知識和科學文化，最爲本質的是指科學精神。他認爲：「科學的根本精神在於求眞理。人生世間，受環境的逼迫，受習慣支配，受迷信與成見的拘束。只有眞理可以使你自由，使你強有力，使你聰明聖智；只有眞理可以使你打破你環境裏的一切束縛。使你勘天，使你縮地，使你天不怕，地不怕，堂堂地做一個人。」〔註29〕「科學的文明教人訓練我們的官能智慧，一點一滴地去尋求眞理，一絲一毫不放過，一銖一兩地積起來。這是求眞理的惟一法門。自然（Nature）是一個最狡猾的妖魔，只有敲打可以逼她吐露眞情。不思不慮的懶人只好永遠作愚昧的人，永遠走不進眞理之門。」〔註30〕胡適認爲求知是人天生的一種精神上最大的要求，但中國文明對於人求知的精神要求，「不但不想滿足他」，反而「常想裁制他，斷絕他」。胡適認爲，中國人由於受傳統文化特別是儒家中庸思想的影響，普遍地缺乏實事求是的科學精神，樂於做「差不多先生」，得過且過、麻木不仁、明哲保身、甘居中游、安於現狀、不思進取，長期以往養成了迷信、武斷、籠統、虛僞、矯飾等缺點。他認爲提倡科學文化，弘揚科學精神和科學方法，有助於改變中國國民的這些缺陷。

〔註27〕歐陽哲生編，胡適文集，第 5 卷〔M〕，北京：北京大學出版社，1998：509。
〔註28〕歐陽哲生編，胡適文集，第 5 卷〔M〕，北京：北京大學出版社，1998：511。
〔註29〕歐陽哲生編，胡適文集，第 2 卷〔M〕，北京：北京大學出版社，1998：508。
〔註30〕歐陽哲生編，胡適文集，第 2 卷〔M〕，北京：北京大學出版社，1998：509。

　　胡適自己身體力行，不遺餘力地宣揚科學精神和示範科學方法，並把自己的文章稱爲「方法論文章」，其根本目的就是希望中國人能夠「學得一點科學精神，一點科學態度，一點科學方法」。他指出：「科學精神在於尋求事實，尋求眞理。科學態度在於撇開成見，擱起情感，只認得事實，只跟著證據走。科學方法只是『大膽的假設，小心的求證』十個字。沒有證據，只可懸而不斷；證據不夠只可假設，不可武斷；必須等到證實之後，方才奉爲定論。」〔註31〕在胡適看來，改造國民性最根本的要求是要樹立科學的人生觀。國民要瞭解科學是現代文明的重要特徵，學會以科學的精神、態度和方法來對待、解決人生過程中的各種問題。

　　胡適對科學知識及其精神的理解，主要受到美國哲學家杜威的實驗主義思想的影響。杜威堅持的是實用主義的主觀眞理觀，他認爲，所有概念、學說的價值不在於它們本身，而在於它們所能造就的結果中顯現出來的功效，歸結起來說就是「有用即眞理」。與馬克思主義認識論強調眞理的客觀性不同，杜威主張科學知識的眞理性在於它是對人的需要的滿足。科學知識作爲人的經驗，是人適應環境的產物，而經驗一旦被證明是有效的，它就會成爲人們應付環境處理實際問題的工具。胡適多次強調自己的思想是受到杜威的影響，他認爲「杜威的哲學的最大目的是怎樣能使人有創造的思想力。」

　　胡適把杜威獲得眞理性認識的研究方法概括爲五步：「第一階段爲思想之前奏（antecedent）。這是一個困惑、疑慮的階段。這一階段導致思想者認眞去思考。第二階段爲決定疑慮和困惑究在何處。第三階段〔爲解決這些困惑和疑慮〕思想者自己會去尋找一個〔解決問題〕的假設；或面臨一些〔現成的〕假設的解決方法任憑選擇。第四階段，在此階段中，思想者只有在這些假設中，選擇其一作爲對他的困惑和疑慮的可能解決的辦法。第五，也是最後階段，思想的人在這一階段要求證，把他〔大膽〕選擇的假設，〔小心的〕證明出來那是他對他的疑慮和困惑最滿意的解決。」〔註32〕後來胡適又將他的這個思想進一步濃縮概括爲「大膽的假設，小心的求證」十個字，強調對一些問題要「拿證據來」，並要以「科學實驗的態度」來對待。他承認是「杜威對有系統思想的分析幫助了我對一般科學研究的基本步驟的瞭解」。正是受到杜

---

〔註31〕歐陽哲生編，胡適文集，第 2 卷〔M〕，北京：北京大學出版社，1998：512。
〔註32〕歐陽哲生編，胡適文集，第 2 卷〔M〕，北京：北京大學出版社，1998：554
　　　　～555。

威的啓發，胡適提出要以科學的態度對待中國文化。他認爲要實現中國文化
的現代化，這必定是一個系統的思想工程，要逐步推進，其步驟是：研究問
題，輸入學理，整理國故，再造文明。在胡適看來，這也就是新文化新思潮
的根本意義所在。

　　胡適倡導要研究問題。他認爲要「多研究些問題，少談些主義」，要研究
「社會人生切要的問題」，比如像新文化運動中激烈討論的孔教問題、禮教問
題、文學改革問題、女子解放問題、國語統一問題、教育改良問題問題、戲
劇改良、婚姻問題、貞操問題、父子問題等等，這些都是中國人生活中的最
具體最現實的問題，研究這些問題比談主義更爲緊要。之所以要研究這「關
切人生」『「逼人的活問題」，是因爲：「我們的社會現在正當根本動搖的時候，
有許多風俗制度，向來不發生問題的，現在爲不能適應時勢的需要，不能使
人滿意，都漸漸的變成困難的問題，不能不澈底研究，不能不考問舊日的解
決法是否錯誤；如果錯了，錯在什麼地方；錯誤尋出了，可有什麼更好的解
決方法；有什麼方法可以適應現時的要求。」〔註 33〕實際上胡適提到的這些
問題，都是中國社會現代化轉型過程中必然要產生，又不得不解決的社會問
題，這些具體問題涉及政治、經濟、教育、宗教等社會的許多方面，胡適認
識到了中國現代化問題的廣泛性，絕非僅從政治上就能完全解決，但他由此
而刻意地迴避政治，又顯得過於僵化和呆板。由於一味遵循著「多研究些問
題，少談些主義」的行動原則，胡適所倡導的整理國故運動，後來與當時社
會思潮的發展趨勢漸漸脫節。整理國故雖然在學術挖掘整理上取得了不少突
出成績，但並沒有由此實現再造中國文明的目標。

　　要研究和解決問題，就必須輸入學理。研究問題與輸入學理是相互依存
的關係。離開了具體的社會問題，任何思想理論都只是抽象的教條，沒有實
際意義和價值；反過來，研究具體問題如果不以科學的方法論作爲指導，則
不得問題要領，不能最終解決問題。胡適認爲，做輸入學理工夫的人，雖然
存在五種不同的思想動機，但都帶著一種「評判的態度」，「總表示對於舊有
學術思想的一種不滿意，和對於西方的精神文明的一種新覺悟」。〔註 34〕也就
是說，在研究問題過程中輸入學理具有重要作用，其作用在於可以用學理來

---

〔註 33〕歐陽哲生編，胡適文集，第 2 卷〔M〕，北京：北京大學出版社，1998：553。
〔註 34〕歐陽哲生編，胡適文集，第 2 卷〔M〕，北京：北京大學出版社，1998：554
　　　　～555。

解釋問題的意義，或者可以從學理上尋求解決問題的方法。但更重要的作用
是，在研究問題的過程中輸入學理，能使人於不知不覺之中感受學理的影
響，「以使讀者漸漸的養成一種批評的態度，研究的興趣，獨立思想的習慣」。
〔註 35〕胡適提倡在研究中輸入學理，明顯是注重學理的方法論意義，看重的
是學理對國民科學思維的塑造作用。

　　胡適認為，「整理國故」是實現中國文明再改造過程中的一個重要步驟。
在他看來，要研究問題和輸入學理，必然就是整理國故。新文化運動提出要
「重新估定一切價值」，但並不是盲目地反對一切舊文化，對中國舊文化需要
以積極的、科學的評判態對待，這個態度就是「整理國故」。胡適指出中國古
代的學術思想向來沒頭緒，沒條理，沒系統。因此胡適提出整理國故運動要
分四步走，第一步就是要有條理有系統的進行整理；接著是第二步，要考察
每一種學術思想的發生、發展及其後果和影響；隨後第三步，則要用科學的
方法作精細準確的考證；最後一步，綜合前三步研究，對各家各種學術思想
作客觀如實的評價，「各家都還他一個本來真面目，各家都還他一個真價值」。
〔註 36〕胡適認為要以科學評判的態度來對待傳統文化，力求在傳統文化和現
代文明之間找到一個結合點。胡適的這些主張是新文化運動中方法論意義上
的思想解放，而他所倡導的「整理國故運動」則是新文化運動發展的一個合
乎邏輯的必然產物，它體現了新文化運動在學術文化領域的延續，進一步推
動了中國傳統學術的現代轉型。

　　研究問題，輸入學理，整理國故，所有的工作和努力，最後都都結到一
個目標上，即「再造文明」。為了實現這個目的，胡適主張全面地學習西方。
首先要對自己民族作深刻的反省，要「造成一種心理，要肯認錯，要大徹大
悟地承認我們自己百不如人」。只有造成這樣的心理和態度，中國人才會心甘
情願地向西方先進國家學習。胡適提出中國人應當放低姿態謙虛地向西方人
學習，「我們必須學人家怎樣用鐵軌、汽車、電線、飛機、無線電，把血脈貫
通，把肢體變活，把國家統一起來。我們必須學人家怎樣用教育來打倒愚昧，
用實業來打倒貧困，用機械來征服自然，抬高人的能力與幸福。我們必須學

〔註35〕歐陽哲生編，胡適文集，第 2 卷〔M〕，北京：北京大學出版社，1998：554
　　　　～555。
〔註36〕歐陽哲生編，胡適文集，第 2 卷〔M〕，北京：北京大學出版社，1998：557
　　　　～558。

人家怎樣用種種防弊的制度來經營商業，整理國家政治。」〔註37〕胡適認爲，一個現代國家不是靠一堆昏庸老朽的頭腦造得成的，也不是口號標語喊得出來的，只有老老實實地學習西方人治人富國的組織與方法。

在如何再造中國文明的問題上，胡適主張要從科學技術、文化教育、實業經營到國家政治等等方面全面地向西方學習，這很容易讓人認爲他是主張「全盤西化」的。但實際上胡適這個帶有實用主義色彩的對策是基於一個基本的認識，即中國「百不如人」。從晚清時期馮桂芬得出的「五不如夷」，到民國時期胡適得出的「百不如人」，這種認識上的變化並非是他們崇洋媚外，相反恰恰體現中國人在文化認同上克服了長以期以來形成的中國文化至上思想，能夠在中西文化比較中做出客觀和符合實際的認識。後來，胡適在《充分世界化與全盤西化》一文中對這個問題進行過總結和回應，所謂的「全盤西化」實質上是「全力的現代化」和「充分的世界化」。〔註38〕

## 6.3　五四之後改造國民性的四個路向

五四愛國運動以後，改造國民性的思想探討的高潮開始回落，改造社會的探討又開始逐漸熱起來。中國共產黨建黨、國民黨改組、第一次國共合作、北伐戰爭……改造社會的政治運動一浪接著一浪，在大時代背景下，民族和國家的整體性問題往往比個人的問題更容易受到人們關注。從二十年代末開始的中國社會性質大論戰到三十年代中國現代化道路的大討論，民族、國家的發展道路和現代化問題一直擺在思考的中心位置，而對於改造國民性的思考則明顯地放在了輔助性地位。

二三十年代中國學術界和思想界最熱鬧的討論是關於中國社會性質的大論戰。學者們主要圍繞當時中國社會的性質問題展開了三次激烈的大爭論。爭論的焦點一開始是討論當時中國的社會性質是半殖民地半封建社會還是資本主義社會；後來又擴展到中國社會發展史方面，討論中國經歷了哪些社會形態和發展階段；最後又轉而討論中國農村社會的性質。

社會性質大論戰的原因，最初直接跟國民革命即大革命失敗有關。1927年國共分裂，國民革命高潮迅速回落，令許多人對中國革命的性質和前途感

---

〔註37〕歐陽哲生編，胡適文集，第 4 卷〔M〕，北京：北京大學出版社，1998：3。
〔註38〕歐陽哲生編，胡適文集，第 5 卷〔M〕，北京：北京大學出版社，1998：453。

到困惑。大革命爲什麼失敗，這場革命有沒有進行的必要性，中國應走什麼道路，中國應該向何處去。當時，很多人都在思考這樣的問題，並站在不同的立場上作出不同的認識和回答。事實上，與中國革命性質密切相關的問題，說到底就是中國的社會性質問題，因爲認清中國的社會性質，是認清中國革命的前提條件。毛澤東就指出過：「認清中國的國情，乃是認清一切革命問題的基本的依據」，「只有認清中國社會的性質，才能認清中國革命的對象、中國革命的任務、中國革命的動力、中國革命的性質，中國革命的前途和轉變」。〔註39〕當時，中共第六次全國代表大會總結大革命失敗的經驗教訓，分析中國社會性質和革命性質，認爲中國社會仍然是半殖民地半封建社會，中國現階段革命的性質是資產階級民主革命，革命的中心任務是反對帝國主義和封建主義，實行土地革命，建立工農民主專政。但陳獨秀不同意中共中央的這個意見，他認爲，經過1925～1927年的國民大革命，資產階級民主革命任務已經基本完成，封建勢力已經「受了最後打擊」，「變成殘餘勢力之殘餘」而不再眞正存在，他進一步認爲中國已經處於資本主義佔優勢的社會，中國未來的革命將是無產階級社會革命，但「中國此後若干年是沒有革命的」，無產階級「須等待中國民族資本主義發展到某種程度」的時候再去進行革命，而在「沒有革命局勢的現階段，應力爭徹底民主的國民會議」，「要利用國民會議的鬥爭來發動廣大的下層民眾反對國民黨資產階級的軍事專政」。〔註40〕陳獨秀的觀點得到一些人的認同，但與當時的中共中央意見相左，被稱爲「托派」或者「取消派」。除了以陳獨秀爲主要代表的「取消派」之外，以陶希聖爲代表的「新生命」派（因《新生命》雜誌而得名），以汪精衛爲代表的國民黨改組派，以胡適、梁實秋爲代表的「新月派」，以及以王禮錫、胡秋原爲主的「讀書雜誌」派、以李季爲主的「動力」派，紛紛撰文在雜誌上發表自己的觀點或主張。

這場中國社會性質大論戰前後持續時間長達十年，當時國內數十位最著名的思想家和學者都捲入了討論，大大加深了人們對中國國情的認識和瞭解，進一步推動了中國現代化探索。三十年代後，隨著社會性質大論戰的不斷深入，思想界進而展開了對中國未來出路即現代化問題的探討。許多人經

---

〔註39〕毛澤東，毛澤東選集，第2卷〔M〕，北京：人民出版社，1990：633。
〔註40〕中央檔案館編，中共中央文件選集，第5冊〔M〕，北京：中共中央黨校出版
　　　　社，1990：724～743。

過討論後都認為，當時中國面臨的危機，絕非單純的軍事問題，而是政治、經濟等各種問題的總匯，因此，中國應該有一個總體的方案，全面刷新政治制度、經濟方略、社會生活和個人生活，建設民主政治，增強行政與軍事的效率。雖然各人具體的觀點不同，但對於中國迫切地需要現代化這一點，幾乎達成了共識。對此，1933 年《申報月刊》還專門刊出「中國現代化問題號」特輯，邀約知識界人士撰文對中國現代化問題進行多方面探討，並連續刊載。此次討論關於中國現代化的探討，問題廣泛、深入而且具體。首先是明確提出現代化概念，並且討論了工業化、西方化、世界化、社會化等現代化的具體內涵。其次探討了中國現代化的前提性問題，即是要先推翻帝國主義和封建主義還是要先實行法治和發展經濟。然後還探討了如何利用外資的問題，關於現代化的要走什麼道路的問題，關於現代化的建設中心問題，即重工、重農還是工農並重。從總體上來看，在收到的 10 篇短論文和 16 篇專題論文中，完全贊成走私人資本主義現代化道路的只有 1 篇，其餘的論文都贊成或傾向於「非資本主義」和社會主義方式的現代化。第一次世界大戰爆發後，西方資本主義文明的弊端開始暴露，給一直以西洋為師的中國人造成諸多困惑，然而俄國十月革命成功以及社會主義建設的興起，無疑給中國共展示了一條現代化的新路。一方面帶著對西方資本主義文明的困惑和質疑，另一方面又懷著對蘇聯社會主義建設欣欣向榮的建設景象和巨大成就的嚮往，人們開始更加理性和務實地探索中國的現代化問題。

對人的現代化問題思考的回落，以及對民族、國家現代化問題思考的凸顯，是在三十年代國際國內環境發生變化的社會大背景下發生的。時代的轉換必然會引起思想主題的轉換，但思想的回落並不等於問題得到解決和思考結束，而一種更加具有理智性和現實性的思考。從此以後，改造國民性運動，亦即對人的現代化的探索，進入到一個更加實質性的階段。改造個人的問題和改造社會問題更加緊密地聯繫在一起，個性解放、個人幸福和民族獨立、國家富強的價值追求開始形成有機統一。當我們把個人視為社會的目的以後，就必然要從社會的方面來考慮如何為「立人」創造條件。人是社會的人，「立人」不是單單將「人」從思想上抽象地「立」起來而，而是要讓其紮根在社會當中，在社會中「立」起來。從人的現代化角度來講，就是指人的現代化有待於社會現代化，社會現代化為個人現代化創造條件。專制雖去，但整個中國社會仍然沒有發生根本性的改變，依然是黑暗深重，人們處處碰壁，

　　無論是個人反抗從舊式家庭中走出，還是青年人嘗試組織理想社會的各種試驗，最後都以失敗告終。因此說，只有改造中國社會才能爲「立人」創造條件。有人說，五四運動後，「革命」壓倒了「啓蒙」，我認爲這是合乎邏輯的演變，因爲「革命」不過是突出了改造社會的方面，表明這是當下「立人」的前提和急務所在。既然「啓蒙」找到了「人」這個目的，並且從思想上和實踐上都嘗試了如何使人「立」起來，最後不得不將改造國民性的目光轉向改造社會的方面。

　　有學者認爲在五四新文化運動以後，改造國民性運動發生了一個「無產階級新人」的轉向。〔註41〕我認爲這種概括是不完整的，或者說是不全面的。五四新文化運動後期，隨著馬克思主義影響日益擴大，李大釗等知識分子自覺以馬克思主義理論爲指導，深入分析和批判中國傳統國民性的社會經濟根源，進而提出了要塑造「無產階級新人」的主張。馬克思主義的登場，表示了與資產階級社會理論不同的社會價值取向的，這的確爲改造國民性提供了一個新的重要思想武器。但是，馬克思主義作爲社會科學方法論，對探索中國國民性問題造成的影響，並非只是單純地造成了一個無產階級轉向。從中國社會性質大論戰到中國現代化大討論，我們可以看到馬克思主義的影響在日益擴大和加深。無論是在中國共產黨方面，還是在國民黨方面，或者是其它階級和政治立場的人士，都開始自覺或者不自覺地按照馬克思主義的觀點和方法來思考中國的個人和社會現代化問題。我們應該說，馬克思主義的介入，使得國民性問題的探討開始擺脫了抽象性和純粹性，較之前面的思考更加務實了。國民性改造不再僅僅只是文化宣傳和思想啓蒙，而是更多地表現出實踐性，和改造社會的實際行動統一起來。許多知識分子像梁漱溟等，甚至開始走出書齋，把學術思考變爲實際行動。所以說，按照馬克思主義理論的指導來改造國民性，成爲日後的一個發展方向，並且越來越成爲主要的方向，但是這在當時並不是唯一。

　　實際上，在五四運動以後，以前志同道合的新文化運動的主將們在一定程度發生了分化，他們雖然都不約而同地強調要將改造國民性和改造社會統一起來，「立人」必須要從社會的方面下手，但在改造社會的問題上，卻各自表現出不同的立場和路向。比如，陳獨秀和李大釗等人由於接受了馬克思主

---

〔註41〕袁洪亮，論近代國民性民造思潮的馬克思主義轉向：無產階級新人思想〔J〕，
　　　中國特色社會主義研究，2010（6）：52。

義而逐漸轉向主張政治革命，而胡適、魯迅等仍然強調思想和文化的啓蒙。
另外一些過去在立場上接近於文化保守主義的知識分子如梁漱溟等人，也自
覺地加入到國民性改造的探索過程中來。從大體上來說，筆者認爲，五四以
後的改造國民性運動有著四種不同立場的探索路向，第一種是魯迅等繼承五
四新文化運動的傳統，以文藝宣傳爲手段繼續進行思想啓蒙；第二種是國民
黨利用國家政權，以儒家倫理思想爲指導開展新生活運動；第三種是梁漱溟
等以農村爲中心開展鄉村建設運動；第四種是共產黨堅持以馬克思主義爲指
導，結合中國國情，開始土地革命。

## 6.3.1　繼續思想啓蒙

　　五四之後，國民性改造的第一種面向是，以文藝宣傳爲主要手段，繼續
進行思想啓蒙。這一種情況可以視爲新文化運動的延續，以魯迅爲主要代表
人物。魯迅堅持以筆爲武器，以文學爲載體，在思想上深刻揭露和批判封建
蒙昧主義，全面剖析中國人的國民劣根性。他創作出許多經典的藝術形象，
將中國人的國民劣根性作生動直觀的呈出，讓世人在心靈上受巨大衝擊和震
動，最終在思想上獲得反省與覺悟。

　　1933 年，魯迅在《我怎麼做起小說來》一文中談到了他創作小說的「啓
蒙」宗旨，他說：「說到『爲什麼』做小說罷，我仍抱著十多年前的『啓蒙主
義』，以爲必須是『爲人生』，而且要改良這人生。」他認爲小說應當具有啓
蒙的作用，極不贊成以前將小說稱爲「閒書」的看法，「所以我的取材，多採
自病態社會的不幸的人們中，意思是在揭出病苦，引起療救的注意。」〔註42〕
魯迅認爲中國的封建專制傳統根深蒂固，蒙昧主義嚴重禁錮了國民的思想，
只有喚醒人民大眾，解放人民的思想，社會才會有新面貌，國家才有希望。
所以，他一直非常看重思想啓蒙，並堅持不懈地進行思想啓蒙。

　　毫無疑問，思想啓蒙對於促進中國人的現代化是有重要意義的。思想啓
蒙主張個性和權利，肯定了個人的價值和創造力，提倡個人要獲得解放，個
性應得到發展，從而進一步推動了中國人的思想解放。但是，我們也應該看
到，文藝、小說作爲思想啓蒙的載體和方式，本身是有局限性的。在當時的
中國社會，思想啓蒙的對象是非常有限的，主要是那些集中在城市生活並受
到過教育的知識分子和青年學生，而對在當時中國社會中占絕對多數的群體

---

〔註42〕魯迅，魯迅全集，第 5 卷〔M〕，北京：人民文學出版社，1981：107～109。

農民而言，啓蒙好像是發生在另一個世界的事情。自由、民主、平等這樣的個人權利，對身處落後農村的廣大農民來說是一種更高的要求和奢望。他們首先需要的是擺脫飢餓獲得溫飽，以及獲得基本的教育和識字。這些最基本的個人權利，在當時的社會條件下都很難實現。政治家們關注的是民族國家的建構、國家富強這樣宏大的目標，軍閥們關注的是自己的地位和財富。雖然啓蒙思想家們強調要「立人」，關注個人的權利和個性，但這個有個性的「人」的前提，實際上是能識字和有文化的人。新青年是鮮活的個體，同時也是有文化教育養的個體。沒有文化教養，何以產生個性化的追求。而不識字的，生活在最低層，但又是人數最多的農民，在事實上成爲不了啓蒙的對象。當我們明白「立人」是改造社會的目的所在以後，還要進一步弄明白「立人」的社會基礎是什麼，也就是個人在什麼樣的社會條件下，才能獲得個性的解放與發展。

其實，魯迅曾經發出的「娜拉走後怎樣」的質問，這可以視作對思想啓蒙與個人解放的一種反省。1923 年，魯迅在北京高等女子師範學校發表了著名的《娜拉走後怎樣》的演講，對個人尤其是婦女如何在社會中生存和立足的重大問題進行發問。娜拉爲了自由離開了束縛她的家庭，她是新女性的代表。但是，娜拉的出路在哪裏。魯迅認爲，在嚴峻的社會現實面前，娜拉的路只有兩條：不是墮落，就是回來。如果社會不能給婦女立足提供必要的條件，那麼即使是她從思想上獲得了覺悟和解放，最後還是無路可走，「人生最苦痛的是夢醒了無路可以走」。〔註43〕個人的自由與解放，需要一定的經濟基礎作爲條件，「夢是好的；否則，錢是要緊的。」魯迅坦言，「愛必有所附麗」。愛情不是抽象的，純粹精神性的東西，它依賴於一定的社會經濟基礎。所以，魯迅在文中指出，「在目下的社會裏，經濟權就見得最要緊了。第一，在家應該先獲得男女平均的分配；第二，在社會應該獲得男女相等的勢力。可惜我不知道這權柄如何取得，單知道仍然要戰鬥；或者也許比要求參政權更要用劇烈的戰鬥。」〔註 44〕婦女只有掌握了經濟權利，在經濟上取得獨立，才能樹立起獨人的人格，獲得眞正的自由和解放。在生產和經濟落後的時代中，社會分工不發達，女性難以獨立地參與社會工作，爲了獲得個人生存的經濟保障，婦女往往會將婚姻作爲自己的唯一職業，因而也就不得不被套上封建

---

〔註43〕魯迅，魯迅文集，第 1 卷〔M〕，北京：中國華僑出版社，2004：222。
〔註44〕魯迅，魯迅文集，第 1 卷〔M〕，北京：中國華僑出版社，2004：222。

專制的牢籠。新文化運動倡導婦女解放，號召婦女走出家庭，擺脫婚姻的束縛，但是社會現實卻難以讓婦女立足，這是思想啟蒙的困境。

　　魯迅說他並不知道這「經濟權」該如何取得，只知道要戰鬥。要取得經濟權，其實就是要改變社會原有的經濟制度。這種經濟制度的改變，在當時持馬克思主義觀點的人看來，「必須以激進的方法轉進社會，從根本上謀全體之改造」。李大釗按照歷史唯物主義觀點分析社會問題，指出「經濟問題的解決，是根本解決。經濟問題一旦解決，什麼政治問題、法律問題、家庭制度問題、女子解放問題、工人解放問題，都可以解決。」而像中國這樣一個沒有生機的社會，「必須有一個根本解決，才有把一個一個的具體問題都解決了的希望。」李大釗並不是不贊同胡適點滴改良的具體主張，而是認為只有以根本問題的解決為前提，具體問題的解決才會可行和有效。在那個時代要解決經濟問題，就必然要進行革命。所以，「大革命」在五四運動之後發生，也是合乎思想邏輯的結果。

　　按照馬克思主義的觀點，我們也可以說個人解放的社會條件，最為根本的條件在於把生產和經濟發展起來，否則就只能是抽象的權利。在一個生產落後，分工不發達的社會中，即使從政治上確認了個人的基本權利，也無從實現。比如啟蒙主義者說婦女應當和男性一樣，有權擇業自立，但事實上社會無業可擇，婦女的自由和解放仍然不能真正實現。

　　我們看到，在五四新文化運動的影響下，當時確實有不少女性覺悟了，為了反對包辦婚姻，追求自由生活，勇敢地走出封建禮教家庭。但是，她們無一不得不面對魯迅所提出來的現實問題，是墮落還是回來？二十世紀的二三十年代，中國社會處於新舊交替的衝突與動盪之中。舊的封建觀念並未被徹底掃除，而新思潮又蓬勃發展，社會到處呈現著矛盾衝突現象，而婦女們處在這新舊交戰的矛盾環境中，必然會承受更多的壓力。長期受封建禮教束縛的女性因為接受了新教育、新思想，反抗甚至勇敢走出家庭，但由於她們在經濟上得不到保障，社會地位也難以提升，生存的壓力、精神的壓力使得許多新女性最終走上墮落的道路，甚至是自殺。魯迅只想到了反叛傳統的新女性的兩個結局，要麼墮落要麼回歸，他可能忽略了另外一個結局，那就是自殺。女性一旦獲得了新思想並試圖反抗，就很難再回頭去向舊禮教作妥協，可她發現自己在社會中無處可去，難以被社會接納時，往往會選擇自殺來作為個人的歸宿。1919 年，湖南長沙的趙五貞因不願嫁給開古董店的富商為妾，

不滿父母包辦的婚姻,多次抗議無效後,最終於出嫁之日在花轎裏用暗藏的
剃刀割喉自殺。此事在長沙引起很大的震動,各界人士紛紛撰文議論,矛頭
無不直指「萬惡的婚姻制度」。毛澤東得知此事後,也連續撰寫了九篇文章,
激烈地批判舊道德、舊禮教,他認為「這事件背後,是婚姻制度的腐敗,社
會制度的黑暗,思想的不能獨立,戀愛不能自由。」其實,這樣的自殺事件
在當時並非個例,《申報》、《大公報》等報刊上有過很多報導。當人們把批判
的矛頭對準舊的婚姻制度時,往往容易忽略女性自殺的一個社會現實原因。
社會經濟落後,生存壓力巨大,婦女要在社會中立足謀生是很困難的,甚至
不知道要怎樣謀生。趙五貞能讀書識字,自然受了新思想的影響,嚮往愛情
和婚姻的自由,不願做小妾。但她沒有選擇離家出走而是自殺,根本的原因
在於她不知道自己能去哪裏。一個 21 歲的年輕女性,既沒有受過職業教育,
也沒有職業經驗,與其離家出去受辱,還不如選擇一死了之。這大概是她的
思想鬥爭。當時,即使在經濟相對發達和開放的大城市像上海、北京等,少
數婦女能夠獲得一些謀生的職業,也要承受比男性大得多的壓力。生活的重
重困難和壓力,令婦女很容易失去生活的信心和希望,而選擇走上自殺的道
路。

不過我們也要看到,當時走出家庭的很多新女性也有很多選擇了走上革
命的道路。其實,選擇革命的道路,並不是說她們多麼激進的政治觀點和革
命意識,一個最為實際的原因在於,革命組織能讓她們找到一個歸宿,革命
組織能讓她們在生計上和職業上立足,而不至於被迫地回到那個封建禮教的
舊家庭。著名的女革命家黃慕蘭在這個問題上的經歷和認識具有一定代表
性。黃慕蘭出身在湖南的一個名門之家,12 歲時便被送進長沙周南女校,接
受了許多新思想的薰陶,後來成為和向警予、蔡暢、楊開慧、丁玲等一樣著
名的新女性。她的父母雖然比較開明,仍然恪守傳統的婚姻制度,早早便為
她做主包辦了婚姻。經過一段短暫的包辦婚姻之後,她選擇了離家出走,在
漢口追隨宋慶齡等投身婦女運動,19 歲時就擔任了漢口婦女部主任,從此開
始了傳奇的革命生涯。她後來在自傳中談到自己年輕時為何要參加革命時這
樣說:「從小備受父母寵愛,又怎麼會忽然離家獻身革命呢?當時我對革命大
道理還沒有明確認識,動機只是反對家庭的包辦婚姻。」〔註 45〕「當時很多
知識分子,尤其是知識女性,大半是為了反對包辦婚姻的封建壓迫而走出家

---

〔註45〕黃慕蘭,黃慕蘭自傳〔M〕,北京:中國大百科全書出版社,2004:29。

庭投身革命的。」〔註46〕黃慕蘭還特別講到，在她的老家湖南瀏陽包辦婚姻習俗對婦女的迫害甚深，逃婚的女性一旦被抓回去，很多都是要關豬籠沉潭的。因此，參加革命就成爲很多新女性走出家庭後的不二選擇。在革命組織中，婦女作爲職業革命者，能夠施展自己的能力和才幹，也可以獲得和男性一樣的地位和尊重。比起自殺來說，投身革命在當時自然是一種更積極的人生態度和更合理的選擇。

## 6.3.2 開展新生活運動

五四之後，國民性改造的第二種面向是，蔣介石利用國家政權開展的新生活運動。新生活運動是 1934 年至 1949 年期間，國民政府開展的國民教育運動，雖然標榜的是「新」生活，但其內容卻是「舊」的儒家倫理思想。蔣介石希望通過開展新生活運動重建生活倫理秩序，振奮民族精神，以實現民族復興之願望。

從南京國民政府一建立開始，蔣介石就十分重視利用傳統的儒家文化思想來論證其權力的合法性，維護其統治。在他的要求下，1929 年國民政府頒佈出臺《中華民國教育宗旨及其實施方針》，其中明確規定了國民道德教育的八字方針「忠孝仁愛信義和平」。雖然國民黨的指導思想總體上是孫中山提出的三民主義，但蔣介石所接受的三民主義，實際上是經過戴季陶按照儒家倫理思想改造過的。戴季陶認爲，「民族主義的基礎，就是在慈孝的道德；民權主義的基礎，就是在信義的道德；民生主義的基礎，就是在仁愛和平的道德。」據此蔣介石也認爲，三民主義的精神和靈魂就是「忠、孝、仁、愛、信、義、和、平」八德。蔣介石認爲這八德歸納起來，就是他在新生活運動中要大力提倡的「禮義廉恥」。〔註47〕1934 年 2 月，蔣介石在南昌發表《復興民族之根本要務——教養衛》和《新生活運動之要義》，標誌新生活運動正式開始。蔣介石認爲，要實現民族和國家復興，最根本的方法就是實行「教養衛」。蔣介石說：「『教』的基本要義，首先應當注重的東西就是『禮義廉恥』。」「教」就是要開展國民道德教育，主要內容是強調「禮義廉恥」，要把「禮義廉恥」滲透到民眾日常生活的「衣食住行」四個基本方面當中。「養」指民眾的「衣

〔註46〕黃慕蘭，黃慕蘭自傳〔M〕，北京：中國大百科全書出版社，2004：39。
〔註47〕溫波，重建合法性——南昌市新生活運動研究〔M〕，北京：學苑出版社，2006：6。

食住行」四項基本生活，應當做到整齊、清潔、簡單和樸素。「衛」則指的是民眾生活要實行軍事化管理，人人都要「嚴守紀律，服從命令」。蔣介石認為，教養衛的實行，就是要開展新生活運動，並認為「此種運動果能普遍收效，使全國國民之基本實際生活能徹底改進成功，則全民之精神必為之煥然一新，而社會國家之進步不可計量，革命基本工作於以成功，民族復興之機運可立而待也。」

蔣介石發動新生活運動的目的在於通過改造國民生活以振奮國民精神，為民族復興奠定基礎。在蔣介石看來，近代以來中國之所以長期衰弱不堪、備受西方列強欺辱，特別是 1931 年「九一八」事變以來，國民政府面臨著內外交困的各種危機，其根本的原因就在於中國國民道德的墮落。他認為，中國之所以從一個歷史悠久的文明古國淪落到如今這種如此不堪的境地，從根本上說是由於國民喪失了固有的「民族性」和「民族精神」。他說：「中華民族在百年來帝國主義的侵略壓之下，文化陷入漩渦，生活遂失正規，古聖賢遺下的個人修養與公眾遵守的信條——禮義廉恥——漸漸被我們忘記，西洋擅長的自強不息，發奮為雄的精神，又完全沒有學到，遂以形成今日國民生活的總病態——驕奢、淫佚、腐敗、墮落、暴戾、貪污、萎靡、散漫——更具體一點講就是不重公德、不守秩序，不講衛生，如果長此以往，不來一個長期普遍的絕大改革，我國的國家地位，與民族生命，即使沒有外人的侵略壓迫，亦必一天低落一天，一天危險一天，無以自存於現代」。〔註48〕在這裏，蔣介石也有類似於梁啓超等人的思路和邏輯，即把改造國民性視為民族復興的根本手段，他把中國近代以來的苦難根源歸結為國民性的墮落和民族精神的喪失，則顯明帶有唯心主義心性哲學的色彩。

新生活運動持續數年，範圍很廣，但總體上來說成效並不大。一方面由於新生活運動在思想理論上存在矛盾，既強調以「禮義廉恥」四維為綱，大力弘揚儒家文化中「忠孝仁愛信義和平」八德美德，又號召人民遵守現代文明的公共道德和公共倫理，這不得不向西方現代文明國家學習。新生活運動試圖把兩者調和起來，但事實上是不可能的。新文化運動期間，陳獨秀等人已經在理論上分析闡明，源自西方現代社會的自由、平等、獨立、博愛等現代倫理理念，與源自傳統封建宗法社會的忠孝仁義等倫理理念，在根本上是

---

〔註48〕轉見自溫波，重建合法性——南昌市新生活運動研究〔M〕，北京：學苑出版社，2006：12。

對立的和不相容的。既然要存活於現代社會和現代文明，卻又要堅持用舊倫理舊規範來約束國民，這豈不是矛盾。另一方面，新生活運動確定的整肅國民日常生活，改良社會風氣的方針目標如國民日常生活的藝術化、生產化和軍事化，以及爲了達到這些目標而制訂的一些具體規定，都嚴重脫離了中國社會的實際情況，自然不可能得到很好的貫徹落實，也難有收效。蔣介石夫婦身體力行新生活運動，以期成爲國民之楷模，但他們甚至難以影響到國民黨內的其它軍官幹部。蔣介石強調「一黨訓政」，希望通過國民黨的力量來推動新生活運動以達到目的。但國民黨本身組織渙散，缺乏執行力，並且其組織根本沒有發展到縣以下的基層社會中去，所以國民黨對改造民眾的日常生活，特別是對廣大的鄉村民眾，大抵也起不了多大作用。

有學者認爲，蔣介石之所以開展新生活運動，不過是想借用儒家倫理思想來建立其政治的合法性。蔣介石是靠軍事政變取得其統治地位的，既使僅從國民黨內部來說，他最終取得權威性和主導性，也主要是靠他的軍事地位非而政治地位。所以，獲得合法性認同，是蔣介石迫切需要的，他選擇的辦法就是繼承道統，維護法統。中國古代政治歷來講究道統與法統，朝代可以更替，統治者可以更替，但政權的法統是一脈延續的，這個法統就是要堅持和貫徹儒家政治倫理，即三綱四目和五倫。任何人任何民族入主中原，只要他繼承了這個法統，其政權就具有正當性和合法性。蔣介石自視爲孫中山的追隨者，但實際上，他把孫中山的三民主義作了儒學化的改造，從根本上說，意在表時自己就是中國政治法統的現代繼承人。

### 6.3.3 鄉村建設運動

以梁漱溟爲主要代表的鄉村建設運動，這是五四新文化運動以後國民性改造的第三個路向。20 世紀二三十年的鄉村建設運動，在當時具有全國性的影響力，有參與者甚至認爲鄉村建設運動形成了中國社會運動的主潮。當時開展鄉村建設的社會團體很多，出發點和運動重心也不盡相同，比如晏陽初領導的中華平民教育促進會側重於進行掃盲，黃炎培領導的中華職業教育社側重於推廣工商職業教育，彭禹廷領導的鎮平自治側重於農民的自衛，梁漱溟領導的鄒平鄉村建設運動側重於文化創新。

鄉村建設運動無疑是中國現代化探索的又一次積極嘗試，農村、農業、農民，在當代中國倍受關注的「三農」問題，鄉村建設運動都已經認識到並

嘗試著解決。這場運動的開始，不僅僅是由於鄉村破敗的現實所致，更是知識分子們對中國農村問題重要性的覺悟。鄉村建設並非單純的經濟建設，更重的是人的建設，對農民個體的關注是鄉村建設運動的重要特點。

梁漱溟特別強調，救濟鄉村只是鄉村建設的第一層意義，更重要的意義在於創造新文化。他將其稱之為「民族自救運動」，認為鄉村建設在本質上是一場「文化重建運動」。他反對中國走西方的現代化道路，認為以農村為根，從農村中找到解決中國政治問題、經濟問題及其它一切社會問題的端倪，從而開創一種新文化，「從創新文化上來救活舊農村，這便叫做『鄉村建設』」。〔註 49〕

梁漱溟一直關注中國的文化問題，並極力維護傳統儒家文化。在他看來，傳統文化是中國人的根，也是東西方碰撞的焦點所在，要解決中國的社會問題，根本上就是要創新傳統文化。在新文化運動期間他就發表了《東西文化及其哲學》，表達其維護傳統文化的堅決態度和立場，並在儒學現代化方面作出了極積努力。而在改造國民性問題上，梁漱溟十分注重從普通民眾的實際生存狀況和需要來進行思想改造。他提倡的鄉村建設，是基本於對中國農村社會的現實情況和問題作出的主張。農村和農民問題，是中國現代化轉型的中心問題，兩者構成了中國社會的基礎，農村和農民的問題沒有解決，農村不改變，農民不改變，中國社會談不上根本改變。但是，把農村和農民的問題歸結為文化創新，一方面既具有總體性，另一方面卻又顯得籠統和模糊。

對於二三十年代鄉村建設運動在全國的興起，梁漱溟認為主要是四個層面上的原因，淺一層是「由於近些年來鄉村破舊壞而激起來的救濟鄉村運動」；其二是起於農村的自救運動，「中國由其政治上之無辦法，將只有鄉村自救運動」；三是起於中國社會建設之積極要求，梁漱溟認為中國建設必走鄉村建設之路，通過振興農業以引發工業；四是起於重建一新社會構造的要求。梁漱溟認為這最後一層原因是鄉村建設的真意所在。〔註 50〕他指出，作鄉村建設如果不著眼整個中國問題，那便是沒有看清楚問題實質。從中國問題的角度來看，鄉村建設，實非建設鄉村，而意在整個中國社會之建設，因此鄉村建設可以說是一種建國運動。

梁漱溟在研究中國問題時，有一種整體的歷史視野，他不同意把中國問

---

〔註 49〕梁漱溟，梁漱溟全集，第 1 卷〔M〕，濟南：山東人民出版社，1989：615。
〔註 50〕梁漱溟，鄉村建設理論〔M〕，上海：上海人民出版社，2006：9～19。

題簡單地歸結爲帝國主義問題或者農民個人的「貧愚弱私」問題，認爲「外界問題（帝國主義）雖是有的，但中國內部的問題大過外界問題；個人的不健全也是有的（貧愚弱私），但社會的不健全大過個人的不健全。」〔註51〕中國問題複雜嚴重，攪纏一堆，「必須有眼光辨別其間本末先後輕重緩急，瞭解全部關係而覷定一個緊要所在著手，而後一團亂絲才解得開。」梁漱溟認爲「政治問題實爲總關鍵」，但如果「不知此政治問題實係整個社會構造問題，撂開整個社會構造問題去想辦法，完全是無根的」，將無濟於事。

梁漱溟認爲，今日中國問題在於「其千年相沿襲之社會組織構造既已崩潰，而新者未立」，從根本上來說這是「文化失調」的問題，其表現出來就是「社會構造崩潰，政治上的無辦法。」梁漱溟認爲整個社會構造是一個根本問題，「欲避也不得」，因爲「到了人類歷史的一大轉變期，社會改造沒有一國能逃」，因此「中國歷史到今日要有一大轉變，社會要有一大改造，正須以奔赴遠大理想來解決眼前問題」。〔註52〕梁漱溟在一定程度上意識到了現代化的歷史必然性，強調中國社會要來一個大的轉變，因而強化文化創新，用文化創新來實現民族復興。

梁漱溟批評西方近代文明是「偏敧形態的人類文明」〔註53〕，存在的問題是：工業在前，農業在後，工業和農業相離和對立；都市爲本，農村爲末，都市和農村相互衝突；人受物的支配；個人本位與社會本位兩極相爭；政治、經濟和教育三者相離不合；武力至上，武力高於理性。他認爲這樣的文明不是正常形態的文明，既與中國的傳統社會不相符合，也不適合人類的未來，只有通過鄉村建設來創新中國傳統文明，進而爲人類文明提供一條新路。

梁漱溟認爲中國傳統社會與西洋近代社會不同，西洋社會以個人爲本位、階級對立的社會，而中國則爲倫理本位、職業分立的社會。倫理本位所以大有造於職業分立，使經濟上不能形成壟斷階級，所以中國舊社會亦不能形成專制獨裁之勢。這樣，中國社會結構是超穩定的，只有周期性的一治一亂而無革命，社會秩序所賴以維持的不是國家法律，而是主要靠教化、禮俗、自力。但是由於近代以來帝國主義的侵略和中國封建社會自身的腐朽，中國原有的社會結構、文化結構和人際關係被破壞，舊的禮俗、教化完全不起作

---

〔註51〕梁漱溟，鄉村建設理論〔M〕，上海：上海人民出版社，2006：21。
〔註52〕梁漱溟，鄉村建設理論〔M〕，上海：上海人民出版社，2006：23。
〔註53〕梁漱溟，鄉村建設理論〔M〕，上海：上海人民出版社，2006：363。

用，中國社會進入到一個社會秩序的大改造時期。梁漱溟堅持改良主義的社會改造方式，他認爲暴力革命只能起到破壞作用，而眞正的「革命」應當是從根本上重建社會結構，所以鄉村建設是中國重建社會結構和社會秩序的唯一出路和根本方式。

在梁漱溟看來，中國的各種社會問題，歸結起來從根本上說是文化失調的問題，因而解決中國問題需要從文化方面著手。而鄉村爲中國文化的根基和依託所。農村社會組織的潰散令文化失去了依託，致使社會內部陷入紛爭和動蕩。梁漱溟解決中國問題需要以文化建設爲中心，以重建農村社會組織秩序爲目標，「從鄉村開端倪，來創造一個新文化，創造一個新社會制度」。梁漱溟進而指出，所謂鄉村建設，「不是建設旁的，是建設一個新的社會組織構造——即建設新禮俗。」他認爲中社會組織構造，「是形著於社會禮俗，不形著於國家法律」，「不但過去如此，將來仍要如此。」〔註 54〕而所謂新禮俗，同是中國固有精神與西洋文化的長處，二者具爲具體事實的溝通調和。不只是理論上的溝通，而要緊的是從根本上調和溝通成一個事實。此溝通調和之點有了，中國問題乃可解決。梁漱溟認爲新的社會組織即鄉村團體，首先要充分立足於中國精神的長處，「以倫理情誼爲本原，以人生向上爲目的」，同時又要充分吸收西洋人的長處。他認爲西洋人的長處有四點一是團體組織性強；二是團體成員的參與性強；三是尊重個人；四是財產社會化。這樣，梁漱溟就把鄉村社會組織結構的重建歸結爲文化精神的重建。鄉村新禮俗的建設離不開兩項活動，一是教育，二是自治。自治就是村民以鄉約來自我調節和管理。而村民要能夠自治進行自我調節和管理，離不開教育。

梁漱溟所主張的教育不單指學校教育，而是廣義上的教育，類似於傳統文化中的「教化」一詞。中西精神的調和，新禮俗的實現，離不開教育引導。以建立新禮俗爲目標的教育，主要不是知識教育，而是態度教育。在梁漱溟看來，改變人的生活態度和人生意欲是教育的主要任務，因爲人生行誼理性是生命價值的關鍵，而知識的獲得是次要的，「有了內心生活的覺醒，則知識的搜索是容易的。」所以，鄉村教育重點在是人生行誼教育，教育要能夠激發人向上欲求的人生態度，培養起團結力和社會責任感，以形成積極健康的個人主體性和主動性。梁漱溟主張新的社會組織結構仍然以禮俗來維持，相應開展的教育必然是禮教。

〔註 54〕梁漱溟，鄉村建設理論〔M〕，上海：上海人民出版社，2006：118。

　　梁漱溟看到了習俗作爲傳統勢力對個人生活的巨大影響，但與其說梁漱溟是想培育中國農民的新習俗，不如說他是想爲將行斷裂的中國傳統文化尋找一個鄉村根基。梁漱溟的社會政治觀和教育觀總體上沒有超出傳統儒家思想的範疇，表現出其在文化上的保守性。他將鄉村建設看作是中國文明的唯一的和最後的出路，不贊成都市化、工業化、市場化這樣的一般現代化道路，實際上仍然是強調「以農立國」。這種固守傳統的主張非且不能實現文化創新，反而只會將農民長期禁錮在農村和土地上從事小農生產。實際上，自給自足的小農生產作爲落後生產方式已經在商品市場經濟發展起來的時代中日益衰落。所以，梁漱溟的鄉村建設主張不可能眞正解決中國農民的現代化問題。

## 6.3.4 農村土地革命

　　第四種路向，是按照馬克思主義特別是歷史唯物主義的指導，以變革社會經濟制度爲目的，著力發動農民進行土地革命，充分調動農民在中國現代化進程中的參與性和創造性。

　　五四新文化運動提出了「立人」的價值目標，是中國早期人的現代化思想中的一大成就，它曾激起無數青年人的夢想和激情。思想的閘門一旦被打開，閃光的火花就會迸發，但是一旦熱情褪去，留下的一定是更加冷靜和理智的思考。在中國內外交困的現實國情之下，追求個性解放的個人依何而「立」？提出這樣的問題之後，最終必然要向社會方面去爲「立人」尋根。當初，魯迅提出的「娜拉走後怎樣」的問題，就是對個人如何才能實現眞正的個性解放所作的一種深入而實際的思索。具有理想主義色彩的個性解放和個人自由，雖然具有崇高的精神價值，但必須跟社會現實結合起來。任何個人至上和個性解放的呼籲，只要脫離了社會實現，都會變得抽象空洞，毫無意義。這種情況就像一個人連溫飽都沒著落，卻還要大談自由民主。社會現實與知識分子的思想願望存在著巨大反差，一方面是思想界異常活躍，知識分子們把對個性解放的要求提高到一個極點，而另一方面則是中國社會危機更加嚴重，一戰後帝國主義列強並沒有因爲中國是「戰勝國」而歸還侵佔的土地，在骨子裏仍然歧視中國，而 20 年代開始的連年的國內軍閥混戰，給中國人民的生活造成極大的災難，民不聊生，特別是農村經濟陷於崩潰，廣大農民陷於破產境地。理想和現實的矛盾反差必然會推動著知識分子們從理想

主義向現實主義轉變。

於是，我們就能看到，從五四新文化後期開始，陳獨秀、李大釗等知識分子所發生的思想轉變。他們由於接受了馬克思主義，逐漸從個性解放的文化革命思考轉向了對社會經濟革命和政治革命的思考。過去在新文化運動之初，陳獨秀他們發現要實現和維護共和，光有政治革命是不夠的，還需要進行啓蒙性質的文化革命，從思想方面來進行徹底的變革，於是發動了新文化運動。然而一戰後新的國內和國際環境下，他們又發現，要解決中國的民族危機問題，光有文化革命和思想啓蒙是遠遠不夠的。因為，中國社會的政治問題只能回到政治中去解決，並且「立人」如果不紮根於現實的物質生活，單單從思想方面是「立」不起來的。就這樣，改造國民性運動的中心從思想文化革命轉向了政治經濟革命。李大釗等人根據馬克思主義的觀點來重新審視個人與社會的關係，從過去在認識上單純地強調個人至上逐漸轉向強調個人需要與社會發展相統一的思想主張。個人的社會性和社會責任被重新強調，互助、團結、階級性，成為概括個人品質的常用語。

作為新文化運動中的傑出人物，郭沫若最開始無疑也是主張個性解放的。詩集《女神》就最公開鮮明地表達了他的個性主義思想。郭沫若嚮往強力的、大無畏的個人，他在詩歌《天狗》中用想像塑造了一個「天狗」式的自我：「我是月底光，我是日底光，我是一切星球底光，我是 X 光線底光，我是全宇宙的 Energy（能量）底總量」。這個天狗式「自我」無拘無束、無畏無懼，反抗傳統，反抗黑暗，吞噬一切，激烈、強悍、狂暴和緊張，是個性的無限張揚。但後來，嚴酷的社會現實給了他許多人生的挫折之後，郭沫若開始擺脫極端的個人浪漫主義思想的束縛，轉向了對社會現實的冷靜思考。1925 年，郭沫若在《文藝論集》的序文裏回憶自己的思想歷程時說，他從前是尊重個性，景仰自由的人，但後來與底層人民有所接觸之後，才發現僅僅依靠理想的熱情和張揚個性解放，並不能改變嚴酷的社會現實。他認識到，「在大多數人完全不自主地失掉了自由，失掉了個性的時代，有少數的人要來主張個性，主張自由，總不免有幾分譖妄。」進而他主張「要發展個性，大家應得同樣地發展個性；要享受自由，大家應得同樣地享受自由。」為此，他主張實行無產階級革命，「建設共產制度的新國家，以求達到全人類的物質上和精神上的自由解放」。為了達到這樣的目的，郭沫若甚至提出少數的先進分子應當犧牲自己的個性和自由，以爭取到人民大眾的個性和自由。為了「大

眾人」的個性和自由，郭沫若本人更是義無反顧地自覺放棄自己的個性和自由。

李大釗專門論述了個人解放與人類解放的關係，他說：「現在世界進化的軌道，都是沿著一條線走，這條線就是達到世界大同的通衢，就是人類共同精神聯貫的脈絡。這條線的淵源，就是個性解放，個性解放，斷斷不是單力求一個分裂就算了事，乃是為了一切個性，脫離了舊絆鎖，重新改造一個普通廣大的新組織。一方面是個性解放，一方面是大同團結。這個性解放運動，同時伴著一個大同團結的運動。這兩種運動，似乎是相反，實在是相成。」〔註55〕

後來，毛澤東在《論聯合政府》中再次重申了和李大釗相類似的觀點。毛澤東在文中指出：「沒有幾萬萬人民的個性的解放和個性的發展，一句話，沒有一個由共產黨領導的新式的資產階級性質的徹底的民主革命，要想在半殖民地半封建的廢墟上建立起社會主義社會來，那只是完全的空想。」〔註56〕抽象的、單子似的個人是不存在的，個人的命運總是和一定的民族、階級聯繫在一起，離開具體的社會歷史環境來孤立地追求個性解放，只能是空想。毛澤東強調個性解放和民族解放、階級解放的密切聯繫，將民族解放和階級解放視為個性解放的前提條件，這符合馬克思主義的觀點。馬克思主義理論認為，無產階級只有從受階級壓迫和階級剝削中徹底解放出來，才有可能實現全面而自由的發展。突出民放解放和階級解放的重要性，並不等於說要否定人的個性解放，恰恰相反，是要為個性解放創造條件。有人因為看到共產黨人主張無產階級專政，據此認為共產黨人反對個性發展，實際是比較片面的認識。對此，毛澤東專門在文章中進行批判和反駁，他指出「民族壓迫和封建壓迫束縛著中國人民的個性發展，束縛著私人資本主義的發展和破壞廣大人民的財產。我們主張的新民主主義制度的任務，則正是解除這些約束和停止這種破壞，保障廣大人民能夠自由發展其在共同生活中的個性。」〔註57〕毛澤東認為沒有民族的個性解放就沒有個人的個性解放，中國只有通過新民主主義革命來剷除民族壓迫和階級壓迫對個人造成的奴役，才能「保障廣大人民能夠自由發展其在共同生活中的個性」。〔註58〕

---

〔註55〕李大釗，李大釗全集〔M〕，石家莊：河北教育出版社，1999：578。
〔註56〕毛澤東，毛澤東選集，第 3 卷〔M〕，北京：人民出版社，1990：1060。
〔註57〕毛澤東，毛澤東選集，第 3 卷〔M〕，北京：人民出版社，1990：1060。
〔註58〕毛澤東，毛澤東選集，第 3 卷〔M〕，北京：人民出版社，1990：1058。

在馬克思主義的影響之下，陳獨秀、李大釗和其它一些先進知識分子逐漸接受了共產主義思想，並逐漸認識到人的經濟生活，是其它一切社會生活的根本條件，經濟根源是造成所有社會難題的最後原因。所有社會難題只有從經濟上得到解決，才是最根本的解決。而經濟問題一旦解決，一切其它社會問題諸如政治的、法律的、家族制度的、工人解放的，女子解放的等等，都可以得到解決。於是，共產主義者就把變革經濟為內容的社會制度變革，看作是實現「立人」的根本途徑。

經濟制度革命是最深刻的社會革命，它在本質上是一個階級反對另一個階級的鬥爭，因而經濟革命就不得不採用階級鬥爭的辦法，它要求人民大眾的廣泛參與和直接行動。階級鬥爭作為經濟制度革命的基本方式，客觀上要求廣大人民群眾的積極參與和直接行動，這就決定了它是民眾的自我改造過程。五四之前的國民性改造，主要是以思想啟蒙的方式展開，這其實是由知識階級對廣大的工農民眾進行思想啟蒙，是知識精英對民眾的改造。然而，知識精英們只想做「思想革命」的戰士，而與眼下的社會無關。他們只關心那些崇高的價值和理想，而常常忽略了工農民眾卑微的物質生活。相應地，廣大的民眾並沒有因為知識分子充滿激情的吶喊而充分調動起來，投身於國民性改造運動。俄國十月革命的勝利，使中國的先進知識分子開始看到人民群眾創造歷史的偉大力量，於是他們提出「立人」是廣大民眾的直接行動和自我改造。李大釗就認為真正的解放，「不是央求人家網開三面，把我們解放出來，是要靠自己的力量，抗拒沖決，使他們不得不任我們自己解放自己；不是仰賴那權威的恩典，給我們把頭上的鐵鎖解開，是要自己的努力，把它打破，從那黑暗的牢獄中，打出一道光明來。」〔註 59〕新民主主義革命中，農村土地革命的蓬勃開展，是經濟制度革命最真接最具體的表現。這個革命和以往的革命不同，它是正真意義上的社會變革，而且它是由廣大農民群眾直接參與和行動的革命運動。

正如梁漱溟所認識到的那樣，中國的問題很多，關鍵在於政治問題，政治問題的解決為其它問題的解決創造條件。與梁漱溟、晏陽初等知識分子一樣，中國共產黨人也看到了農村、農民在中國問題中的中心地位。雖然都是本著解決中國問題的目的，尋著農村和農民入手，以毛澤東為代表的中國共產黨人卻表現出與其它知識分子不同的創舉。他們將馬克思主義基本原理同

---

〔註59〕李大釗，李大釗全集〔M〕，石家莊：河北教育出版社，1999：296。

中國的具體實際結合起來，創造性將土地革命、武裝鬥爭和根據地建設三者有機地結合起來，探索出一條農村包圍城市的革命道路，並最終取得勝利，從而爲我國的現代化發展奠定了堅實的基礎。

## 6.4 小結

民國初年政治十分混亂，辛苦革命的失敗使陳獨秀等知識分子感到失望，他們意識到辛亥革命只是趕走了皇帝換來了共和，但政治革命沒有趕走舊思想，人們只會按照舊的觀念行事，名爲共和國，實際上和專制社會沒有多大差別。人不立則共和不立，所以必須提倡文化革命，提倡新文化反對舊文化，用新思想新觀念塑造「新青年」。在思考「青年人」的過程中，陳獨秀等又逐漸關注到個人的利益和需要，不再像康梁維新派那樣簡單把「新民」視爲服務於國家目的工具。他們認識到，個人的自由與幸福才是改造社會的根本目的所在。新文化運動是「立人」的運動，說到底，這個要「立」起來的人，就是「新青年」。陳獨秀概括的「新青年」的六個特徵，在今天看來仍然是對現代人意識的準備精當概括。「新青年」無疑是具有獨立意識，能夠追求個人生活的現代人形象。這樣，從戊戌變法到五四新文化運動，關於人的現代化的三個基本主題就被比較完整的提了出來。

本著「立人」的宗旨，五四時期的知識分子把國民性改造運動從思想領域引伸到了社會物質生活領域，因爲他們逐漸發現，新文化只能給青年人帶來新思想，不能給青年人來新生活，「立人」缺少現實的根基。在中國當時的社會環境和條件下，「立人」是極其困難的，國家主權不獨立，政府行政無效率，社會動蕩不安定，生產經濟十分落，這些都不能爲個人追求自由幸福提供必要的條件。所以，知識分子又不得不回來重新思考改造社會的必要性和重要性，從改造社會方面來思考如何「立人」創造條件。五四之後，國民性話語的回落，政治革命和社會革命話語的高漲，是思想發展合乎邏輯的結果。五四後期分化形而的改造國民性的四種不同的路向，既是「立人」思想深入的結果，同時又是基不同政治立場產生的分歧，其結果和意義也就大不相同。但是，它們有一點是相同的，就是中國人的現代化不再單純的只是一個僅靠思想啓蒙來解決的國民性問題。改造國民性需要與改造社會統一起來，人的現代化只能在社會現代化的過程中才能逐漸得到實現。

　　較之「新民」所描述的現代中國人，「新青年」的形象無疑更爲切實具體。但陳獨秀等知識分子希望通過思想文化革命來塑造的「新青年」，在很大程度上仍然遠離中國實現的歷史場境，也就是說，它還是抽象的現代人。「新青年」雖然堅持以「立人」爲基本原則，但最多反映出當時知識青年的現代化趨向及要求，並對他們造成實際性的影響；而它不能反映出在中國人口構成中點絕對主體的農民的現代化趨向及要求。對當時處於經濟破產邊緣的中國民農來說，擺脫貧窮和解決溫飽才是最直接、最緊迫的需要，至於有個性的個人生活則是往後一步要解決的問題。我們也能看到，新文化運動主要是對知識青年造成了影響，而沒有能夠對大多數還處於文盲狀態的農民造成多大影響。

　　五四運動之後改造國民性運動發生分化，形成了四個不同的路向，但有一個基本點是相同的，那就是它們開始擺脫思想啓蒙的片面性，而注重把對個人的改造和對社會的改造結合起來。特別是鄉村建設運動的興起和土地革命的興起表明，對人的現代化的探索更加具體和務實了。中國人的現代化，不是抽象的「新民」，也不是有限的「新青年」，說到底是農民的現代化問題。中國的現代化，從社會的方面來說，首要的任務在於如何使中國從生產落後的農業大國轉變爲現代化的工業生產強國；而從個人的方面來說，最重要的任務則是如何引導農民適應並完成這一轉變過程。但是，需要強調的是，國民性改造趨向於關注更爲具體實際的農民問題，並不是要否認「新民」、「新青年」對現代中國人所作出的概括的合理性和積極意義，只不過在中國的現實面前，要使廣大農民普遍的獲得「國民」意識，並且逐漸轉變成能夠追求個性解放的「新青年」，眞正過上有個性的個人生活，則是一個非常困難和漫長的現代化過程。

# 結　語


　　本文通過對從戊戌維新到五四新文化運動時期「人的現代化」思想演進的梳理，對人的現代化與社會現代化在中國現代化進程中的互動關係作了具體分析，使我們能夠看到中國人對人的現代化問題進行思想探索的不斷演進過程。

　　從「萌芽」狀態的「民心」、「民氣」，到具有現代性特徵的「新民」，再到強調個性解放的「新青年」，中國人對人的現代化的早期探索顯得迂迴曲折，而同時又異彩紛呈。這種思想認識上的曲折性，在一定程度上也折射出中國現代化歷史進程的曲折性和複雜性。中國的現代化歷程可謂一波三折，甚至一如張曙光先生所做的解讀，是某種「悖論式」的發展。〔註1〕中國的現代化經歷了從被動跟進到主動推進的歷史過程。為了推進中國社會的現代化發展，早期知識分子想到了人的現代化轉變及其價值。但無論是人的素質能力現代化，還是個人身份認同的現代化，亦或是生活的個人化，反過來又都離不開社會現代化為其創造條件。於是，我們就看到，人的現代化與社會現代化在中國現代化早期過程中所呈現出的矛盾緊張狀態，以及知識分子們在思想上表現出來的種種矛盾性和反覆性。中國的現代化進程中所臨的矛盾空前的複雜，需要解決的問題何其之多，千頭萬緒令人無從選擇，然而近代中國社會「內憂外患」的民族生存困境又迫使早期的知識分子不能猶豫彷徨，必須斷然決定，於是有了關於中國人變革的種種主張。然而無論「教育新民」，還是「文化立人」，抑或「國民革命」，都是我們要做的功課，但也都不能囊

---

〔註1〕張曙光，悖謬及其超越——對 20 世紀中國社會及其基本性狀的解讀〔J〕，福
　　　　建論壇（文史哲版），1999（04）：10～17。

括中國現代化的所有問題。如果只是執著於一端，則中國人的現代化難以跳出歷史的「怪圈」──在認識上循環論證，在實踐上反覆折騰。

五四運動之前的中國知識分子在探求中國出路時，最主要的一個局限就在於，他們往往將社會問題的根源歸結為國民性，僅僅從思想的方面找原因，而不太懂得從社會物質生產和經濟生活的方面去找問題的根源，然而單純地強調「思想啟蒙」和「觀念變革」，並不能真正促進中國人的現代化發展。五四之後，改造國民性運動回落，知識分子更加傾向於關注社會革命問題，這其實是合乎邏輯的思想演變結果。因為國民性的塑造絕不僅僅只是思想啟蒙和文化觀念塑造的過程，沒有社會現代化的過程，就不可能有現代化的個人，人的現代化是適應社會現代化的結果。人的思想觀念雖然對人的行為有直接的導向作用，但是人的思想觀念在根本上又受制於一定的社會地位和經濟利益狀況。馬克思說，不是人們的觀念決定人們的存在，恰恰相反，是人們的存在決定人們的觀念。我們不能斷然的要求一個長期在小生產條件下生存的農民表現出城市知識分子式的公共意識和國家觀念，同樣的，我們也很難讓一個城市的知識分子像鄉村的農夫那樣「日出而作，日落而息」。如果在社會現代化過程中，利益問題得到合理解決，人們會自動地趨向於現代化。也就是說，人的現代化是他的觀念變革和他的現實利益關係變革相統一的結果，人的現代化是在與社會現代化相互適應和彼此促進的過程中實現的。

在中國的現代化進程中，人的現代化不僅是複雜的，而且是困難的，其原因在於，中國人的現代化歸根到底是農民的現代化。農民是中國國民的主體部分，這一個基本國情在中國的現代化過程中長期存在，並且一時半會兒難以改變。農民的小生產性制約著他對現代化的認識，農民不會主動地去選擇現代化，他只能被其它社會階層或者政黨引導和推動著走向現代化。這就要求在推進中國現代化的進程中，充分考慮到農民的實際處境，照顧到他們的實際利益。然而從中國現代化的早期來看，這一點常常被忽視。無論是洋務運動還是維新變法，都忽略了占人口主體的農民的利益問題，也沒有能夠給農民帶來實惠。而辛亥革命造成的影響也只是給了農民一個國民的身份，但是他們既不理解「國民」的含義，也沒有享受到國民待遇。新文化運動確實起到了「立人」的作用，但主要是對一部分知識青年起作用，而且還是限於在思想方面起作用。對於大多數幾乎不識字的農民而言，新文化只是不相干的事物。直到五四運動之後，被忽略農民問題才逐漸受到重視。但是要解

決這個問題並不容易，只要農民還是中國國民的主體構成部分，農民問題就依然突出，直到今天仍然是這種情況。而義和團運動作為中國現代化進程中最早發生的大規模的反現代化運動，為當代人留下的啟示就是：農民的利益需要得到關注和維護，這是中國現代化的一個基本著力點。

基於論文上述考察和評論，本文最後歸納了以下幾個基本認識：

**第一，人的現代化問題的提出，首先是適應了中國社會現代化轉型的變革要求。**

中國的傳統社會由於其在政治、經濟和文化方面具有完整統一的結構，所以保持著長期的穩定性。但是，這種穩定性自鴉片戰爭以來，在與西方國家的交流與碰撞中被逐漸打破了，中國從此開始了緩慢的現代化演進。洋務運動的興起，可以說是中國人追求現代化的第一次嘗試。從打開國門開埠通商，到設立總理衙門府改革政府機構，再到設立譯館編譯外文和萬國公法，一系列的變化逐漸在中國社會內部發生，而這些變化其實都是朝向現代化的。中國已經不再孤立於世界現代化潮流之外，而是開始轉變態度並融入其中。在這個過程中，洋務派和早期的維新思想家深深感到社會變革的人才匱乏，因為按傳統的觀念和教育模式所培養的儒學士子根本無法適應新的外交、軍事、商務等等活動，因而採取新式教育以培養新式人才，以應對中國社會的一系列變化，是合乎歷史邏輯的必然要求。1862 年，總理衙門府在北京設立「同文館」，招收滿族學生和滿漢五品以下的官員學習外文和天文、算學等等，以培養洋務人才，這便是應對中國社會變化的一種具體表現。但是，洋務派的做法多少還帶有被動應對挑戰的特點，但是對人的現代化發展的意義和重要性已經得到一定程度的認識。後來資產階級維新派提出「新民」以「新國」，則是要積極地推動中國人走向現代化。而以「立人」為根本原則的「新青年」的提出，則是中國的現代化轉型問題得到更為深入的思考。新文化運動的主將們逐漸認識到，人的現代化不僅僅是適應社會現代化的需要，更是到社會現代化的目的。這種手段與目的的轉換，突現出了在現代化問題上個人與社會的鈎連，能夠啟發人們更全面、理智地看待中國從傳統到現代的社會轉型。

**第二，人的現代化的提出，表現了中國人建設現代化國家的主體性和自覺性。**

　　洋務派引進西學以培養洋務人才，本身是出自辦洋務的實際需要，但這一舉動卻遭到頑固派的強烈反對，並由此引發長時間的中西之爭。這種中西之爭在一定程度上反映出部分中國人對固有傳統的留戀和憂慮，以及對現代化的拒斥。但是，也有一部分先進知識分子比較早地覺悟到，這場「三千年未有之大變局」是勢不可擋的歷史潮流，只有順應這種潮流，積極地探索和推進中國現代化才是惟一的出路。於是，有人提出了維新變法的主張。如果說洋務派辦洋務還是被動地適應外部環境的壓力，那麼維新派的變法主張，則是變被動適應爲主動變革的積極探索。維新變法雖然曇花一現歸於失敗，但維新派對變法的思索卻不斷地深入，他們逐漸發現，新國離不開新民，對中國社會的改造，離不開對中國人的改造。人是國家強盛的根本，要建立一個獨立、自主、強盛的新國家，說到是底是要靠人來完成的，但這個人既不可能是頑固的守舊派，也不可能是殖民主義者，只有靠具有現代意識的新國民。無論是反思維新變法失敗的經驗教訓，還是從日本強盛中獲得的啓示，維新派明確提出了要「新民」。爲了自強，自己建設一個強盛的現代化國家，就不僅僅需要從社會的方面進行變法，更要從個體的方面進行變革，塑造「新民」。「新民」的呼籲，就體現了中國人在現代化建設上的自主性與自覺性，它是中國人的現代化意識的覺醒。

### 第三，從「新民」到「新青年」的思想演變，既體現出早期知識分子思想的矛盾性，又反映出實現人的現代化的困難性。

　　來自西方的衝擊讓中國長期穩定的傳統社會開始發生變化，受西方國家影響，中國人開始主動探索促進中國現代化轉型的現實道路。思想家們從一開始就隱隱約約意識到，人的現代化是這場「三千年大變局」大轉型中的關鍵性因素，於是提出了一系列關於人的現代化的思想認識和主張。人的現代化問題，最初是以「人才缺乏」的問題形式被意識到的，隨後又以「改造國民性」的形式被完整地提出來。在 19 世紀末民族危機加劇的時代背景下，「新民」成爲解決中國問題的根本途徑和各方共識，轟轟烈烈的改造國民性運動由此拉開序幕，爲中國的現代化進程增添了一道亮麗的風景。五四新文化運動期間提出「立人」的文化革命目標，人的現代化第一次被視爲國家現代化的根本目的和意義，實現了從手段到目的轉換。

　　人的現代化和社會現代化矛盾統一的關係，我們很難說人兩者誰更緊迫，它們都是在一個國家的現代化轉型過程中發生並相互適應，彼此促進，

但同時又是矛盾對立，彼此制約。它們之間的主次之分，先後之定，只能因時代形勢和歷史條件而定。但是迫於民族危亡的生存危機，那個時代的知識分子往往在認識上不能很好地處理現代過程中的這對矛盾，反而卻使自己的思想表現出一定程度的自相矛盾。所以當梁啓超希望通過變法以救中國時，他想到了要改造中國人的國民性，提出以「新民爲第一務」；而當他考慮如何培育新民時，又不得不考慮從改造社會的方面——即通過革新政治和改革教育等等來爲「新民」創造必要條件，可是一切都要從零做起。同樣地，當陳獨秀身在共和之下卻仍感專制之苦時，他想到了個人才是最重要的；當他提出要以「立人」爲原則塑造「新青年」，可是逐漸又發現人不是單從思想方面能「立」起來的，於是又轉而要從社會經濟的方面去尋找「立人」的根基。在經歷了巴黎和會和五四學生運動之後，陳獨秀逐漸認識到，沒有民族的自主、國家的獨立，沒有一個公平合理的社會制度，個人權利與解放就無法實現。於是，他激烈地認爲：「我們唯一的使命只有改革社會制度，否則什麼個人的道德、新村運動，都必然是無效果的。」新文化運動時陳獨秀主張大力學習西方先進國家，可是後來爲了維護國家主權和民族利益陳獨秀又轉而猛烈批判西方列強。這種矛盾的心態在當時的知識分子中是相當普遍的，以至於五四運動後期，知識分子在改造國民性問題上發生嚴重分化，一部分人繼續堅持思想啓蒙，而另一部分卻選擇了社會革命。這種思想上的矛盾性，日益分化和趨於激進的變化，本身就反映出在當時中國的歷史環境下，推進人的現代化轉變的困難性。

**第四，要實現人的現代化，需要從社會的方面為其創造條件。**

「立人」是中國人在現代化早其探索中取得的一個最重要的思想成果。但是，在那個民族危亡、社會動蕩的的大時代下，「立人」是極困難的，尤其是要讓占中國人口絕大多數的農民「立」起來，讓他們能夠過有個性的生活，則更是難上加難。所以我們也就能看到，五四以後，包括陳獨秀在內的許多新文化運動的主將都從文化啓蒙轉而投向了改造社會的洪流，因爲他們已經認識到，文化啓蒙只能爲「立人」創造思想條件，而只有改造社會才能爲「立人」創造現實的社會基礎，才能使個人有條件去過有個性的生活。

任何個人現代性的發展，都離不開社會提供必要的條件。沒有堅實的物質基礎，就不可能眞正實現全面發展的個性。魯迅曾在其小說《傷逝》中通過講述子君和涓生兩個人個性幻滅的悲劇，最後提出「愛要有所附麗」的主

張,從一個側面爲我們說明個人與社會是辯證統一的,任個關於個性解放的美好願望,都需要一定的社會條件作基礎,沒有必要的社會基礎,個性就會幻滅。學者阮青指出,人的「個性解放」取決於三個基本條件,一是社會生產力的發展,二是社會制度的發展,三是個人思想的解放和能力發展。〔註2〕少了這幾個基本的社會條件,任何個性都不可能得到眞正發展。但遺憾的是,這幾個個性解放的前提條件,在中國現代化進程的早期,基本上是整個社會無法爲個人提供的。

自鴉片戰爭以後的一百多年裏,中國社會長期處於半殖民地半封建社會,內憂外患,戰亂不斷,整個國家經濟蕭條,政治不獨立,社會動蕩不安。整個國家從思想狀況上來說可謂異常活躍,甚至是混亂不堪,但社會生活的實際方面談不上有多少眞正的發展。即使有發展,也只是在極有限的領域裏和極短暫的時間範圍內,根本沒有穩定性和可持續性。近代中國工業畸形發展,規模小、產量低,遠遠不能滿足國家安全和人民生活的需要。中國雖然自古就是農業大國,但是直到新中國成立前都是封建地主私有制佔據絕對主導地位,小農經濟的生產關係和生產方式極其落後,生產效率低下,農業生產基本上是靠天吃飯,整個國家百分之九十以上的人口都在從事農業生產,但糧食還不能自給。人民生活方式簡單,生活水平很低,城市居民只有很少的人家用得起電,照明用油燈,穿衣穿粗布,吃飯吃粗糧,而像肥皂、火柴、煤油等這些現代人的日常生活用品在中國卻是奢侈品,都需要進口,一般百姓家庭根本用不起。而農村中的廣大貧農和雇農生活更是困苦,不僅要承擔各種苛捐雜稅、抓兵抓丁服勞役,還要承受帝國主義侵入中國後通過市場帶來的經濟剝削和掠奪。教育、科技和文化事業長期發展落後,國民教育遲遲不能普及,社會總人口的百分之九十以上的人都是文盲或半文盲,許多人甚至連自己的名字都不會寫。農村中十里八里出個小學畢業生,也能成爲遠近聞名的「秀才」。1924年國民黨一大時,孫中山等人就在發表的宣言書中對當時中國社會的落後狀況作過深刻的概括和描述,「海禁既開,列強之帝國主義如怒潮驟至,武力的掠奪與經濟的壓迫,使中國喪失獨立,陷於半殖民地之地位」,帝國主義列強「爲禍之酷,不止吾國人政治上之生命爲之剝奪,即經濟上之生命亦爲之剝奪無餘矣。環顧國內,自革命失敗以來,中等階級瀕經激變,尤爲困苦。小企業家漸趨破產,小手工業者漸致失業,淪爲遊氓,流

---

〔註 2〕阮青,中國個性解放之路〔M〕,上海:華東師範大學,2004。

為兵匪。農民無力以營本業，以其土地廉價售人，生活日以昂，租稅日以重。如此慘狀，觸目皆是，怎得不謂已瀕絕境乎？」然而，「自辛亥革命以後，以迄於今，中國之情況不但無進步可言，且有江河日下之勢。軍閥之專橫，列強之侵蝕，日益加厲，令中國深入半殖民地之泥犂地獄。」〔註3〕生存環境惡劣，個人連生存都成問題，個性發展更是奢望。

梁漱溟曾經正確地指出中國的各種社會問題，歸結起來關鍵在於政治問題，而他心目中最理想的鄉村建設運動是由國家自上而下地來開展實行。但是，當時中國的政府在政治上的無能和無力，所以他也不得已認為只能在農村中以自治和自救的形式進行開展鄉村建設。也就是說，在梁漱溟看來，他的自救式的鄉村建設，是無奈之舉，沒有辦法的辦法。不過，梁漱溟也應當瞭解，如果政治的問題沒有得到解決，那麼他的鄉村自救亦是不可能成功的。因此，鄉村自救建設最多能暫時性地使中國農民保有原來的生活狀態，但不可能將他們引出經濟的、政治的和社會的種種困境而走向現代化。

國民政府在其統治的二十多年裏，雖然也從多個方面努力來推進國家現代化和個人現代化，但是由於其沒有從根本上改變中國半殖民地半封建社會的社會性質，不能為中國的現代化建設和發展提供一個穩定而堅實的政治保障，因而也就不可能在促進中國人的現代化方面取得多大進展。這種狀況一直到1949年新中國成立以後才有所改觀。新中國成立後，中國才逐漸進入到一個較長時間的和平和穩定的歷史時期。政治上的統一，經濟上的發展，社會的安定，只有在這樣的社會局面下，人的現代化才能夠從可能變為現實。

**第五，全面促進人的現代化，是當代中國社會發展的重要任務。**

人的現代化是社會現代化的目的，這是前人已經得出來的結論，也是我們能夠接受的觀念。人的現代化全面實現，有賴於通過社會現代化為其創造條件。改革開放三十年來，中國以經濟建設為中心，全面面向現代化，在政治、經濟、文化和社會建設方面取得了巨大成就。從社會現代化的方面來看，我們可以說，中國已經是一個現代化的國家。但是從人的現代化方面來看，中國人似乎離現代化的要求還有比較大的差距。隨著改革開放和國民經濟持續發展，當社會現代化建設取得一定成就以後，社會就要備加注重人的現代化，不遺餘力地促進人的現代化，這才是現代化的最根本目的所在。當代中

---

〔註3〕孫中山，中國國民黨第一次全國代表大會宣言，孫中山文粹下卷〔M〕，廣州：
　　　廣東人民出版社，1996：693～695。

國強調要以科學發展觀統領國民經濟建設的全局，秉持以人為本的社會發展
理念，具體到人的現代化問題上，就是要充分尊重和維護個人價值與尊嚴，
促進人的個性解放和個性發展。

在中國現代化的早期探索歷程中，嚴復、梁啓超、陳獨秀等知識分子們
關注和討論了人的現代化的許多方面的具體問題，比如他們提出實行國民教
育，提倡科學教育，增進國民意識，以及促進人的個性解放等等，這些對中
國現代化轉型的獨特見解和建設性意見，在今天來看仍然很有啓發意義。但
是，時代發展和社會場景的轉換，使他們論述到的這些關於人的現代化具體
主題又呈現出新的特點、問題要求，這是我們需要注意到的。

比如他們比較早地看到了教育在促進人的素質現代化的重要性，提出教
育救國的呼籲。今天，我們仍然要認清教育對於塑造現代國民的重要性，將
其作為百年大計長抓不放。但是，從內容方面來看，那個時代為了強調和發
展新的科學教育，嚴復、梁啓超、陳獨秀等人對傳統文化及教育多有批判，
結果導致人文教育在一定程度上的弱化和喪失。而對科學文化和科學教育的
提倡和推崇，反過來又在一定程度上造唯科學主義盛行。今天，我們的所面
臨問題不是科學的缺失，而是科學主義泛濫，人們對科學的推崇甚至發展到
某種迷信的程度，似乎只有科學才是理性的，只有科學才是正確的，只要有
科學就能解決一切問題。人人言必稱科學，所有的思想和理論都被冠以「科
學」的美名，最後連什麼是科學本身也變得混淆不清。然而在事實上，科學
作為人類現代文化中的突出部分，無論在認識上和實踐上來看都仍然是十分
有限的，它不可能代替一切，包辦一切。科學主義在今天的泛濫，從另一個
側面來說恰恰體現出當前我國人文教育的缺失。這是我們思考人的現代化問
題時應當重視的一個問題。

而在個人的政治認同方面，無論是維新派還是革命派都格外重視的「國
民意識」，今重於強調個人對國家的義務與責任，但從今天來看，這種政治認
同有了不同的特點和要求。在那個時代，中國的現代化進程存在著一個重大
的主題和難題，一方面是要實現現代民族國家的構建，而另一方面，是民眾
的國家觀念缺失。因而，以國家為原則和導向的政治認同顯得格外突出，它
要求個人服從於國家的目的和需要。從傳統人到現代人，「國民」認同只是
從「臣民」認同到「公民」認同轉換的中間環節，但是對中國人而言又是一
個必要的和必須經歷的環節。今天，中國一方面作為現代性國家的政治結構

已經基本建立並保持了整定性，但是中國作為按照法治來運行的現代公民社會仍還正在形成當中。在國家已經成為個人生活的基本場景的前提條件下，民眾民經具備了國家觀念，因而再強調以國家為導向的「國民意識」就顯得不那麼緊迫和重要了。相比較而言，顯得更為緊要和重要的是強調權利和義務均衡的「公民意識」。當下社會生活中發生的一些事件，比如近年來受到廣泛關注的毒奶粉事件、上海松江死豬事件等一系列涉及公共生活的焦點事件，都能引起我們對「公民意識」問題的反思。

從憲法到部門法，法的門類體系雖然已經在中國建立起來，但是按照法治的精神和方式來開展社會生活，無論是政府職能部門、企事業單位還是個人，仍然存在很多思想觀念和行為方式上的缺失，我們可以把這種情況歸結為「公民意識」的薄弱或者缺失。所謂「公民意識」，即公民能夠把國家的憲法和各項法制規定，把對國家的責任感、使命感與對個人的權利義務觀有機地結合起來，以此作為個人在國家政治生活和社會生活中的思想根源和行為準則。公民意識其實在根本上就是「法」的觀念和意識。五四新文化運動，在一定程度上也可以視為倡導公民文化的開始，但最後它的發展也不得屈從於建構國家的政治使命，因而也不能對促進民眾的「公民意識」起到實際作用。但今天的情況有所不同，中國社會內部的政治經濟文化建設和文明推進，以及中國與外部國家之間的平等交往和融合，需要社會公眾的廣泛參與。那麼，不是從國家的角度，這是從個人的需要和權利義務的角度，來看待和解決社會生活中的各種矛盾關係，就顯得格外重要和必要。培育公民社會，倡導公民文化，實行公民教育，增強公民意識，這是人的現代化在中國當下這個階段的重要內容和緊迫工作。

至於個人生活的滿足以及個性的發展，則需要我們在整個社會生活的經濟、政治和文化建設方面努力，才有可能為其創造出必要的實現條件。改革開放三十餘年，中國人的生活已經基本解決了溫飽，初步實現了小康，並正在跨入中等發達的水平。這使中國人的個人生活的物質精神文化滿足和個性發展真正成為可能。但是，我們也應當看到，依然占人口主體的農民仍然處在一種較低水平的生存狀況下，眾多的人口、有限的耕地使得農民的物質生活滿足受到很大限制，有些落後地區的人口甚至還面臨飢餓的威脅。改革開放以來的歷史經驗表明，只有工商業的不斷發展和市場經濟的繁榮，以及向自然村落的延伸，農民才有獲得自由與滿足的可能性。今天，中國的現代化

必須要堅定地推進這一歷史進程。

在文章的最後需要強調的是，正如同吉斯登和哈貝馬斯所指出的，現代性是一個反思性的同時又是未完成方案。當我們回顧歷史，著眼未來，不斷追求中國人的現代化時，我們應該懂得不能將人的現代化和現代性，當成是既定的和永遠不變的對象去對待。中國人的現代化是一個持續推進的歷史過程，它一方面要求人們從社會的方面來爲其造條件，另一方面，它也需要個人不斷地解放思想，將自己從舊教條、舊迷信和一切習慣勢力下解放出來。雖然這個過程充滿曲折和困難，但是它值得當代中國人繼續探索和追求。

# 參考文獻

1. 〔美〕A・英克爾斯，D・史密斯，顧昕譯，從傳統人到現代人〔M〕，北京：中國人民大學出版社，1992。

2. 〔以〕艾森斯塔德著，張旅平等譯，現代化：抗拒與變遷〔M〕，北京：中國人民大學出版社，1998。

3. 〔美〕布萊克著，郭小光譯，現代化的動力〔M〕，北京：三聯書店出版社，1987。

4. 〔美〕貝迪阿・納思・瓦爾馬著，周忠德等編譯，現代化問題探索〔M〕，上海：知識出版社，1993。

5. 〔美〕塞謬爾・亨廷頓主編，陳克雄譯，文化的重要作用——價值觀如何影響人類的進步〔C〕

6. 〔美〕A・英克爾斯著，曹中德等譯，人的現代化素質探索〔M〕，天津：天津社會科學院出版社，1995。

7. 〔美〕A・英克爾斯著，王今一譯，國民性：心理——社會的視角〔M〕，北京：社會科學文獻出版社，2012。

8. 〔加〕查爾斯・泰勒著，程煉譯，現代性之隱憂〔M〕，北京：中央編譯出版社，2001。

9. 〔匈〕阿格尼絲・赫勒著，李瑞華譯，現代性理論〔M〕，北京：商務印書館，2005。

10. 〔美〕柯文著，雷頤譯，在傳統與現代性之間〔M〕，南京：江蘇人民出版社，1998。

11. 〔美〕本傑明・史華茲，尋求富強：嚴復與西方〔M〕，南京：江蘇人民出版社，1996。

12. 〔美〕張灝，梁啓超與中國思想的過渡（1890～1907）〔M〕，南京：江蘇人民出版社，1997。

13. 〔美〕西達·斯考切波，國家與社會革命——對法國、俄國和中國的比較分析〔M〕，上海：上海人民出版社，2007。

14. 〔美〕吉爾伯特·羅茲曼主編，中國的現代化〔M〕，南京：江蘇人民出版社，2010。

15. 〔美〕柯文，歷史三調：作爲事件、經歷和神話的義和團〔M〕，南京：江蘇人民出版社，2000。

16. 劉曉楓，現代性社會理論緒論——現代性與現代中國〔M〕，上海：上海三聯書店社，1998。

17. 張曙光，現代性論域及其中國話語〔M〕，武漢：武漢大學出版社，2010。

18. 張曙光，個體生命與現代歷史〔M〕，濟南：山東人民出版社，2007。

19. 殷陸君編譯，人的現代化〔M〕，成都：四川人民出版社，1985。

20. 羅榮渠，現代化新論〔M〕，北京：商務印書館，2004。

21. 褚宏啓，教育現代化的路徑〔M〕，北京：教育科學出版社，2000。

22. 錢乘旦，陳意新，走向現代化國家之路〔M〕，成都：四川人民出版社，1987。

23. 金耀基，從傳統到現代〔M〕，北京：中國人民大學出版社，1999。

24. 馮增俊，教育創新與民族創新精神〔M〕，福州：福建教育出版社，2002。

25. 葉南客，中國人的現代化〔M〕，南京：南京出版社，1998。

26. 陳晏清等，當代中國社會轉型論〔M〕，太原：山西教育出版社，1998。

27. 魏金聲等，現代西方人學思潮的震蕩〔M〕，北京：中國人民大學出版社，1996。

28. 薛克誠等，人的哲學——馬克思主義主義人學理論新探〔M〕，北京：中國人民大學出版社，1992。

29. 鄭永廷等，人的現代化理論與實踐〔M〕，北京：人民出版社，2006。

30. 李瑜青，人本思潮與中國文化〔M〕，北京：東方出版社，1998。

31. 楊適，中西人論的衝突〔M〕，北京：中國人民大學出版社，1991。

32. 李澤厚，中國思想史論〔M〕，合肥：安徽文藝出版社，1999。

33. 楊國榮，善的歷程——儒家價值體系的歷史衍化及其現代轉換〔M〕，上海：上海人民出版社，1994。

34. 張懷承，天人之變——中國傳統倫理道德的近代轉型〔M〕，長沙：湖南教育出版社，1998。

35. 沙蓮香，中國社會文化心理〔M〕，北京：中國社會出版社，1998。

36. 鄭匡民，梁啓超啓蒙思想的東學背景〔M〕，上海：上海書店出版社，2003。

37. 王躍，變遷中的心態——五四時期社會心理變遷〔M〕，長沙：湖南教育

出版社，2000。

38. 〔法〕古斯塔夫·勒龐著，馮克利譯，烏合之眾——大眾心理研究〔M〕，北京：中央編譯出版社，2000。

39. 梁景和，清末國民意識與參政意識研究〔M〕，長沙：湖南教育出版社，1999。

40. 梁景和，近代中國陋俗文化嬗變研究〔M〕，北京：首都師範大學出版社，1998。

41. 王玉波、瞿明安，超越傳統——生活方式轉型取向〔M〕，北京：京華出版社，1997。

42. 張寶明，啓蒙與革命——五四激進派的兩難〔M〕，上海：學林出版社，1998。

43. 張寶明，憂患與風流——世紀先驅的百年心路〔M〕，上海：東方出版中心，1999。

44. 張鳴，鄉土心路八十年〔M〕，上海：上海三聯書店，1997。

45. 杜維明，儒家思想新論——創造性轉換的自我〔M〕，南京：江蘇人民出版社，1996。

46. 黃書光，中國教育哲學史〔M〕，濟南：山東教育出版社 2000。

47. 成復旺，中國古代的人學與美學〔M〕，北京：中國人民大學出版社，1992。

48. 張慶軍，等編著，百年娛樂變遷〔M〕，南京：江蘇美術出版社，2002。

49. 王躍年，孫青編著，百年風俗變遷〔M〕，南京：江蘇美術出版社，2002。

50. 韓慶祥，鄒詩鵬，人學：人的問題的當代闡釋〔M〕，昆明：雲南人民出版社，2001。

51. 賀躍夫，晚清士紳與近代社會變遷〔M〕，廣州：廣東人民出版社，1994。

52. 龔書鐸，近代中國與近代文化〔M〕，長沙：湖南人民出版社，1988。

53. 桑兵，清末新知識界的社團與活動〔M〕，上海：三聯書店，1995。

54. 章開沅，比較中的審視：中國早期現代化研究〔M〕，杭州：浙江人民出版社，1993。

55. 劉再復，傳統與中國人〔M〕，上海：三聯出版社，1988。

56. 沙蓮香，社會心理學〔M〕，北京：中國人民大學出版社，1987。

57. 馮爾康，清人社會生活〔M〕，天津：天津人民出版社，1990。

58. 嚴昌洪，中國近代社會風俗史〔M〕，杭州：浙江人民出版社，1992。

59. 徐揚傑，中國家族制度史〔M〕，北京：人民出版社，1992。

60. 陳東原，中國婦女生活史〔M〕，上海：商務印書館 1928。

61. 高瑞泉主編，中國近代社會思潮〔M〕，上海：華東師範大學出版社，1996。

62. 朱貽庭主編，中國傳統倫理思想史〔M〕，上海：華東師大出版社，1994。

63. 張錫勤，中國近現代倫理思想史〔M〕，哈爾濱：黑龍江人民出版社，1984。

64. 羅國傑，西方倫理思想史〔M〕，北京：中國人民大學出版社，1985。

65. 楊國榮，理性與價值──智慧的歷程〔M〕，上海：三聯書店，1998。

66. 周建超，近代中國「人的現代化思想」研究〔M〕，北京：社會科學文獻出版社，2010。

67. 張世英，天人之際──中西哲學的困惑與選擇〔M〕，北京：人民出版社，1995。

68. 張朋園，知識分子與近代中國的現代化〔M〕，南昌：百花洲文藝出版社，2002。

69. 辛曉徵，國民性的締造者──魯迅〔M〕，武漢：湖北教育出版社，2000。

70. 王德軍，中國現代化進程中的人與文化〔M〕，北京：人民出版社，2007。

71. 鄒牧侖，乾坤再造──中國近代的現代化進程〔M〕，北京：中國社會出版社，2006。

72. 衛忠海主編，中國現代化的理論與實踐〔M〕，成都：四川大學出版社，2008。

73. 尹保雲，什麼是現代化〔M〕，北京：人民出版社，2005。

74. 童星，現代性的圖景〔M〕，北京：北京師範大學出版社，2007。

75. 胡建，現代性價值的近代追索〔M〕，上海：上海人民出版社，2008。

76. 張岱年、程宜山，中國文化論爭〔M〕，北京：中國人民大學出版社，2009。

77. 教軍章，中國近代國民性問題研究的理論視閾及其價值〔M〕，北京：中國社會科學出版社，2009。

78. 宋惠昌，人的發現與人的解放──近代中國價值觀的嬗變〔M〕，成都：四川人民出版社，2008。

79. 王中江，近代中國思維方式演變的趨勢〔M〕，成都：四川人民出版社，2008。

80. 鄭匡民，西學的中介：清末民初的中日文化交流〔M〕，成都：四川人民出版社，2008。

81. 鄭匡民，梁啟超啟蒙思想的東學背景〔M〕，上海：上海書店出版社，2003。

82. 張劍，中國近代科學與科學體制化〔M〕，成都：四川人民出版社，2008。

83. 王興國，郭嵩燾評傳〔M〕，南京：南京大學出版社，1999。

84. 黃慕蘭，黃慕蘭自傳〔M〕，北京：中國大百科全書出版社，2004。

85. 張汝倫，現代中國思想研究〔M〕，上海：上海人民出版社，2001。

86. 馮自由，革命逸史初集〔M〕，北京：新星出版社，2009。

## 期刊文章

1. 鄭大華，朱蕾，國民觀：從臣民觀到公民觀的橋梁〔J〕，晉陽學刊，2011，（5）：85～93。

2. 張曙光，悖謬及其超越——對20世紀中國社會及其基本性狀的解讀〔J〕，福建論壇（文史哲版），1999（04）：10～17。

3. 張曙光，「中國道路」：理解與展望〔J〕，理論視野，2010（12）：15～17。

4. 張曙光，生死問題與存在視域〔J〕，哲學研究，2001（01）：40～47。

5. 張曙光，中國：問題、經驗與理論〔J〕，學術研究，2005（04）：1～5。

6. 張曙光，梅景輝，民族精神與現代人的生存境遇〔J〕，華中科技大學學報（社會科學版），2009（01）：45～54。

7. 鄗吉君，曲衛君，現代化的内涵及人的現代化〔J〕，東嶽論叢，2000，（1）：75～77。

8. 曾成聰，論中國現代化進程中的公民人格〔J〕，理論與現代化，2006，（1）：21～27。

9. 葉南客，論現代化進程中的理想人格與現實人格〔J〕，探索，1994，（5）：52～55。

10. 黃書光，從臣民人格到個性獨立：清末民初德育目標的現代轉型〔J〕，河北大學學報（哲學社會科學版），2008，（6）：36～39。

11. 葉麒麟，臣民・群眾・公民——個體政治角色變遷與中國現代國家成長〔J〕，浙江社會科學，2011，（3）：31～37。

12. 徐萍，教育現代性的隱憂〔J〕，河北師範大學學報（教育科學版），2006，（9）.21～24。

13. 魯潔，一個值得反思的教育信條：塑造知識人〔J〕，教育研究，2004，（6）。

14. 姜傳松，李晶，科舉終結的原因及其啟示——考試與教育的視角〔J〕，教育與考試，2007，（1）：61～64。

15. 柯迪鞾.清代科舉制度的廢除對中國近現代教育的影響〔J〕，法制與社會，2007，（12）：729～730。

16. 鄭軍，西學東漸與晚清城市社會生活方式的西俗化〔J〕，北方論叢，2003，（5）：81～85。

17. 李卓，日本國民性的幾點特徵〔J〕，日語學習與研究，2007，（5）：71～75。

18. 馬和民，何芳.「認同危機」、「新民」與「國民性改造」〔J〕，浙江大學學報，2009，（1）：189～197。

19. 周曉虹，理解國民性：一種社會心理學的視角〔J〕，天津社會科學，2012，（5），49～55。

20. 袁洪亮.「國民性」概念的辨析與界定〔J〕，株洲師範高等專科學校學報，2002，（1）：69～83。

21. 袁洪亮，中國近代國民性改造思潮研究綜述〔J〕，史學月刊，2000，（6）：135～141。

22. 馮玉文，李宜蓬，中國國民性真的存在嗎〔J〕，船山學刊，2006，（1）：153～154。

23. 郝雨，民族性〔J〕，南方文壇，2000，（3）：46～50。

24. 栗建新，「國民性」解析〔J〕，湖南醫科大學學報（社會科學版），2007，（4）：3～5。

25. 劉保昌，道家思想與魯迅的國民性關鍵〔J〕，求是學刊，2005，（4）：103～108。

26. 趙莎，晚清「新民思潮」淺識〔J〕，華章，2012，（12）：5～12。

27. 王志明，魯迅改造國民性思想的內涵及其在文學實踐中的體現〔J〕，蘭州教育學院學報，2001，（3）：3～11。

28. 王浩斌，中國人的現代化的基本問題及其模式特徵〔J〕，北京教育學院學報，2010，（10）：49～52。

29. 閆潤魚，由「重民」向「改造國民性」思潮演化的政治學分析〔J〕，教學與研究，2004，（5）：53～59。

30. 韓豔，我國人的現代化問題分析及啓示〔J〕，黑河學院學報，2012，（10）：25～27。

31. 葉暉，人的現代化及其實現途徑〔J〕，前沿，2003，（11）：172～174。

32. 泰香，人的現代化是社會主義現代化的關鍵和核心〔J〕，三峽大學學報，2008，（6）：1～3。

33. 陳欣，論人的發展的觀念演變〔J〕，重慶科技大學學報（社會科學版），2010，（19）：170～171。

34. 彭平一，論道咸經世派的整肅人心思想〔J〕，吉首大學學報（社會科學版），2004，（10）：106～110。

35. 王欣瑞，「組織」與「人」的現代化〔J〕，科學·經濟·社會，2010，（1）：123～127。

36. 馮躍民，關於人的現代化問題的幾點思考〔J〕，武警學院學報，1999，（4）：58～60。

37. 王正中，人的現代化與社會現代化關係的哲學思考〔J〕，理論參考，2003，（4）：20～21。

38. 徐亞芳，辛亥革命前後人的現代化〔J〕，探索與爭鳴，2009，（9）：45～47。

39. 趙剛印，辛亥革命時期移風易俗變革與人的現代化〔J〕，貴州社會科學，1999，（9）：101～105。

40. 閆潤魚，陸央雲，20 世紀 90 年代以來中國近代國民性民造思潮研究述評〔J〕，教學與研究，2009，（3）：63～71。

41. 孫偉民，索豔琳，人的現代化的哲學思考〔J〕，滄桑，2006，（1）：71～72。

42. 柯衛，人的現代化與社會現代化的統一性〔J〕，社會科學家，2001，（1）：9～12。

43. 郭世祐，梁啟超筆下的義和團〔J〕，湘潭大學社會科學學報，2000，（10）：71～75。

**文集：**

1. 羅榮渠主編，從「西化」到現代化〔C〕，合肥：黃山書社，2008。

2. 〔日〕狹間直樹編，梁啟超·明治日本·西方〔C〕，北京：社會科學文獻出版社，2001。

3. 許紀霖主編，20 世紀中國知識分子史論〔C〕，北京：新星出版社，2005。

4. 張岱年主編，中國啟蒙思想文庫〔C〕，瀋陽：遼寧人民出版社，1994。

5. 王栻主編，嚴復集〔C〕，上海：中華書局，1986。

6. 任建樹主編，陳獨秀著作選〔C〕，上海：上海人民出版社，1993。

7. 李大釗，李大釗全集〔M〕，石家莊：河北教育出版社，1999。

8. 歐陽哲生主編，胡適文集〔C〕，北京：北京大學出版社，1998。

9. 魯迅，魯迅全集〔M〕，北京：人民文學出版社，1981。

10. 孫中山全集〔M〕，北京：中華書局，1981。

# 後　記

　　本書是根據我的博士畢業論文整理寫成，所以我在最後保留了致謝詞，因為我覺得，它也是我寫作的一部分，雖然內容與書的主題無關，但它裏面真實地記錄了我寫作時的心情，文字中融入了我的情感，反應了我的認識和態度。我覺得它是有生命的。

　　畢業兩年，老早就有將論文整理成書的打算，卻遲遲沒有開動。一方面是由於工作的的壓力，每日疲於教課站講臺而無心敲字，另一方面也是因為自己的惰性，一直沒有主動聯繫過出版社。這次有幸能將論文送至花木蘭文化出版社出版，還得再次感謝我的博士生導師張曙光教授，若不是經他引薦，我也無緣識得花木蘭。當初我寫畢業論文時就沒能讓他老人家少操心，如今論文要出版，竟還是由他來操心，真的很感謝他。當初邊工作邊讀博士，呆在北京的時間也算不少，但自己也沒有能多陪陪張老師，為他多做點事，內心實在有愧。

　　感謝花木蘭文化出版社給予這個出版機會，讓這我不成器的論文也能做成書問世。至於書的內容好壞，水平高低，就請讀者品評指教吧。